技术研究中心对外服务能力

智能信息领域

农产品品种鉴别、产地溯源与掺伪识别技术

近年来，“马肉丑闻”、“羊肉掺假门”、“老鼠肉冒充羊肉”等事件屡曝光。以假乱真、以次充好、掺假造假等现象时常发生，严重危害了费者的利益和健康，造成了不正当竞争。

因此，鉴别农产品种类、识别掺假造假是保障农产品安全的重要措施之。基于近红外光谱、电子鼻等技术结合模式识别方法，对不同品种、不同地农产品进行鉴别和分类，对农产品真伪、掺假进行识别，对打击伪劣、护地理标志产品、提高农产品质量安全检测水平具有重要作用。本技术克了现有鉴别方法操作繁琐，检测时间长，化学试剂用量多，成本高的缺点，有快速、无损、准确、稳定的优势。鉴别过程简单，不需要专业人员即可行，易于在食品行业和食品执法监督部门推广应用。

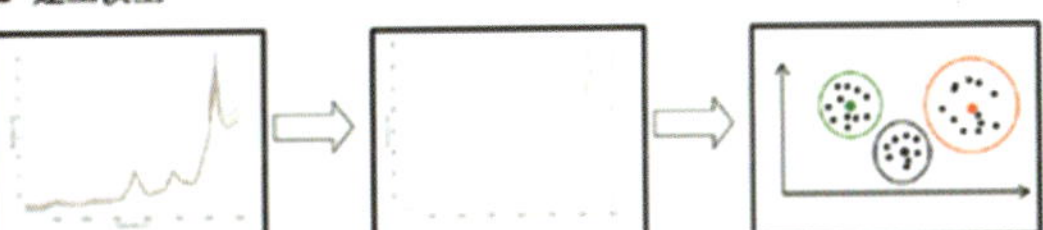

□ 建立模型

1. 测定代表性样品测试　2. 计算平均光谱和阈值　3. 建立和检验模型

□ 测定未知样品

1. 测定未知样品光谱　2. 调用模型　3. 鉴定未知样品

多温区冷库（气调库、减压库）温湿度环境监控报警系统

系统可对各个冷库的温湿度进行实时监控，并将温湿度数据实时地记录在存储卡上。超温湿度范围报警：系统可针对每个冷库设置各自的温湿度阈值。当某个冷库（气调库、减压库）的温湿度超阈值时，即刻向多个指定的手机发出报警短信。断电报警：系统配备可充电电池和火电双电源。当火电断电时，即刻向多个指定的手机发出报警短信；此时系统依靠电池供电仍可继续工作24小时。传感器故障报警：当系统检测到冷库（气调库、减压库）内任意传感器出现故障时，即刻向多个指定的手机发出报警短信。

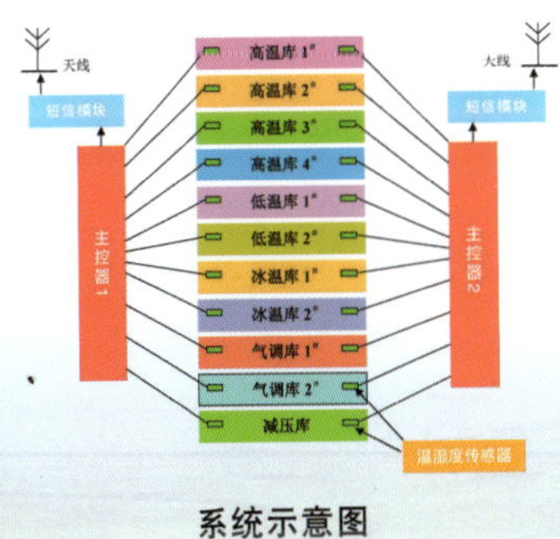

系统示意图

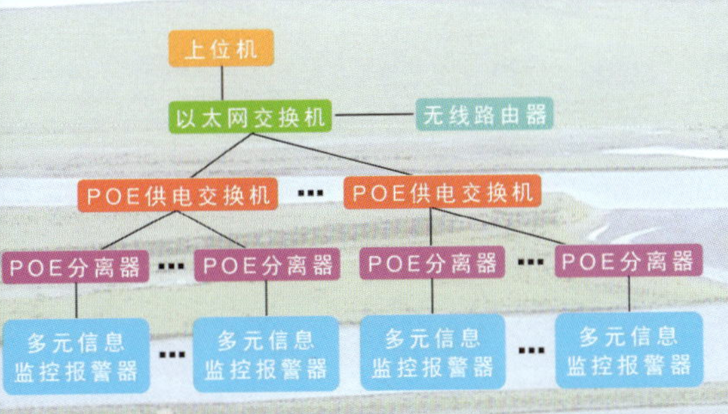

以太网星形网络结构分布式监控报警系统

本系统的多元信息监控报警器可同时采集温湿度、CO_2浓度、光照强度、雨量大小、pH值、设备GPS定位位置等现场数据，并将其存储在板载SD卡上；若网络通畅，多元信息监控报警器能够通过网络取得电能，并将以上采集的这些现场数据经星形网络或者GPRS/CDMA无线信道实时传输到上位机；若网络不通、不畅，开启相应的板载报警指示灯，且经短信模块向手机发出报警短信。POE供电交换机、POE分离器、以太网交换机组成星形网络拓扑结构，可大范围大批量布点多元信息监控报警器；POE分离器、多元信息监控报警器由以太网供电，现场布线简洁、维护更加简单、减少了火灾隐患和工作现场的危险系数。

本系统已用于大棚、食品加工车间、冷库、货架期等的环境实时监控。

冷库温湿度红外可视化监控系统

- 传感设备和可视化集成，食品加工和储藏环节进行数据可视化感知和采集
- 摄像头用于远程对需要监控的车辆、货物或冰柜位置进行摄像、拍照
- 云台装置用于调节摄像装置的镜头参数和镜头的上下、左右运动
- 红外测温传感器用于远程测试摄像装置聚焦位置的温度
- 激光测距传感器用于测量激光测距传感器与聚焦位置的距离
- 计算机根据接收到的温度信息和距离信息计算出聚焦位置的温度
- 超过温度预警值时，计算机进行报警

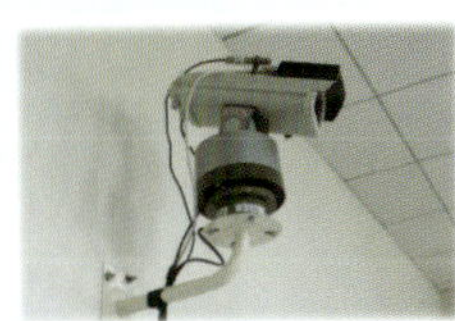

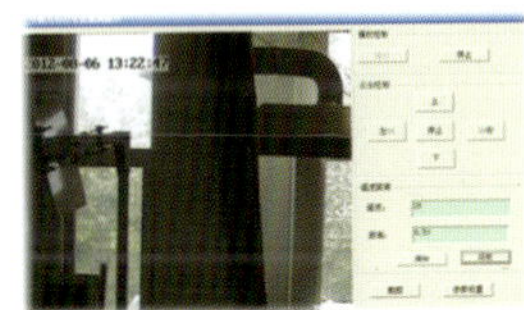

整体解决方案与技术咨询服务

农产品物流园、低温配送中心、冷库规划咨询

国家农产品现代物流工程技术研究中心具有一批出色的农产品物流领域的专家团队，在冷链物流工程技术、农产品品质控制技术、食品安全检测技术、物流信息技术等领域开展了大量研究与工程化应用，可为各类农产品物流园区、低温配送中心、冷库开展规划设计与咨询服务。现已为多省市多个物流园区、低温配送中心提供规划设计和咨询服务。

电子商务、电商物流规划咨询与运营

国家农产品现代物流工程技术研究中心多年从事电子商务与物流的研究，面向全国提供生鲜农产品电商物流战略咨询。可为传统企业发展生鲜农产品电商物流提供一揽子解决方案；为解决生鲜农产品电商物流企业面临的普遍及个性化问题提出实战实效的解决方法。

农产品储藏保鲜与冷链物流实验室整体解决方案

国家农产品现代物流工程技术研究中心在开展多年农产品保鲜技术、设备和冷链物流研究的基础上，针对高校培养冷链物流人才的需求，可为高校提供冷链物流实验室规划、设计与建设的一揽子解决方案，形成以冷链物流信息系统为中枢、冷链物流装备为框架、冷链物流技术为支撑的实验室建设方案；并设计开发了一系列农产品储藏保鲜实验系统，包括：冷藏、冷冻、冰温储藏、气调储藏、气体分析检测、储藏环境检测、集中自动化控制、数据远程采集等功能。中心当前已对外提供了多项农产品储藏保鲜与冷链物流实验室规划咨询服务。

▶ 温控供应链基地布局

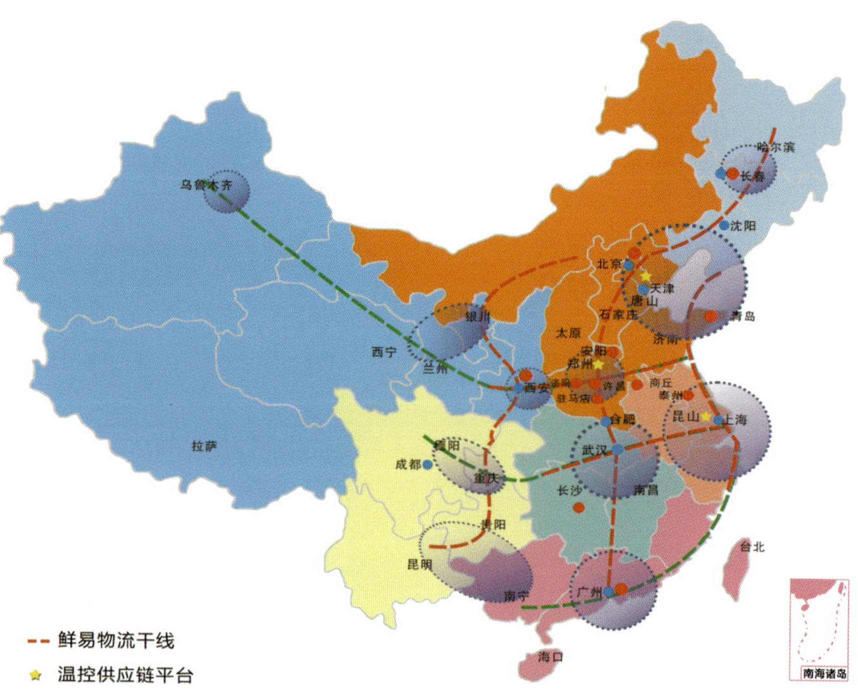

▶ 温控仓储

▶ 冷链运输

▶ 生鲜加工

艮公司是中国温控供应链标杆性企业之一。公司依托网络化温控仓储及冷链运输网技术、供应链金融为核心服务手段，围绕供应链优化，开展国内外贸易、流通干线运输、城市配送、终端连锁、网络营销等业务，引领整合产业资源，帮助流及资金流同步，打造统一、安全、高效、协同的温控供应链系统。

温控供应链服务菜单

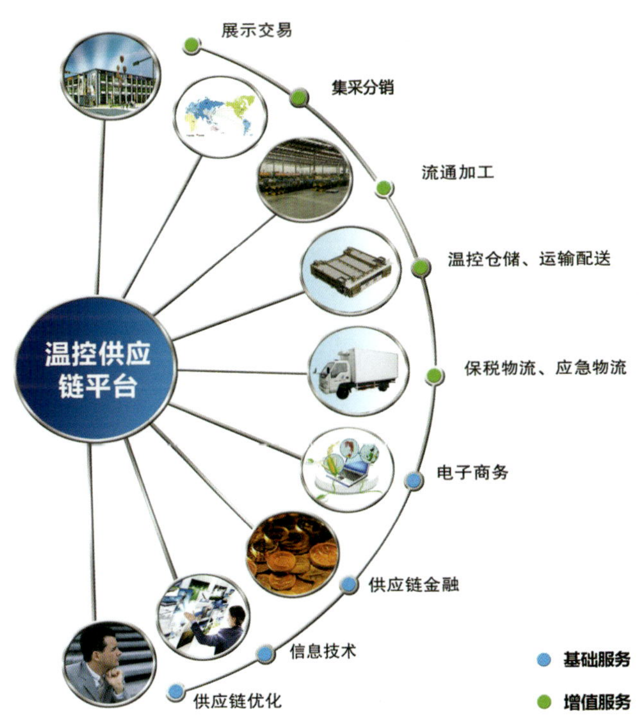

河南鲜易供应链股份有限公司
HENAN XIANYI SUPPIY CHAIN CO.,LTD
中国·河南·郑州
郑东新区CBD第十三大街国际商会大厦1幢1002号
Zheng Dong Now District of city CBD Thirteenth Street International Chamber of Commerce Building 1,room 1002
Tel:0374-60157678　　0374-6267008
www.hnxianyi.com　　www.hnzrwl.com

GAO XIANG 高翔
Benchmarking
一个时代的商业标杆

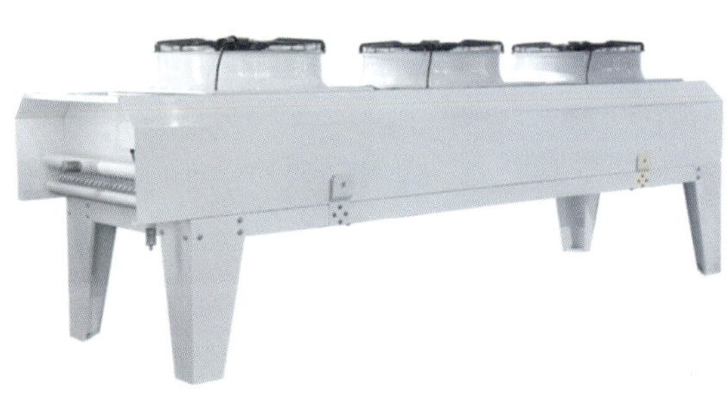

UN双室箱▶

14.6米冷藏半挂车▲

移动房屋箱▲

冷藏改装车▲

中集青岛冷藏基地由青岛中集冷藏箱制造有限公司（QCRC）、青岛中集特种冷藏设备有限公司（QCSC）和青岛中集冷藏运输设备有限公司（QCTC）组成。这三家公司均是中国国际海运集装箱（集团）股份有限公司的子公司，坐落于华北地区美丽的城市青岛。公司位于胶州市经济技术开发区，是集标准冷藏箱、特种冷藏箱、冷藏车于一身的研发和制造基地，共拥有66万平方米的厂区。公司现有员工2000余人，其中，技术、管理以及文职人员200余人。

·QCRC成立于1999年，核心业务是制造各类传统ISO标准冷藏集装箱，总投资4500万美元。2007年产量稳步增长，达到38000台，整个中集冷箱全球市场占有率为65%。标箱日产量已达130台40英尺标准箱，并已成为全球各大船公司、租箱公司最值得信赖的冷藏集装箱生产厂家之一。

·QCSC于2004年应运而生，主营非ISO特种冷藏、保温集装箱，投资总额3000万美元，新建了专用的特种箱生产线，包括装配夹具、总装线、涂装线、完工线、三明治发泡设备以及环戊烷发泡系统。能生产8英尺至53英尺的超宽超长冷箱系列。此条特箱生产线计划年生产能力达到4000台53英尺箱。青冷特箱拥有50多位设计工程师，强大的研发队伍已成为世界主要特种冷藏箱、保温箱市场的生力军。公司拥有中集集团第一个也是唯一一个特种设备技术中心。为全球市场提供专业的特种冷藏运输设备已成为青冷特箱全体人员的主要宗旨。

·QCTC于2008年12月正式成立，公司总占地面积

约270000平方米，工业厂房59000平方米，第一期投资计划实施后，年生产能力可达到5000辆冷藏/保温/干货半挂车或厢式车。公司拥有国际一流的生产设备和各种检测仪器，拥有一支由技术专家、高级工程师及专业技术人员组成的经验丰富的设计和制造团队，引进美洲和欧洲冷藏半挂车核心技术，专业研发并生产冷藏/保温/干货半挂车、冷藏/保温/干货厢式车等四大系列，可为用户提供20多个不同车型的选择空间，为美洲、欧洲、澳洲提供冷藏/保温/干货半挂车，同时可为亚太地区提供一流的满足当地法规及路况的美系、欧系冷藏/保温/干货半挂车。

随着国内市场冷藏运输业的发展，冷藏箱需求不断增加，我公司目前的客户遍布全国各地，已经为双汇物流、荣庆物流、康新物流、重庆雪峰物流、福建超大等物流运输公司、贸易公司、乳制品公司、冷冻食品加工公司以及精密仪器公司提供优质的产品和服务。另外，军品也是我们主要的产品，目前已为美国军方、德国军方、联合国、国内军方生产过各种不同型号的军用产品。我们的承诺：对国家负责，对社会负责，对股东负责，对客户负责，对员工负责。公司已经通过了ISO 9001国际质量管理体系、ISO 14001环境管理体系、OHAS 1800职业健康与安全管理体系认证。

地址：青岛胶州经济技术开发区
兰州东路586号
邮编：266300
电话：0532-81121097
传真：0532-81121111
http://www.qdcimc.com

中国冷链物流发展报告

China Cold – Chain Logistics Development Report

(2015)

中国物流与采购联合会冷链物流专业委员会

China Cold – Chain Logistics Association

中国物流技术协会

China Logistics Technology Association

国家农产品现代物流工程技术研究中心

National Engineering Research Center for Agricultural Products Logistics

中国财富出版社

图书在版编目（CIP）数据

中国冷链物流发展报告．2015／中国物流与采购联合会冷链物流专业委员会，中国物流技术协会，国家农产品现代物流工程技术研究中心编．—北京：中国财富出版社，2015.6
ISBN 978-7-5047-5718-0

Ⅰ．①中…　Ⅱ．①中…　②中…　③国…　Ⅲ．①冷冻食品—物流—物资管理—研究报告—中国—2015　Ⅳ．①F252.8

中国版本图书馆CIP数据核字（2015）第107872号

策划编辑　惠　婳　　　**责任印制**　何崇杭
责任编辑　孙会香　惠　婳　　　**责任校对**　梁　凡

出版发行　中国财富出版社（原中国物资出版社）
社　　址　北京市丰台区南四环西路188号5区20楼　**邮政编码**　100070
电　　话　010-52227568（发行部）　　010-52227588转307（总编室）
　　　　　010-68589540（读者服务部）　　010-52227588转305（质检部）
网　　址　http：//www.cfpress.com.cn
经　　销　新华书店
印　　刷　中国农业出版社印刷厂
书　　号　ISBN 978-7-5047-5718-0/F·2392
开　　本　787mm×1092mm　1/16　　**版　　次**　2015年6月第1版
印　　张　17　　**印　　次**　2015年6月第1次印刷
字　　数　287千字　　**定　　价**　280.00元

《中国冷链物流发展报告》
（2015）

编　委　会

《中国冷链物流发展报告》
（2015）

编　辑　部

联系方式：
中国物流与采购联合会冷链物流专业委员会
中国冷链产业网：www. lenglian. org. cn
电　　话：010－88120448
传　　真：010－88139979
邮　　箱：llw@ lenglian. org. cn
地　　址：北京市海淀区阜成路58号新洲商务大厦612

智慧支持：中物联冷链物流专业委员会研究院
北京物资学院
协办单位：河南冰熊专用车辆制造有限公司
上海郑明现代物流有限公司

前　言

今年已是《中国冷链物流发展报告》连续出版的第五个年头，从2010年到2014年，连续五年记载了中国冷链行业的发展变化。而这五年，恰恰也是国家发展和改革委员会制定出台《农产品冷链物流发展规划》并落地实施的五年。可以说，这期间内的每一本《中国冷链物流发展报告》，都是《农产品冷链物流发展规划》阶段性成果的小结，也是中国冷链物流发展过程的浓缩。

《中国冷链物流发展报告》（2015）主要反映的是整个2014年中国冷链物流的发展现状、问题和趋势。2014年，对于中国冷链产业而言，可以说是现状稳定、问题依旧、趋势向好的一年，传统冷链企业生存无虞，大多数业绩相对去年有小幅提升，但行业暴露的问题还是没有得到有效解决，企业和行业发展仍旧面临不小阻力。所幸的是，冷链行业正在迎来一些积极的变化，国家利好政策不断向冷链倾斜，生鲜电商的崛起更是带给行业生机和亮点……我们认为，这些内容都有必要在今年的报告中得以体现，尤其是生鲜电商、生鲜O2O（Online To Offline，线上到线下）、餐饮O2O等将成为报告的亮点。

《中国冷链物流发展报告》（2015）在框架内容上有别于以往系列报告的"大而全"，原因是冷链行业的发展步伐虽快，但在很多方面还达不到一年一变的程度，比如区域冷链水平、冷链装备、冷链技术等。因此，今年的报告，编委会希望集中精力，将重点放在"变"的内容上。今年的报告，是由中国物流与采购联合会冷链物流专业委员会、中国物流技术协会和国家农产品现代物流工程技术研究中心共同编写完成，以期在内容的广度、深度方面更有突破。

《中国冷链物流发展报告》（2015）共分为五个章节。第一章是综述，从经济环境、物流环境和冷链环境三个方面进行层层分析；第二章是2014年中国冷库发展分析，系统介绍了当前我国冷库现状、问题和发展趋势；第三章是2014年中国冷链运输发展分析，分别介绍了公路运输、铁路运输、航空运输、航海运输等方面的冷链发展情况；第四章是重点领域冷链物流发展分析，以肉制品、水产品、休闲食品、生鲜电商产品为例，展开详细的冷链情况分析；第五章是日本冷链物流发展概述，系统阐述了日本物流、仓储、冷链的发展历程和特点。此外，在附录部分，还收集了冷链企业案例、冷链政策与标准文件、冷链相关领域企业排名等内容。

冷链物流是一个非常复杂的产业，涉及农业、食品生产加工、运输、仓储、制冷、餐饮业、零售业等多个领域，因此报告无法涵盖到方方面面，加之能力和时间所限，只能突出重点、量力编写，不足之处还请读者批评指正。

中国物流与采购联合会副会长兼秘书长　崔忠付

2015年5月18日

目　录

第一章 综 述

第一节 2014 年中国经济环境分析

2014 年，我国宏观经济运行总体平稳，经济增速虽有所回落，但在结构调整、改善民生等方面取得了一些积极进展，经济增长保持在合理区间，经济运行中不乏亮点。但投资增长后劲不足、融资瓶颈约束明显、企业经营困难等问题突出，经济下行压力和风险依然较大。

一、经济增速进一步放缓

2014 年国内生产总值 636463 亿元，同比增长 7.4%，增速继续放缓处于近年来低点。其中，第一产业增加值 58332 亿元，增长 4.1%；第二产业增加值 271392 亿元，增长 7.3%；第三产业增加值 306739 亿元，增长 8.1%。第一产业增加值占国内生产总值的比重为 9.2%，第二产业增加值比重为 42.6%，第三产业增加值比重为 48.2%。2010—2014 年中国国内生产总值（GDP）及同比增速如图 1－1 所示。

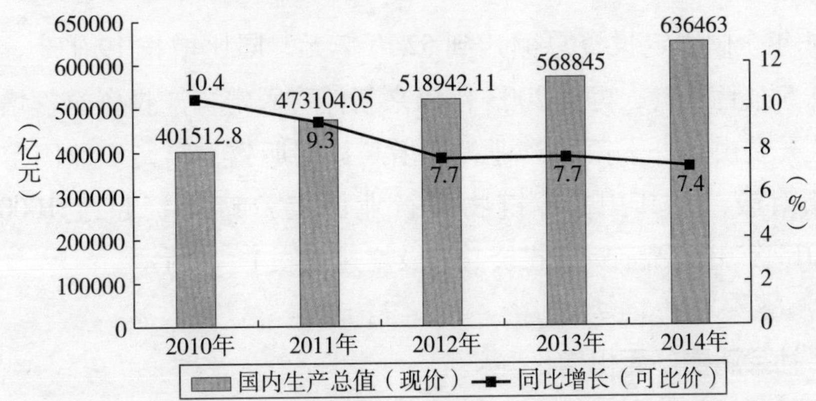

图 1－1 2010—2014 年中国国内生产总值（GDP）及同比增速

资料来源：国家统计局。

二、进出口缓中有增

2014 年中国货物进出口总额 264334 亿元，比上年增长 2.3%。其中，出口 143912 亿元，增长 4.9%；进口 120423 亿元，下降 0.6%。进出口差额（出口减进口）23489 亿元，比上年增加 7395 亿元。2010—2014 年中国进出口额及贸易差额如图 1－2 所示。

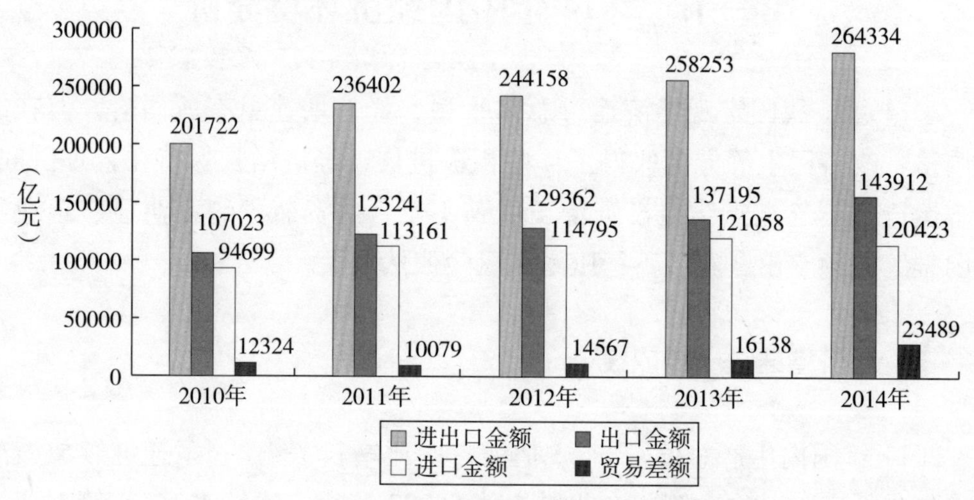

图 1－2　2010—2014 年中国进出口额及贸易差额

资料来源：海关总署。

三、固定资产投资平稳增长

2014 年全国固定投资总额达到 52 万亿元，同比增长 19.1%，较 2013 年回落 0.5 个百分点，再创 2003 年以来新低。固定资产投资总额增长明显放缓，主要是由第一、第二产业投资增长放缓所致，第三产业固定资产投资增长相对较快。其中，冷链物流行业固定资产投资超过 1000 亿元。2010—2014 年中国固定资产投资总额及增速如图 1－3 所示。

四、社会消费多元化增长

2014 年全年社会消费品零售总额 262394 亿元，比上年增长 12.0%，扣除价格因素，实际增长10.9%。按经营地统计，城镇消费品零售额226368亿元，增长11.8%；乡村消费品零售额36027亿元，增长12.9%。按消费类型统计，商品零售额234534亿元，增长12.2%；餐饮收入额27860亿元，增长9.7%。网上零售额27898亿元，比上年增长49.7%，其中限额以上单位网上零售额4400亿元，增长56.2%。2010—2014年中国社会消费品零售总额及其增速如图1－4所示。

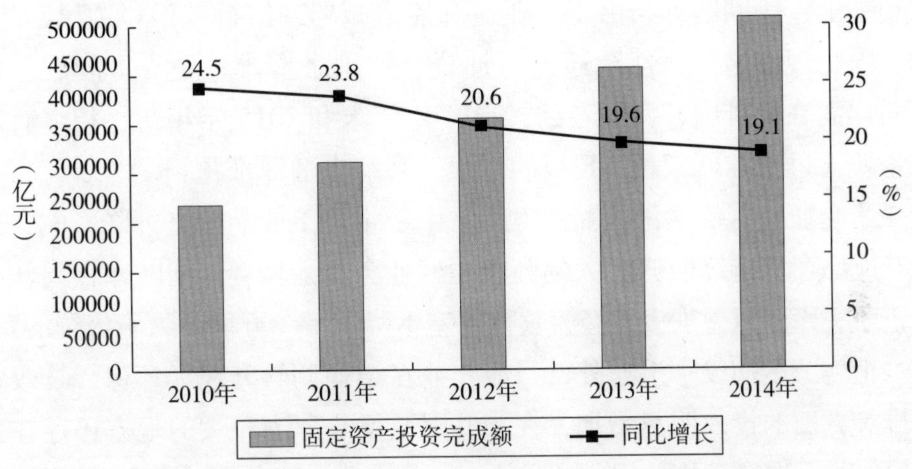

图1－3　2010—2014年中国固定资产投资总额及增速

资料来源：国家统计局。

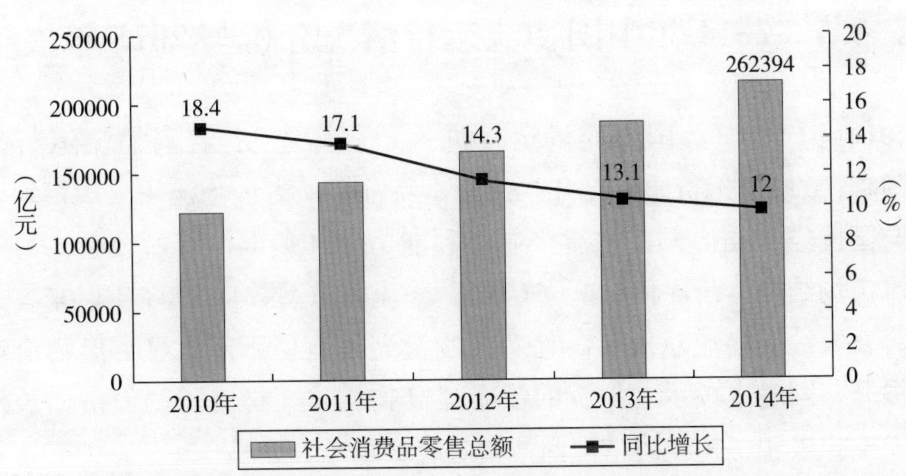

图1－4　2010—2014年中国社会消费品零售总额及其增速

资料来源：国家统计局。

五、经济运行中的突出问题和矛盾

一是融资瓶颈约束凸显。社会融资规模和货币信贷大幅回落，凸显资金面紧张。尤其是2014年下半年以来，7~10月社会融资总量共计3.03万亿元，仅为去年同期的60%。除了普遍存在的小微企业融资难、融资贵和贷款利率上浮等问题外，由于企业盈利能力减弱，银行基于违约风险考虑，惜贷、限贷现象增加，甚至还进行抽贷，加剧融资难、融资贵问题。物流方面同样面临此难题，我们看到，2014年年末和2015年年初，相继有冷链物流企业通过登陆新三板、E板的方式，来解决融资难题。

二是企业经营依然困难。一方面，由于主要工业品价格下降影响，工业企业产成品存货持续回升且大幅高于主营业务收入增幅，同时库存周转率下降，企业去库存压力加大，经营效益普遍下降。另一方面，除了传统的资金、用工、土地、运输成本上升外，当前企业在结构调整升级如环保、技改和节能减排等方面的投入明显增加，在一些财政增收压力较大的地方还存在着收过头税等加重企业负担的现象。此外，一些企业出于业绩考核和融资的需要，有意人为调高利润，因而企业实际的经营困难程度比数据反映的还要严重。

第二节　2014年中国物流运行情况分析与2015年展望

2014年，伴随着国民经济运行进入“新常态”，我国物流运行呈现“需求增速放缓、运行质量提升”的基本特征。一方面物流需求规模增速减缓但与国民经济相协调，物流企业盈利能力整体偏弱但有所改善；另一方面物流市场结构不断优化，单位GDP的物流需求系数自2008年以来首次下降，每百元社会物流总额所需耗费的物流费用有所下降，显示出物流运行质量提升，同时也预示着传统的依靠“高物耗、高物流”的经济增长模式正在发生积极转变，经济结构调整的效应逐步显现。

一、物流需求增速适度放缓

一是物流需求规模增速回落。2014年全国社会物流总额213.5万亿元，按可比价格计算，同比增长 7.9%，增幅比上年回落 1.6 个百分点。分季度看，一季度47.8 万亿元，增长8.6%，回落0.8 个百分点；上半年101.5 万亿元，增长 8.7%，回落 0.4 个百分点；前三季度 158.1 万亿元，增长8.4%，回落1.1 个百分点；全年呈现稳中趋缓的发展态势。

从构成情况看，工业品物流总额 196.9 万亿元，同比增长 8.3%，增幅比上年回落 1.4 个百分点；进口货物物流总额 12.0 万亿元，同比增长2.1%，增幅比上年回落4.3 个百分点；再生资源物流总额 8455 亿元，同比增长 14.1%，增幅比上年回落6.2 个百分点；农产品物流总额 3.3 万亿元，同比增长4.1%，增幅比上年提高0.1 个百分点；单位与居民物品物流总额3696 亿元，同比增长 32.9%，增幅比上年提高 2.5 个百分点。2013 年以来社会物流总额及增长变化情况如图 1－5 所示。

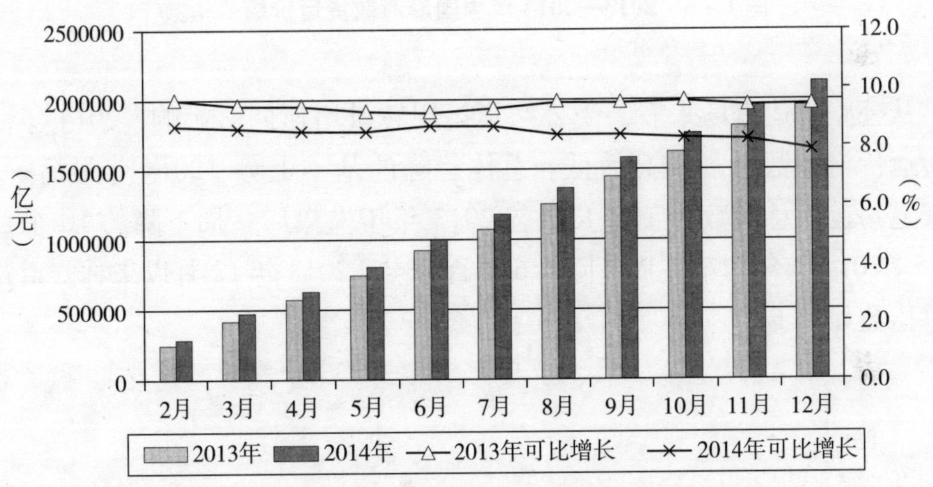

图 1－5 2013 年以来社会物流总额及增长变化情况

资料来源：中国物流与采购联合会。

二是物流服务价格震荡下跌。2014 年，受经济增速放缓、物流需求增速回落等因素影响，物流服务价格震荡回落且持续低位运行。据中国物流业景气指数（LPI）显示，物流服务价格指数全年都在 50% 的临界水平上下波动，平均为 50.4%，较上年平均水平下降 0.3 个百分点，显示出物流服务价格持续低迷的运行态势。

从海运市场来看，受大宗商品物流需求低迷影响，加之海运运能过剩，2014 年中国沿海干散货运价综合指数累计平均为 989.9 点，较上年同期下降 11.8%。具体如图 1－6 所示。

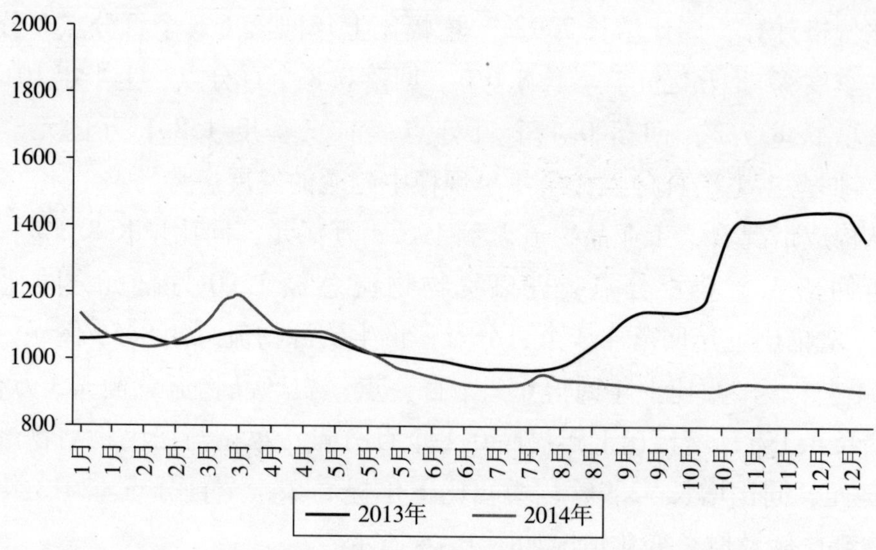

图 1－6　2013—2014 年中国沿海散货运价综合指数

资料来源：中国物流与采购联合会。

从公路货运市场来看，受公路货运周转量增速回落影响，2014 年，公路货运价格指数呈现前高后低、总体趋降的基本走势。2014 年最后一周，林安道路运价总指数为 106.13，较 2013 年年末最后一周下降约 10 个百分点，较 2014 年年初第一周下降 1.6 个百分点。2013 年 12 月以来林安道路运价总指数如图 1－7 所示。

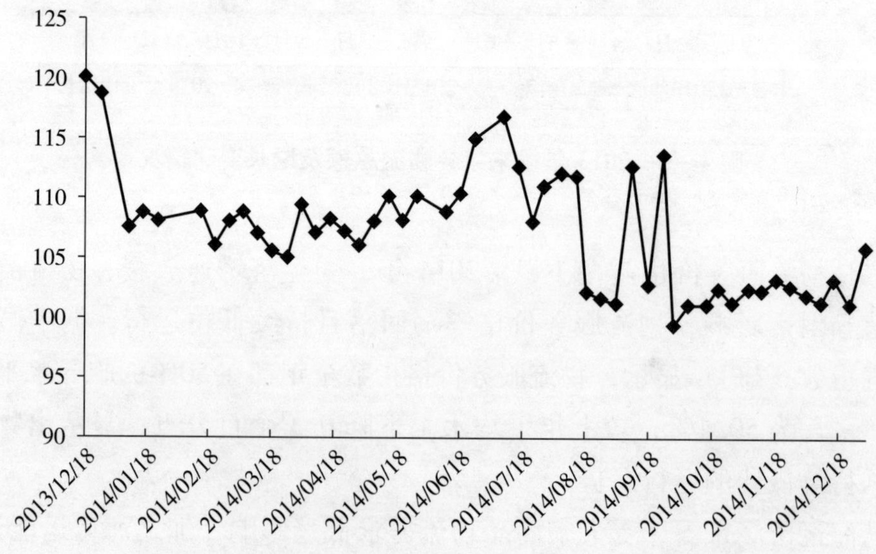

图 1－7　2013 年 12 月以来林安道路运价总指数

资料来源：中国物流与采购联合会。

二、物流运行质量有所提升

一是物流市场结构不断优化。一方面，钢铁、煤炭、水泥、有色等大宗商品物流需求增速进一步放缓。2014 年工业品物流总额为 196.9 万亿元，按可比价增长 8.3%，同比回落 1.4 个百分点。

另一方面，与循环经济相关的再生资源物流总额同比增长 14.1%；与民生相关的单位与居民物品物流总额同比增长 32.9%。尤其是快递物流业保持高速增长。据国家邮政局的数据显示，2014 年，全国快递业务量完成 139.6 亿件，同比增长 51.9%，首次超过美国，跃居世界第一；快递最高日处理量超过 1 亿件。具体如图 1－8 所示。

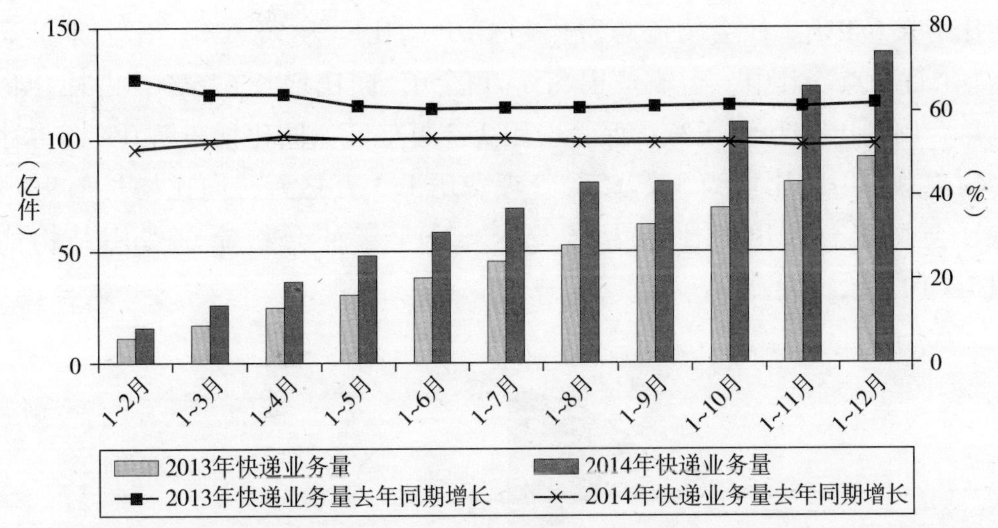

图 1－8　2013 年以来全国快递服务企业业务量及增速

资料来源：中国物流与采购联合会。

二是单位 GDP 的物流需求系数自 2008 年以来首次下降。2008 年以来，我国单位 GDP 的物流需求系数整体上不断上升，2013 年达到 3.48 的较高水平。2014 年，单位 GDP 的物流需求系数为 3.35，近年来首次出现下降，显示出创造单位 GDP 所需的物流规模有所下降，单位 GDP 的物流需求系数有望进入回落区间。由此表明，我国经济运行进入新阶段，传统的依靠“高物耗、高物流”的增长模式正在发生积极转变，经济结构调整的效应逐步显现。2008—2014 年单位 GDP 的物流需求系数如图 1－9 所示。

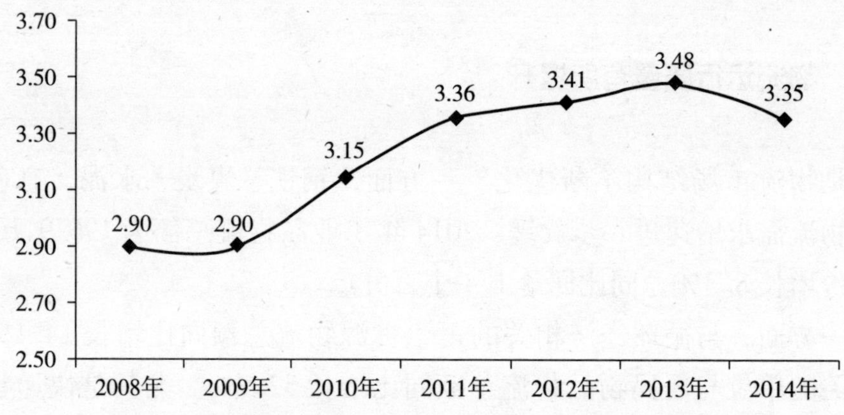

图1-9　2008—2014年每单位GDP的物流需求系数

资料来源：中国物流与采购联合会。

三是物流运行效率有所提升。2014年社会物流总费用10.6万亿元，同比增长6.9%。社会物流总费用与GDP的比率为16.6%，比上年下降0.3个百分点。其中，运输费用5.6万亿元，同比增长6.6%，占社会物流总费用的比重为52.9%；保管费用3.7万亿元，同比增长7.0%，占社会物流总费用的比重为34.9%；管理费用1.3万亿元，同比增长7.9%，占社会物流总费用的比重为12.2%。2014年社会物流总费用结构如图1-10所示。

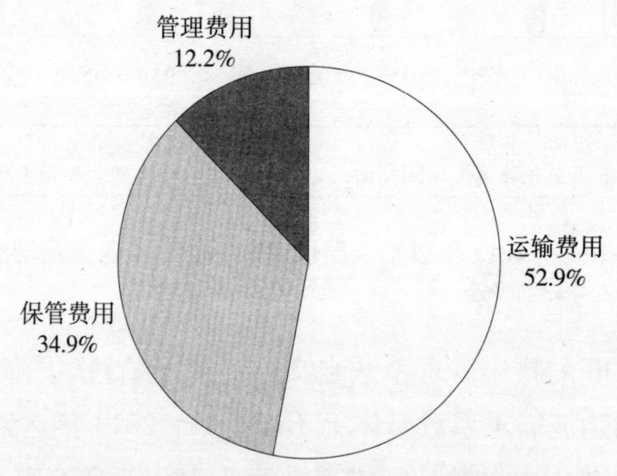

图1-10　2014年社会物流总费用结构

资料来源：中国物流与采购联合会。

2014年我国社会物流总费用与GDP比率的变化，一方面是受货运量、货运周转量及GDP数据调整的影响，另一方面也是我国经济结构变化的结果。根据物流等相关统计数据可以发现，物流费用具有内在的客观变化规律，与经济发展阶段以及物流运行模式密切相关。

目前，我国正处于经济结构加快调整的阶段，物流发展也逐步由传统物流阶段向一体化物流阶段过渡，供应链发展也初见端倪，与此相适应，物流费用水平也逐步进入下降期。但同时也应看到，整体上，我国物流费用水平仍然较高，尤其是煤炭、非金属矿物制品业等行业的物流费用水平仍然偏高。

四是物流运行效益有所改善。首先，物流企业效益略有改善。中国物流业景气指数中，2014 年 12 月的主营业务利润指数回升 0.2 个百分点，达到 50.0%，该指数全年平均为 50.7%，保持在增长区间。据重点调查物流企业数据显示，1～11 月，重点物流企业的主营业务收入增长 8.0%，低于主营业务成本增速 0.1 个百分点；重点物流企业收入利润率为 5.0%，高于去年同期 0.9 个百分点。这些数据表明，我国重点物流企业费用压力依然较大，盈利能力整体较弱，但有所改善。其次，物流业增加值较快增长。2014 年物流业总收入 7.1 万亿元，同比增长 6.9%，保持平稳增长。物流业增加值 3.5 万亿元，可比增长 9.5%，保持较快增长，其中，交通运输业增加值 2.4 万亿元，可比增长 8.3%，贸易物流业增加值 6781 亿元，可比增长 7.9%，仓储业和邮政物流业增加值分别增长 4.8% 和 35.6%。

展望 2015 年，世界经济处于深度调整期，全球经济低速增长成为新常态。从国内看，2015 年国民经济正在向形态更高级、分工更复杂、结构更合理的阶段演化。在此背景下，国民经济继续面临下行压力，拉动经济增长的“三驾马车”方向不一，出口将有所回暖，投资继续下行，居民消费平稳增长，经济转型升级步伐将进一步加快。

2015 年物流业整体上将保持平稳运行态势，物流转型升级继续推进，预计物流运行仍将呈现“增速减缓、结构调整”的发展态势。其中，快递速运、冷链物流、物流平台等物流业态有望保持快速增长。预计全社会物流总额按可比价格计算，增长 7.5% 左右。

说明：由于货运量、货运周转量及 GDP 数据的调整，社会物流总费用及与 GDP 的比率、物流业总收入也进行了相应调整。

第三节　2014 年中国冷链物流发展回顾

相较于2012 年的“热闹非凡”、2013 年的“稳中有进”，2014 年是我国冷链物流真正快速发展的一年（包括冷链物流外部环境和基础设施）。生鲜电商的崛起赋予了冷链产业新的商机，而上海福喜事件等则再次敲响了冷冻冷藏食品安全的警钟，倒逼整个冷链行业自省深思。冷链基础设施的不断完善也使和路雪、麦当劳等为代表的外资企业纷纷提高冷链物流标准。同时，越来越多的冷链物流行业领军企业尝试向着综合性一站式冷链物流服务供应商的方向发展。客观形势的动荡，机遇和挑战的博弈，将冷链行业推到了“求变谋发展”的风口浪尖。总之，历经几年的市场培育和理念传播，我国冷链产业市场逐步进入由初级的基础物流服务向物流增值服务迈进的阶段。整体回顾如下：

一、政策环境不断放宽、财政支持进一步加强

2014 年的中央一号文件明确提出“完善鲜活农产品冷链物流体系”继续发力冷链产业。此外《物流业中长期发展规划》《关于进一步促进冷链运输物流企业健康发展的指导意见》的提出也为冷链产业打了一针强心剂，一扫冷链资本市场的压力阴霾。

一系列的政策出台，对我国冷链产业而言，无论在当下还是中长期均是利好。除了宏观政策上的引导，中央和各级地方政府 2014 年在冷链产业上的财政支持力度也进一步加大。2014 年银川市获得中央财政 3200 万元补贴用于大型农批企业、流通企业的冷链仓储、配送中心建设；吉林农产品冷库获中央财政补助 3638. 6 万元；6 月，福建省建宁县农产品产地初加工冷库项目获补助 280 万元；7 月杭州萧山 5 个冷链项目获补助 1250 万；8 月份国家投资 650 万元支持海南冷链物流项目。

二、冷链市场规模稳步增长，基础设施不断完善

2014 年冷链需求市场规模进一步增加，达到 11200 万吨左右，较 2013 年

增长了近22%，地域范围上依然集中在中东部经济发达地区，如北京、天津、大连、山东、广东等。2014年全国冷库总量达到3320万吨，折合8300万立方米，与去年2411万吨相比增长36.9%。需要关注的是西南地区冷链投资情况，由于“21世纪海上丝绸之路”等政策效应的推动，成都、云南等地的冷链设备需求市场明显增加，在2014年吸引了近60亿元的投入。

此外，2014年年初《政府工作报告》提出全年淘汰黄标车及老旧车600万辆的任务，对此环保部、发展改革委、公安部、财政部、交通运输部、商务部等部门联合印发了《2014年黄标车及老旧车淘汰工作实施方案》，这些举措使得我国商用车2014年大幅升级换代，冷藏车2014年产销量达到2万辆，与去年相比翻了一番。

2014年的冷链基础设施投入继续加大，在物流地产普遍被看好的背景下，冷链物流园区的建设成为2014年冷链产业的亮点。据中物联冷链委不完全统计，2014年全国运作（包含建成、开建、签约不包括建设中的）的重点冷链项目超过40个，投资额超过550亿元，相较于2013年的近700亿元，虽然新投资降幅较大，但考虑到大型冷链项目的工期一般在2~3年，所以2014年的冷链基础设施建设依然火热。其中，2014年完工的冷链项目超过80亿元，奠基开工、新签约的冷链项目达到370多亿元，涉及冷库180多万吨。2014年运作的重点冷链项目地区分布依然不均衡，重点分布在华北地区（北京、天津、山东等），投资额超过200亿元，占比超过全国的1/3；东北地区约50亿元，华南与华东地区（广东、上海、浙江等）约60亿元；西南地区（重庆、四川等）50亿元，中部地区（安徽、湖北等）50亿元。

2014年建成的重点园区有：大连冷链物流基地一期、晨农集团崇明冷链物流中心、重庆凯尔冷链物流园区、包头市农产品冷链物流中心和中国食品谷中凯冷链物流园区。正式投建的包括泸州海吉星农产品商贸物流园项目、安必达冷链物流有限公司的黄冈农产品冷链物流配送中心、马鞍山御香苑冷链保护物流加工园、淮北市凤凰山农贸城冷链工程等。

三、标准制定工作有序开展，标准化进程不断加快

2014年由中物联冷链委负责起草的《物流企业冷链服务要求与能力评估指标》《水产品冷链物流服务规范》两项国家标准正式发布，并将于2015

年7月1日正式实施。此外，冷链委相继在食品和药品领域开展《食品冷链物流追溯管理要求》《药品冷链物流运作管理要求》《药品物流服务规范》等国家标准的试点工作，累计有近100家企业获得标准试点资质。

同时，《餐饮冷链物流服务规范》行标、《药品冷链保温箱通用规范》国标进入报批阶段，《道路运输 食品冷藏车应用选型技术规范》和《冷链物流从业人员职业资质》两项行标进入调研阶段，《鲜活甲壳类海产品冷链运输规范》《肉禽类冷链温控运作规范》《药品阴凉箱的技术要求和试验方法》三项行标正式立项。

《道路运输易腐食品与生物制品冷藏车安全要求及试验方法》（GB 29753）强标发布，2014年7月1日开始执行，之前申请的公告一年缓冲期到2015年6月30日。本标准规定了冷藏车的分类、要求、降温和保温性能、机械制冷机组和试验方法。本标准适用于采用已定型汽车整车或二类底盘基础上改装，装备机械制冷机组，道路运输易腐食品与生物制品的冷藏车，冷藏半挂车参照此标准执行。

2014年年底，冷标委对现有冷链标准情况进行梳理，要整合成一批对提高冷链流通率、保障品质有重大促进作用的标准。科学划分推荐性和强制性标准，针对冷冻、冷藏食品等重点品种，在零售交接规范、冷藏库能耗等级要求等关键领域推动出台2~3项强制性国家标准。此外，国家发展改革委等7部委联合出台了《关于我国物流业信用体系建设的指导意见》，要求完善物流信用法律法规和标准，并将冷链物流作为试点之一，这对于加快冷链标准化进程有很强的推动作用。

特别要强调的是，将于2015年7月1日全国范围正式推广执行的《物流企业冷链服务要求与能力评估指标》（GB/T 31086—2014）国家标准，为规范冷链物流服务行为、保障食品安全、提高经营监管水平提供了理论和技术支持，为物流企业从事冷链物流服务提供指导，起到国标引导行业发展作用，为货主单位、消费者提供了主张权利的凭证和依据。

四、冷链市场分散，第三方物流规模有待提升

2014年，第三方冷链物流企业特点依然是规模小、压力大。冷链行业依然“看着热干着冷”，从中物联冷链委发布的“2013冷链物流企业百强排名”

来看，首先，在规模方面，2013 年冷链百强企业总收入为 109.02 亿元，占全国冷链总收入的 10% 左右。其次，缺乏龙头企业，前 50 强占据绝大份额，后 50 强基数太小。在百强排名中，年收入在 5 亿元以上的有 7 家，年收入过亿元的有 25 家，8000 万元以上的有 33 家，6000 万元以上的有 51 家，可见，百强企业中有过半收入可超过 6000 万元。将百强企业按照每 10 个企业一组，分析每组的企业收入，从分布图上可以看出，前十强企业占据 49% 的收入，接近一半。后面 5 组即 50% 的企业占据百强收入的 15%。可见，我国冷链物流发展不平衡的现象仍然很明显，冷链物流市场化水平和集中度仍较低。

五、连锁零售餐饮稳步发展，冷链需求和服务双升级

中央八项规定如疾风劲雨，使得高端餐饮复兴之日不会再现。在经历了一年的艰难转型过渡期之后，餐饮行业逐渐恢复了元气，定位于大众消费的连锁餐饮品牌逐渐成为餐饮行业的中坚力量，上升势头明显，高端餐饮和街边饭馆愈发难以生存。而连锁餐饮标准化菜品和网点化扩张给冷链物流企业带了更多的发展机遇。

7 月的“福喜”事件，无论对当事企业还是其他连锁餐饮企业，都是一种打击，食品安全问题再一次刺痛了民众神经。促使餐饮企业加大食品安全监管力度，加强食材供应链管理，升级更新食材的温控设施，规范连锁餐饮市场竞争行为，已成为政府部门和行业必须去面对的问题。在食品安全的倒逼下，餐饮业的冷链配置将会由部分企业的营销点逐渐成为行业标配。为了更好地参与竞争，餐饮企业需加大冷链设施投入成为业界共识。

10 月，商务部、国家发展改革委联合发布《餐饮业经营管理办法（试行）》，指出餐饮外卖企业须有营业资质和冷链，冷藏保温温控需有保障。政府出手管理规范餐饮行业发展的第一步已经迈出。

受电商冲击，以及店面租金成本、员工薪资上涨等压力，2014 年全国各地出现大面积商超关店潮，从《2014 年主要零售企业关店统计》发布的数据来看，2014 年全国主要零售企业（百货、超市）共计关闭 201 家门店，关店数同比增长超 4 倍，创历年之最。反之我们也发现连锁零售发力生鲜板块，建立生鲜网站、纷纷自建和外包生鲜加工配送中心，完善冷链配送系统，为第三方冷链物流企业带来新的机遇。截至 2014 年年底沃尔玛在中国

拥有 11 个生鲜配送中心。

六、生鲜电商是亮点，冷链、科技等难题需突破

2014 年生鲜电商虽然“雷声大雨点小”，但依旧是冷链行业亮点。首先资本疯狂进入生鲜电商领域，亚马逊 2000 万美元入股上海本地垂直生鲜电商美味七七，中粮我买网获得 IDG 资本和赛富基金 1 亿美金 B 轮融资等。总之，有强劲资本输血的生鲜电商市场活力十足。

生鲜 O2O（Online To Offline）也是当下很多电商大佬争先布局的版图。2014 年京东联手万家便利店和獐子岛，一号店则携手沃尔玛，顺丰嘿客布局 2500 家门店“入侵”冷链最后一公里。而在跨境生鲜电商领域，阿里巴巴、京东、亚马逊等电商巨头也是未雨绸缪。同时，一批有实力的生鲜跨境电商平台也先后崛起，像优鲜码头、百联电商等。

然而不得不面对的现实是，贴着“蓝海”标签的生鲜电商市场，初期的圈地成本依然很高，冷链设施的购置、全程冷链的设计与配送、消费者理念的培育等，都需要大量的时间和资金成本，甚至有统计称 99% 的生鲜电商都在亏损。

因生鲜的价值在于“鲜”，故从生鲜产品出货到消费者入手必须在短时间内完成。一方面，在当前的生鲜电商中，从下单到收到货物，最短需要半天时间，最长则多至三天。所购买商品的“鲜”无从寻觅，故在现阶段，物流速度已成为生鲜电商最大的矛盾。另一方面，从当前的配送能力来看，生鲜电商所能承受的配送范围普遍仅在本市内进行，对于异地订单则无法支持，不能一网通全国，其精细化的定位自然也无法设定。生鲜配送本身就是个行业难题，将其与电子商务结合在一起更是难上加难。尤其是当前国内还未具备成熟的冷链仓储及配送条件，专业的冷链第三方企业缺乏，一直是生鲜食品 B2C（Business To Customer）发展的一个软肋。推进生鲜电商市场发展的关键在于冷链物流体系的完善。电商企业要想在这一领域抢得先机，必须率先具备仓储、物流能力，并解决商品运输、保鲜难题。此外，还需要通过供应链整合在终端渠道和配送模式上不断寻求创新紧密结合起来，将各个环节高度黏合。

生鲜电商物流技术要求最高：第一级是普货物流技术，第二级是食品安全要求（包装食品），第三级是冷链、温控、品控的生鲜初级农产品，还

有不同的品类和时空差异，所以说生鲜电商物流是最难的。电子商务需要快速移动，它的微环境（包装）、中环境（储运装备）和时空环境（季节地域）对食品的生命状态、品质都是有影响的。货—流—人模式，物流标准不健全，快件在装载的时候是不分区的、混装的，所以一双鞋也能毒死人。现在亟待建立相关装载的标准，哪些可以混装，哪些不能，哪些在上，哪些在下等，要逐步规范。

由于农产品物流学科的高度交叉，部分理论研究与实践严重脱节，理论成果的可操作性不强。因此迫切需要加强农产品物流理论基础研究，探索农产品物流产业的发展规律，依据农产品物流行业的共性需求，构建科学适用的知识标准体系框架。面对当前的科技体制改革和国家对物流产业的空前重视，急需面向需求，构建适合我国国情的农产品物流理论架构和工程技术体系。

国家“十二五”冷链物流规划指出：农产品冷链物流的重要性进一步被消费者认识，全社会对“优质优价”农产品的需求不断增长（只被经营者认识不行）农产品生产企业的期盼是优质优价、消费者需求是物美价廉、政府要求是保障食品安全，不伤民也不伤农最佳产销模式［需降低物流总成本对CPI（居民消费价格指数）的影响］。物流是个成本控制的概念，具有跨专业、多环节、多主体、跨时空的特点。但是，冷链物流是一个增加成本、保证品质、降低损耗，是以提高性价比实现商业价值的专业物流，是典型的二律背反定律的商业模式。科技创新支撑是加快实现农产品、食品由无毒消费时代到品质消费时代跨越的重要保障，优质优价的品质消费是冷链物流发展的需求基础，以构建透明的特殊供应链（成本透明）为目标的服务标准呼之欲出。

另外，目前优质优价实现难，行业标准执行难，劣币驱逐良币现象严重。不是某一项技术、某一个产品、某一个装备就可以解决这一问题，而是整个商业生态体系的问题。只有打造出健康的商业生态体系，建立透明供应链，让生产者诚、消费者信，才能实现食品安全，进而推进中国从无毒消费到品质消费的进程。

七、进出口食品需求旺盛，临港冷链前景看好

2014年中国与冰岛正式签订自由贸易协定，青岛港与冰岛最大的企业

怡之航集团签署合资项目——青岛港怡之航冷链物流，筹划合力打造亚洲最大的冷链物流中转港。此外，中澳贸易协定意向书的签订，也在推动澳洲牛羊肉、红酒、奶制品的大量进口，例如中物联冷链委去澳洲考察了解到，原来从澳洲每天运往上海的乳制品，运送方式已从客机改为专门货机。

而在临港冷链建设方面，大连獐子岛中央冷藏项目一期、宁波港冷链物流中心一期已经投入使用，天津东疆保税港区东疆大洋冻品物流配送中心、大连大窑湾保税港区毅都、深圳机场红酒物流中心、宁波港金枪鱼保税冷库、烟台港保税水产物流园以及宇培投资50亿元的大连冷链物流和食品加工园等项目也在建设中。

八、农村电子商务起步，物流仍是掣肘因素

商务部近日公布2014年电子商务交易额［包括B2B（Business To Business）和网络零售］达到13万亿元，同比增长25%，其中，农产品电子商务发展尤为突出。中国要发展，三农必须强，走产出高效、产品安全、资源节约、环境友好的现代农业发展道路。

服务于生鲜电商的冷链物流体系涉及内容较广，农村电商主要包括产前一公里的农产品采集与加工，如产地预冷、冷环境初分拣加工与包装、冷链集散，部分地区还建设有农产品集散批发市场，兼有冷链贮藏、配送与销售功能。

当前，电商发展需求日益增加，而冷链服务增速缓慢，国内中国邮政网店可以到村一级、四通一达等主要的快递企业的营业网点在农村布局并非全面，正处于布点时期，能够满足冷链物流的快递服务更是远远不够，掣肘了农村生鲜电商的发展。

第四节　2015年中国冷链物流发展趋势

《物流业发展中长期规划》明确了物流业在国民经济发展中的基础性、战略性地位，极大地提升了产业地位，也对冷链物流业发展提出了新的要求。

一、冷链大环境、大趋势继续向好

新一届政府对食品安全的重视进一步升级，中产阶级人口数量不断增加，对冷链产品和物流的需求越来越大，政府和消费者对冷链物流理念的认识越来越深，冷链市场规模继续扩大。

2014 年无论是国务院、发改委、商务部，或是地方等各级政府部门，都出台了冷链相关政策规划，从这一点上释放出明显的信号：国家自上而下重视冷链发展，公平的冷链物流竞争环境会越来越好。此外，2015 年将是《农产品冷链物流发展规划》落地实施的最后一年，下一个五年规划在冷链基础设施建设、冷链标准化、公平的冷链环境、冷链税费减免等方面将会加强。

总之，2015 年冷链物流行业无论是宏观环境还是客观形势，都将持续向好。

二、冷链零担和宅配服务市场规模进一步扩大

生鲜电商 2014 年市场规模达 260 亿元，2015 年预计达到 520 亿元，增长势头十分迅猛。生鲜电商的发展关键在于产品的冷链物流能力，最先一公里和最后一公里配送的综合性差异化服务体验将是生鲜电子商务模块的竞争核心，而目前的冷链物流企业服务还未形成产品化，因此，可以预见 2015 年冷链零担和宅配服务市场规模会进一步扩大，传统冷链物流企业要想触碰这块蛋糕，必须在资源整合和服务品质上下工夫，目前，刚刚成立的九曳供应链正是关注这个领域。

三、关注农产品冷链“最先一公里”

2014 年进口果蔬、海鲜走红国内，为何出现如此现象？国外进口果蔬反倒比国内价格低、品质高、物流快，这又是为何？究其原因就是农产品冷链“最先一公里”问题没有得到重视和解决。

国内往往放弃农产品产地加工，把初加工和精加工一股脑地压在综合

成本居高的北上广沿海地区，反而使得农产品果蔬的整个冷链物流变成高成本的“长物流”，积重难返，销地又有多少物流商能够做得起或愿意做这样的“长物流”，更何况又岂是一家企业能够为之。

反观境外果蔬入境中国，因为“最先一公里”做得好，看似漫长的跨境物流却变得非常惬意，所以它就成了“短物流”。由此可见，“最先一公里”在整个供销链条中的地位是极其重要的，在全面质量管理的理念下，事前控制无论在控制效果还是控制成本上都是最优的，重视“最先一公里”才能根本解决产品品质差、损耗高的难题。

四、传统企业跨界做冷链，做好服务是关键

2014 年，随着我国冷链政策环境和市场前景的利好，以及互联网崛起和金融创新，将会有更多搅局者和传统物流进入冷链领域，一方面将会为冷链行业注入新的血液和基因，另一方面对于传统冷链格局将带来巨大的冲击和挑战。

目前，除了阿里、京东、一号店这些互联网大鳄已经将触角延伸到冷链行业之外，在传统物流领域像顺丰已经依托“顺丰冷运 + 顺丰优选 + 顺丰嘿客”完成冷链一体化的初步设想，在航空领域像海航、东航已经通过不同方式打造航空冷链物流体系，在金融、融资租赁领域像平安、民生、狮桥也都凭借各自优势提供不同的冷链金融解决方案，而在物流地产领域像普洛斯、复星、宇培、平安不动产等也各自开始冷链物流网络的布局。

冷链物流的发展离不开金融和人才的支撑，但是只有这两个是不行的，物流毕竟是服务行业，快速扩张的同时一定要关注一线的基础服务。

五、自贸协议、自贸区和“一带一路”联合溢出效应显现

中国—东盟大经济平台的形成离不开大物流的积极支持。习近平总书记提出的“海上丝绸之路”无疑使中国—东盟大经济体更加火热。中澳自由贸易协议签订、国家对跨境电子商务的支持，对冷链产业而言，航空、海运冷链及临港、临空冷链都将受益。如果说 2014 年是政策观望、市场考察的一年，2015 年则是积极介入抢占冷链物流市场的关键时间点，天津、

广东、福建、广西、云南、成都冷链市场将会更热。

随着自由贸易区的拓展，进出口的食品和药品量越来越大，冷链物流业将会获得越来越多的机会。上海自贸区对物流业的影响不仅仅体现在业务上，自贸区对冷链物流的重视才是最重要的。

六、探索冷链物流强制标准，尝试团体标准制定

国务院总理李克强 2015 年 2 月 11 日在国务院常务会议上所确定的“推进我国标准化工作改革总的方向和具体措施”，提出今后标准将严格界定标准的层级，控制国标和行标的数量，对涉及健康、安全、环保制定强制性国家标准，由协会等依据市场需求制定团体标准，让标准真正解决现实问题。

从实施过程来看，要先对已有多项冷链国标和行标进行梳理和清理，向国家标准委提出已有标准的清理建议。制定团体冷链标准的相关制度与开展方案，在各环节和领域做好标准化改革的宣传，提高大家对标准化改革的认识，真正从标准有用的角度开展标准工作。加强标准体系建设要有一个顶层设计。

七、冷链物流网络化才是企业核心价值的体现

2015 年第三方冷链物流企业特点依然是规模小、压力大。冷链物流市场越做越热，随之衍生的企业模式也越来越多，在这个充满想象力的蓝海市场，各路企业可谓八仙过海，各有各的生存和盈利之道。但是，细细梳理常温物流的发展你会发现，物流企业有了网络才真正有价值。冷链物流有一张天网和四张地网，天网是指强大的信息平台，地网是冷库网、干线（整车、零担）网、城配（区域）网、宅配网。能把其中任何一张网做好了，企业就真正有价值了，但是由于企业的商业模式、资金和人才等的限制，现在的冷链物流企业短期内很难迅速建立其中一个网络。

八、冷链人才缺口导致人力资源成本继续上涨

2015 年我国冷链产业继续快速发展，带动与之相关的食品和药品行业、

冷链物流行业、餐饮和零售行业、制冷和保温行业一起发展，还有快速崛起的生鲜电商行业，但与之相对应的冷链人才却出现脱节，院校没有这个专业，刚毕业的相关专业学生又不能马上进入角色，冷链进一步前进动力不足。从北京、上海等地的冷链物流企业调查中发现，企业“无人可用”是他们共同的心声，不仅管理人员面临断层，货车司机和冷库作业员工也越来越稀缺难找。物以稀为贵，人才的短缺导致企业用人成本快速上涨。

九、营造农村电商物流发展环境

新型城镇化是现代化的必由之路，也是经济社会发展的重要标志。推进新型城镇化，最根本的就是要解决如何让落后地区经济起飞，实现区域协调发展的问题。作为生态环境领先、经济欠发达的农村地区，在基础设施落后，公共服务无法覆盖等“硬件”不足的情况下，电子商务是农村城镇化的一条捷径。电子商务能够让农民在享受乡村生活的同时，有活干、有钱挣，实现就地城镇化，甚至与世界连接起来，解决农村空心化、农村庞大的“386199 部队”等社会问题。通过引导和培育服务驱动型农村县域电子商务发展模式，从而带动农村地区经济发展、改善农民收入、促进农业产业升级。农产品进城最先一公里和工业品下乡最后一公里的问题没解决，制约者双向物流发展，双向物流完善是降低农村物流成本的重要因素。

下一步，各地将围绕“一带一路”“长江经济带”等国家的区域协同发展战略，以特色乡镇为中心，支持建设冷链物流与快运快递等行业服务、第三方支付与认证等领域的政策扶持，逐渐形成推进农村电子商务快速发展的营商环境。

十、“互联网 +”冷链物流产业

互联网 +“冷链、温控、品控”的具体内容和流程是怎样的？我们应该用什么样的技术？加什么？如何去加？最终达到什么目的？简言之：①传统生产、流程环节的电子化，即物流地网要在互联网的技术基础上，增加冷链物流所涉及的品类、时空、贮运、“3T”（时间、温度、品质）参数，实现传动产业的数据的电子化和单元化；②传统贸易流通模式的电子化，即运用互联网技术，将传统线下产业移植线上，实现线上交流、洽谈、撮合直至形成有效交易；③通过传统产业和贸易流通的电子化，通过云技术手段，形成“天网电商，地网物流”的云服务体系或平台。具体到冷链物流领域，即形成电商品控（冷链、温控）物流的云服务体系；④利用数据和流程服务的电子化去证明产品安全、减少企业风险、管控供应者的诚信度，最终形成冷链物流的透明供应链，增强消费者的信任度，净化生鲜食品的市场环境；⑤挖掘大数据，提升、总结、整理、归纳，形成（国家、行业）标准去指导和规范企业、消费者和市场，让生鲜电商企业不再亏损，摸索出一条具有市场竞争力的生鲜电商发展壮大之路。

第二章　2014 年中国冷库发展分析

第一节　2014 年中国冷库发展概况

一、2014 年全国冷库保有量分析

据中物联冷链委统计，2014 年全国冷库总量达到 3320 万吨，折合 8300 万立方米，与去年 2411 万吨相比增长 36.9%。同时，中物联冷链委对全国 930 多家冷链物流企业展开调研，并按地区分布情况进行数据统计，结果显示山东省以冷库容量 457.9 万吨居首。各省份冷库库容的详细数据如表 2－1所示。由以上数据可知全国七大区域冷库分布占比情况（如图 2－1 所示）。尽管近两年来中西部地区加强了冷库建设，但是由于以上区域冷库发展基础较差，全国冷库分布仍处于严重不平衡状态，接近 50% 的冷库资源集中于东部沿海地区。

表 2－1　　2014 年各省冷库保有量统计排名

名　次	省　份	库容（万吨）
1	山东	457.9
2	上海	230.95
3	广东	199.86
4	江苏	181.4
5	福建	169.4
6	湖北	166.9
7	辽宁	164.66
8	浙江	140.8

续　表

名　次	省　份	库容（万吨）
9	天津	130.84
10	河南	129.86
11	重庆	123.96
12	河北	104.6
13	云南	101.06
14	北京	93.91
15	湖南	84.2
16	四川	75.5
17	新疆	73.7
18	安徽	71.75
19	甘肃	67.3
20	广西	52.34
21	黑龙江	50.5
22	海南	44.85
23	山西	40.97
24	陕西	33.78
25	江西	33.64
26	宁夏	25.8
27	吉林	19.27
28	内蒙古	15.3
29	贵州	12.4
30	青海	6.57

资料来源：中物联冷链委统计数据（港、澳、台及西藏不在统计范围内）。

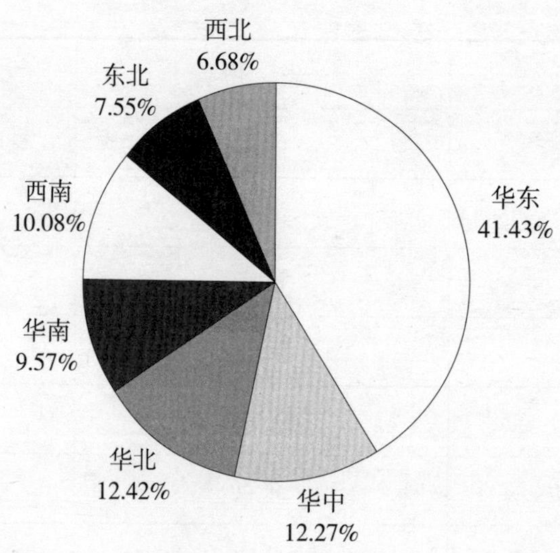

图 2-1　2014 年全国七大区域冷库分布结构

资料来源：中物联冷链委。

二、2014 年全国冷库运营状况分析

全国冷库主要分为公用冷库和自用冷库两大类，其中，自用冷库所占比重较大，占 75.49%（如图 2-2 所示）。在公用冷库中，主要有公共储存型、市场配套型、物流配送型三种，其中，公共储存型占比最大，占 66.30%。在自用冷库中，生产储存型冷库占比较大，占 92.39%，物流配送型则占 6.68%。按照储存商品来划分，我国冷库中综合类所占比重较大，

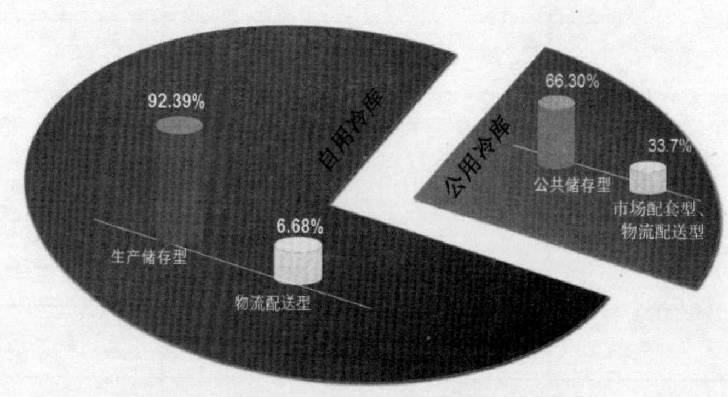

图 2-2　2014 年全国冷库类型占比

占 51.66%；其次是果蔬类、水产类和肉禽类，分别占 24.78%、12.06%、9.75%（如图 2－3 所示）。由此可见，以果蔬、水产、肉禽为代表的农产品对冷库建设的需求最为旺盛。

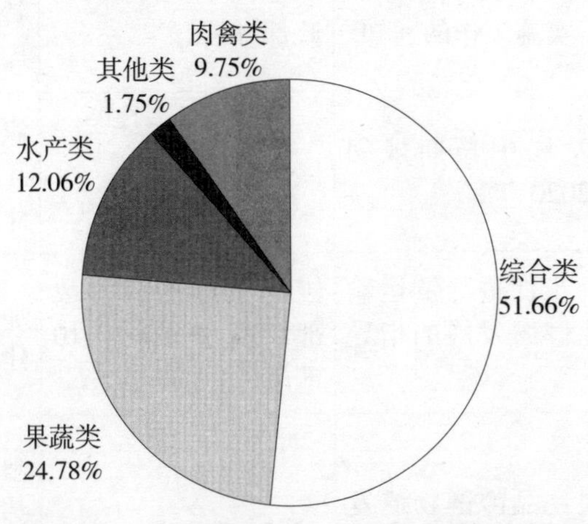

图 2－3　2014 年全国冷库各类产品占比

第二节　2014 年中国冷库相关政策和标准分析

一、2014 年冷库相关政策分析

2014 年国家和地方政府继续对农产品流通和冷链物流产业给予高度关注，相继出台政策予以扶持，并对产业发展提出了更高的要求。其中，多项政策均涉及加强冷藏保鲜设施建设（如表 2－2 所示）。

2014 年 4 月，农业部办公厅、财政部办公厅联合印发《关于做好 2014 年农产品产地初加工实施工作的通知》，加大农产品初加工设施补助力度，资金规模从 5 亿元增加到 6 亿元，增幅 20%。补助范围是 2014 年新建的马铃薯贮藏窖、果蔬保鲜库和烘干设施，扶持政策重点向现代农业示范区和农民专业合作社倾斜。例如，2014 年吉林农产品冷库获中央财政补助 3638.6 万元，福建省建宁县农产品产地初加工冷库项目获补助 280 万元，湖南永顺获农产品冷库补助 230 万元等。该项政策自 2012 年开始实施，截至 2014 年年底，中央累计补贴 16 亿元资金，补助 3.89 万个农户和 3600 多

表2-2　　2014年出台的冷库相关政策

类　别	名　称	发布部门	与冷库相关内容简介
国家级政策	关于做好2014年农产品产地初加工实施工作的通知	农业部办公厅、财政部办公厅	补助2014年新建的马铃薯储藏窖、果蔬保鲜库和烘干设施
	物流业发展中长期规划（2014—2020年）	国务院	农产品物流工程作为中长期规划的重点工程之一
	关于进一步促进冷链运输物流企业健康发展的指导意见	国家发改委、财政部、商务部等10部门	加强冷链物流基础设施建设
地方性政策	江苏省农产品冷链物流发展规划（2014—2020年）	江苏省发改委	到2020年，江苏省将基本建成上下游有效衔接的冷链物流体系，新增现代化冷库库容200万吨
	关于做好2014年促进农产品现代流通体系建设项目申报工作的通知	云南省财政厅	支持产地预冷库、冷藏库、冷冻库、保鲜库以及冷链物流配送设施等相关设施建设
	关于申报2014年海南鲜活农产品直供直销配送体系项目的通知	海南省商务厅、财政厅	支持企业建设果蔬配送预冷冷库、肉类冷藏周转库、肉类冷冻库及终端门店周转小冷库
	推进海上粮仓实施意见	山东省政府办公厅	水产冷链物流建设工程

资料来源：中物联冷链委调查数据。

个农民专业合作社，新建产地初加工设施6.5万个，新增马铃薯贮藏能力116万吨、果蔬贮藏能力115万吨、果蔬烘干能力80万吨。

2014年9月，国务院印发物流业发展中长期规划（2014—2020年），将农产品物流工程写入了中长期规划的重点工程。规划强调，要加强鲜活农产品冷链物流设施建设，支持“南菜北运”和大宗鲜活农产品产地预冷、初加工、冷藏保鲜、冷链运输等设施设备建设，形成重点品种农产品物流集散中心，提升批发市场等重要节点的冷链设施水平，完善冷链物流网络。物流业中长期规划将助推冷库建设朝着规模化、规范化和现代化的方向发展。

2014 年 12 月，国家发改委、财政部、商务部等 10 部门联合发布《关于进一步促进冷链运输物流企业健康发展的指导意见》。意见要求，加强冷链物流基础设施建设，明确提出鼓励和支持各类农产品生产加工、冷链物流、商贸流通企业等改造和建设一批适应现代流通和消费需求的冷冻、冷藏和保鲜仓库。中央和地方财政在各自支出责任范围内，对具有公益性、公共性的冷链物流基础设施建设给予支持。

除了国家层面上出台了一系列支持冷库建设的政策以外，一些地方政府也加大了对冷库建设的关注。2014 年 12 月，江苏省发改委出台《江苏省农产品冷链物流发展规划（2014—2020）》。规划提出，到 2020 年，江苏省将基本建成上下游有效衔接的冷链物流体系，新增现代化冷库库容 200 万吨，重点在徐州、盐城、南通等果蔬主产区，建设一批具有产后预冷、分拣加工设施的果蔬冷藏保鲜仓库；重点在盐城、南通、连云港、扬州、泰州、苏州、淮安等水产品主产区，整合现有冷库资源，建设一批配置封闭式站台、耐低温设施设备的低温库；在苏北生猪生产基地、家禽基地，建设一批节能环保、经济适用的冷藏冷冻加工储存设施，打造一批面向周边大中城市的生鲜农产品直供基地。

2014 年 8 月，海南省商务厅、财政厅发布《关于申报 2014 年海南鲜活农产品直供直销配送体系项目的通知》，支持企业建设果蔬配送预冷冷库、肉类冷藏周转库、肉类冷冻库及终端门店周转小冷库，对库容达到 30 吨以上的冷链系统，按照不高于 1200 元/吨，且不超过实际投资额 40% 的标准予以财政补助，最高不超过 60 万元；支持建设果蔬、肉类集散配送区域，建设果蔬分拣、分级、清洗、包装初加工车间或肉类分割车间，按照不高于 300 元/平方米，且不超过实际投资额 40% 的标准予以财政补助，最高不超过 40 万元。

2014 年 9 月云南省财政厅发布《关于做好 2014 年促进农产品现代流通体系建设项目申报工作的通知》，通知指出 2014 年度促进农产品现代流通体系建设项目申报工作主要支持的内容有产地集配中心、省外主销区交易配送专区等与流通直接相关的配套设施建设，主要包括农产品分拣、配送、分级、包装、仓储、检验检测、安全监控等；支持产地预冷库、冷藏库、冷冻库、保鲜库以及冷链物流配送设施（含冷链运输车辆）等相关设施建设。

由以上政策可知，无论是国家还是地方政府，主要扶持依托农产品主产地型冷库和依托物流集散中心及批发市场的冷库。同时，国家和地方政府充分认识到我国现有冷库存在库龄较长，硬件设施和管理方式难以符合现代物流配送中心的要求等缺点，并从政策层面上倡导企业建设节能环保、经济适用及具有产品预冷、深加工功能和分拣加工设施等适应现代流通和消费需求的冷库。

二、2014 年冷库相关标准分析

2014 年商务部出台了商业行业标准《冷库节能运行技术规范（SB/T 11091—2014）》，取代原有的 DB33 T 712—2008《冷库运行节能技术规范》，对冷库运营过程中如何节约能耗提供指导。该标准的推行，意味着冷库行业更加重视冷库仓储环节的管理，通过标准化来提升冷库管理水平，使冷库在降低运营成本的同时，保证库存商品的质量。

此外，《物流企业冷链服务要求与能力评估指标》中对仓储型冷链服务物流企业提出了冷库服务能力与操作的专业要求，如五星级仓储型冷链物流企业要求至少达到自有 300000 立方米的冷库，至少具有 15 台以上的装卸搬运设备，必须要有适合企业使用的 WMS（仓库管理系统），并有节能降耗措施及改进计划，在应急预案的建立和执行方面，也提出了相应要求。

第三节　2014 年中国新增冷库投资及运营状况分析

一、2014 年新增冷库投资分析

2014 年，各省相继开始了万吨级以上新增冷库项目的建设。据不完全统计，2014 年完工及投入运营的万吨及以上冷库项目超过 27 个，涉及储存能力 280 万吨，与 2013 年持平；2014 年在建及规划的万吨及以上冷库项目大于 48 个，涉及储存能力 450 多万吨。2014 年部分万吨及以上新增冷库项目如表 2 -3 所示。

表 2－3　　2014 年部分万吨及以上新增冷库项目列表

区域	省份	项目	容积（万吨）	进度
华东	上海	太古冷链物流（上海）有限公司	14.2	投入使用
		海博西虹桥冷链物流园区	6	在建
		上海锦江国际低温物流发展有限公司	1	计划
	山东	中凯冷链物流园食品交易城	60	投入使用
		青岛东庄头国际农产品交易中心	10	投入使用
		国际农产品交易物流港	2.2	在建
		好当家 3 万吨冷库项目	3	在建
		宇通贸易水产品加工配送冷链物流项目	2	在建
		烟台市果品总公司	2	在建
	江苏	南京天环谷昌仓商贸广场	30	完工
		太古冷链物流（南京）有限公司	24.8	在建
		中国东部沿海农副产品冷链物流园项目	24	在建
		泰州海陵区雨润农副产品国际物流中心	10	在建
		江苏厚水湾国际渔业物流中心	3	在建
		宜兴特种水产养殖合作社一期冷库	2.5	投入使用
		洪泽湖水产批发市场万吨冷库	1	投入使用
	安徽	六安吉宝皖江国际冷链物流园	20	在建
		马鞍山御香苑冷链保护物流加工园	20	在建
		淮北凤凰山农贸城二期冷链	3	在建
	江西	大昌水产冷链项目	3	在建
	浙江	太古冷链物流（宁波）有限公司	20.4	在建
		舟山港综合保税区大型冷链物流基地项目	10	在建
		宁波港冷链物流中心	8	在建
		浙南闽东冷链物流中心	8	在建
		温州市现代冷链物流中心	8	在建
	福建	圣农冷链物流项目	6	在建
		三都澳物流 5 万吨冷库	5	投入使用
		平潭万吨级冷链电子商务基地	3	在建

续 表

区域	省份	项目	容积（万吨）	进度
华南	广西	田阳古鼎香大市场项目一期	1	在建
	广东	深圳市零下65℃冷冻食品批发城	6	投入使用
		东莞江南农批冷链物流项目	5	在建
华北	北京	北京新发地12万吨冷库项目	12	在建
	天津	北京冷链工程项目	10	在建
		太原市远东食品有限公司远东冷链仓储物流项目	5	在建
		中渔水产品集散中心项目	5	在建
		红旗农贸批发市场冷库项目	5	在建
		南太平洋（天津）渔业有限公司南太平洋渔业基地项目	1	在建
	河北	太古冷链物流（廊坊）有限公司	14.8	投入使用
		北京新发地河北高碑店农副产品物流园区	21	投入使用
		邯郸华信现代农业物流配送中心	4.4	在建
		沧州华信现代农业物流配送中心	4	在建
		抚宁县千奥宏都肉食批发有限公司冷链物流项目	2	完工
	山西	太原润恒农副产品（冷链）物流产业园	38	在建
	内蒙古	包头润恒现代农副产品物流园	10	投入使用
		包头市农产品冷链物流中心项目	2	投入使用
		呼和浩特市昌璕冷链物流仓储园	5	投入使用
		赤峰雨润农副产品物流配送交易中心	1	投入使用
		呼伦贝尔肉业集团冷链项目	2	在建

续　表

区域	省份	项目	容积（万吨）	进度
华中	河南	郑州鲜美来5万吨冷链物流项目	5	在建
		三门峡市年产10万吨农土特产品深加工、冷链物流及研发中心项目	2	完工
		灵宝市鹤立果蔬年加工交易5万吨果蔬冷链物流项目	1	完工
	湖北	黄冈安必达冷链物流有限公司	2	投入使用
		武汉蔡甸区万吨级冷库	1.47	封顶
	湖南	长沙黄兴镇5万吨蔬菜冷库	5	完工
		大河西农产品物流中心	3	在建
西南	重庆	西部农产品冷链物流中心一期	10	在建
		重庆市冷链物流园一期	20	在建
		江北寸滩冷链物流产业园	10	建成
	四川	成都海霸王西部食品物流园区	20	投入使用
		绵阳国际农业物流港	15	在建
		泸州叙永县农产品冷链物流基地项目	2	在建
		若尔盖县农牧产品冷链批发市场	1.5	规划
		攀枝花万吨果蔬气调库冷链物流中心	1	在建
	贵州	贵州省物资储运总公司牛郎关冷链项目	10	在建
	云南	云南东盟国际冷链物流中心二期	14	在建
		昆明空港冷链物流产业园一期	21	在建
东北	辽宁	大连港国际冷链食品交易中心二期	20	在建
		辽宁省大连海洋渔业国际水产品市场二期	4	在建
		沈阳润恒国际农副产品交易中心	40	投入使用
		四达冷链物流园区	3	投入使用

续 表

区域	省份	项目	容积（万吨）	进度
西北	甘肃	新联友公司冷库产业园项目	10	在建
		农产品标准化冷藏式仓储设施建设项目	15	完成
	新疆	海鸿国际食品物流港一期	10	投入使用
		九鼎冻品批发交易市场二期	8	在建
		苏中农汇园冷链物流园	10	在建
		新疆十六团万吨冷藏保鲜库	1	投入使用

资料来源：中物联冷链委调查数据。

二、2014 年新增冷库运营状况分析

表 2 -3 中列出的 2014 年部分新增万吨及以上冷库在全国七大区域中的分布情况如图 2 -4 所示。华东、华北区域仍然是冷库投资建设的重点区域，占冷库建设总量的一半以上。与此同时，西部地区加强了冷库建设工作，西南、西北部地区新增库容攀升至全国新增总库容的 30%。由此可见，2014 年冷库投资的重点区域是我国经济发达区域和经济增长较快的区域。

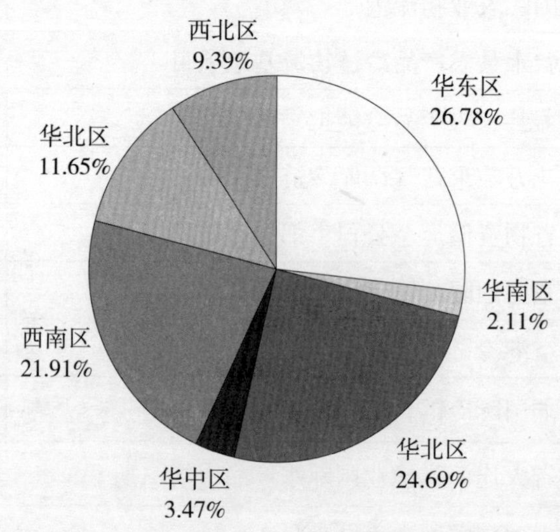

图 2 -4　2014 年部分新增万吨及以上冷库在全国七大区域中的分布结构

资料来源：中物联冷链委调查数据。

2014 年新增冷库主要集中在两类：一类是果蔬、畜牧业农产品产地冷库，另一类是物流园区或冷链物流中心冷库；前者属于生产存储型冷库，后者属于流通型冷库。针对表 2－4 数据进行分析，发现 2014 年新增万吨及以上规模冷库中，生产存储型冷库占比约为 11%，其余均为具有采购、储运、加工到分销、服务代理一体化的流通型冷库。在新增生产型冷库中，果蔬类、水产类和肉禽类占比分别为：29%、29%、42%（如图 2－5 所示）。在新增流通型冷库中，综合类冷库占比重最大，约为 95%。由于大多数冷库均为综合类冷库，很难获得低温冷冻库和高温冷藏库库容的具体数字，但从统计结果可以看出新增冷库一般包含 2～4 个温度带，低温冷冻库与高温冷藏库的比例在 2∶1～3∶1。低温冷冻库中，具有急冻功能的超低温冷冻库比例很小。

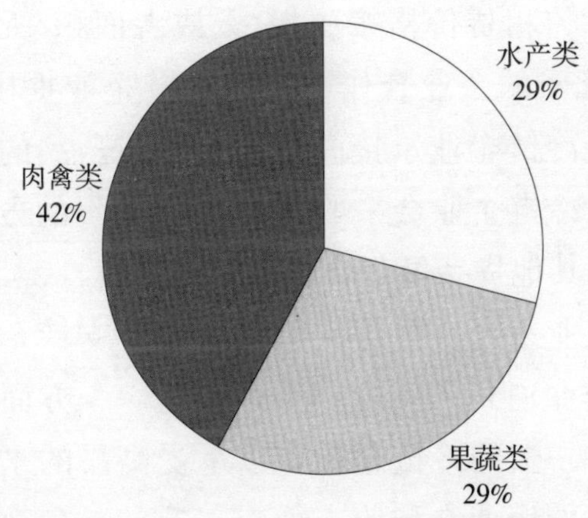

图 2－5　2014 年新增万吨及以上生产型冷库中各类产品占比

资料来源：中物联冷链委调查数据。

三、冷库经营模式分析

当前，国内冷库按照用途不同大致可分为五种模式，分别是：①合约租赁型冷库；②批发市场型冷库；③自有型冷链配送中心；④农产品主产地型冷库；⑤国有战略储备型冷库。

针对表 2－4 中所列 2014 年新增万吨及以上冷库项目共计 76 个进行分析，发现合约租赁型冷库项目共有 21 个，库容占新增总库容的 49.4%；批发市场型冷库项目共有 23 个，库容占比为 23.5%；自有型冷链配送中心项目仅为 4 个，库容占比为 5.1%；农产品主产地型冷库项目有 28 个，库容占比为 22.0%。采用第一种和第二种经营模式的冷库项目中含有部分国有战略储备型冷库。

由以上数据可知，第一种经营模式冷库的主要特点是单个冷库或冷库群储存规模较大；第二种和第四种经营模式冷库数量占优，单个冷库或冷库群储存规模处于中等水平。采用第三种经营模式的冷库较少，这是因为目前连锁商超和连锁餐饮业多与冷链物流企业合作，将原材料和产品的配送直接外包给冷链物流企业。

冷链物流企业冷库的来源主要有三个：租用、自建、租用与自建相结合。其中，大部分冷链企业没有自己的冷库，主要通过租用冷库、自己管理的方式来解决企业仓储需求。租用冷库又分为两种模式：一种模式是直接在市场上租用冷库，租赁价格按照板/天或者面积/天计算；另一种模式是与具有建设冷库资质的企业合作，按照冷链企业提出的要求修建冷库，然后长期租用。一些冷链企业承接高货值食品或药品的配送业务，这些货品对冷库要求较高，冷链企业会采取“量身定做”的方式自建冷库，满足特殊货品的需求，而其他货品仍存储在租用冷库中。

对于冷链物流企业来说，尽管从国家层面上支持企业自建冷库，但是在开展冷库建设时企业遇到了资金和土地难题。一方面在北上广等经济发达地区，地价高启，一般的冷链企业难以承受高昂的土地成本；另一方面由于国家对经营冷库的企业在税收方面有一定的减免政策，致使地方政府批复冷库用地的意愿不强，因此企业很难获得冷库建设用地的审批权。

目前，大规模修建冷库的企业主要有三种：一是有国企背景的大型公司，二是国外独资或中外合资大型冷链物流运营商，三是大型民营冷链物流企业，如表 2 -4 所示。

表 2 -4　部分规模以上冷库企业列表（排名不分先后）

名　称	公司性质	核心业务
太古冷链物流	外商独资	冷藏业务
普洛斯中国	外商独资	现代物流设施
普菲斯亿达	中美合资	第三方冷冻仓储业务
福建名成集团	中外合资	冷链物流交易中心

续 表

名 称	公司性质	核心业务
上海锦江国际低温物流	中日合资	冷藏冷冻和配送运输服务
大连獐子岛中央冷藏物流	中日合资	水产品冷冻仓储、贸易服务
中国供销农产品批发市场	国企	农产品批发市场建设和运营
江苏雨润农产品集团	民营	现代化全球采购中心
江苏润恒物流发展集团	民营	农副产品物流园区
中农现代投资股份有限公司	民营	农产品批发市场
山东维尔康实业有限公司	民营	水产肉类批发市场

资料来源：冷链委调查数据。

四、冷库市场环境分析

2014 年的市场环境总体向好，虽然农产品价格涨幅不大，但是生鲜电商呈爆发式增长，致使冷库需求持续增加。生鲜电商销售的货品具有多品种、小批量、多频次、快进快出等特点，因此生鲜电商所需求的冷库不仅要有各种不同的温度控制区域，还要进行品类的区分以及精细化管理。

由于目前国内很多冷库建设落后达不到标准，很多生鲜电商选择自建冷库。例如，顺丰优选在北京、嘉兴和广州建立了 3 个仓库，每个仓库分为 5 个温控区，包括常温区 0℃ ~30℃、冷藏区 0℃ ~8℃、冷藏区 8℃ ~10℃、冷冻区 -18℃、恒温恒湿区 15℃ ~18℃，并配有 -60℃冷冻柜，温控区间跨度达 90℃，以满足全品类商品的存储要求，并针对每一种商品分别制定了不同的标准化存储方式。

此外，包括天天果园、沱沱工社、1 号店、我买网、飞牛网、本来生活网在内的很多电商都在增建冷库，希望可以凭借仓储自主突破壁垒，实现“全程冷链”，使其能真正媲美甚至超越“传统超市”。但是，自建一套包括冷库在内的冷链物流耗资巨大，当前能实现自建冷链物流的仍是一些有实力的大型电商。随着生鲜电商的进一步发展，对智能化、自动化的现代化冷库的需求将会持续增加。

第四节　2014 年中国冷库技术特点分析①

一、冷库制冷行业现状、问题及趋势

（一）现状

（1）冷库冷链化、个性化。传统冷库重视库容、干耗、温度、能耗，随着冷链的发展，冷库逐渐成为冷链的一个环节。冷链的特点要求物流冷库更重视库内物流通畅、货物保存安全，存取方便、信息化程度更高、冷库更个性化，因此 2014 年新建的冷库更倾向于个性化定制，冷库逐渐发展出传统的市场型冷库、自动化程度很高的立体式冷库、成配型冷库、中转物流冷库、与加工间混建的加工配送冷库等。

（2）氟环保制冷剂、二氧化碳制冷剂被大力推广。随着 2013 年两次涉氨事故，氨制冷剂的使用在全国都受到了很大限制，因无毒、不燃或难燃、不易爆炸，氟制冷剂和二氧化碳制冷剂被广泛接受。

（3）大型开启式氟制冷机组开始使用。随着氟制冷剂在大型冷库的使用，原来的小型并联机组逐渐不能很好满足大型冷库的使用，大型变频氟制冷机组在冷库中开始大量使用。

（二）问题

（1）专业人才缺乏。随着冷库的多样化，在整条冷链中，对冷库的管理和使用要求越来越专业，而在设计中，更要求熟悉冷库使用全过程的专业技术人员。

（2）技术规范不足。多样化的冷库建设需要更多更标准的规范，例如台地冷库，两层或多层装配式冷库、中央厨房等。

（3）冷库建设规划缺少专业人才，冷库建设存在“一窝蜂”现象。随着国家对冷链建设的重视，全国冷库市场一片看好，很多对冷库并不了解的投资者或政府部门进入冷库建设行列，由于缺乏冷库运营和规划的人才，

① 本节作者为中机十院国际工程有限公司工程师申广辉。

重复建设现象普遍存在，未来很快会出现有些冷库建成后无人使用，有些类型的冷库市场紧缺的局面。

（三）趋势

（1）高端冷库将越来越受欢迎。随着制冷系统节能、环保、安全要求变高，人力成本增加，食品安全要求更高，冷库的建设要求也必将越来越高，自动化程度高、节能效果好的冷库将更受欢迎。

（2）个性化定制冷库越来越多。根据不同的需求，建设不同的冷库将成为以后冷库建设的主流。

（3）节能、环保将成主旋律。

（4）氨工质将再受重视。氨作为优秀的制冷剂，将随着复叠系统、载冷系统的研究，在安全性等到保证后，再次成为制冷系统的主流。

二、冷库常用制冷剂特点分析及应用

近年来，国内关于氨氟制冷剂之争愈演愈烈，尤其2013年吉林宝源丰和上海翁牌重大涉氨事故后，多地相继出台了涉氨安全改造措施，甚至一些地方直接禁止了涉氨工厂建设，而二氧化碳复叠（载冷）系统的出现，更加剧了制冷剂的争论。

（一）冷库常用制冷剂及其常见关键词

（1）氨（R717）：危险、高毒性、易爆、有刺激性气味、效率最高的天然制冷剂。

（2）二氧化碳（R744）：节能、天然制冷剂、压力高、19世纪末20世纪初停用、能效差。

（3）氟利昂（氯氟碳族（CFC族）、氢氯氟碳族（HCFC族）、氢氟碳族（HFC族））：淘汰时间表、高能效比、无毒（低毒）不燃、破坏臭氧层（ODP值）、气候变暖潜值（GWP值）、油处理难。

在以上关键词中不难看出，各种制冷剂均有其优点和局限性，氨作为制冷工质性能优秀，但安全性较差；二氧化碳作为制冷剂有很好的前景，但施工难度大、系统复杂；氟利昂作为制冷剂使用局限性很小，但对环境均有不同程度危害。

（二）何谓好制冷剂

一般探讨一种制冷剂好坏会从这几个关键词来探讨：毒性、可燃性、效率、价格、ODP、GWP、材料相容性、冷冻油等。下边仅探讨氨（R717）、二氧化碳（R744）、氟利昂（R22、R134A、R404A、R507）六种常用的制冷剂。

1. 毒性、可燃性（如表2－5、表2－6所示）

表2－5　　六种常用制冷剂安全分类

R717	R744	R22	R134A	R404A	R507
B2	A1	A1	A1	A1	A1

表2－6　　在ASHRAE标准34中制冷剂安全分类

	低毒性	高毒性
高可燃性	A3	B3
低可燃性	A2	B2
不可燃性	A1	B1

对于制冷剂的安全性，笔者很欣赏这么一句话：任何制冷剂在正确使用时都是安全的，而任何制冷剂的不正确使用都能造成伤害。

2. 效率

笔者认为，在制冷剂的所有性质中，效率是最容易让人误解和滥用的。

效率在用户的眼里应该就是：为了得到一个需求的制冷量，提供了多少电量或者需要花多少钱。而不是单纯的COP＝机组产冷量/机组输入功率。因此，效率是整个制冷系统的性质而不是制冷剂的性质，决定一个制冷系统的效率原因有很多，主要有压缩机效率、换热器结构设计、制冷管道设计、节流装置选择、系统材料选择、运行工况等，制冷剂也会对系统效率产生一定影响，包括流动性质、换热性质、音速等。

3. 价格

一般天然制冷剂（R717、R744）由于获得相对容易，制造技术成熟，所以售价较低，而氟利昂（R22、R134A、R404A、R507）由于是人工合成，一般价格都比较高，尤其R404A、R507等新兴制冷剂，在专利保护期内，价格必然会居高不下。

制冷剂选择时，价格影响不但在制冷剂本身，制冷剂与材料的相容性、适用制冷剂的制冷系统成熟性、适用制冷剂的制冷设备普及性等均会影响制冷系统价格。因此制冷剂的价格影响是一个综合因素，需要综合进行考虑。

4. ODP、GWP

制冷剂的ODP、GWP均不影响制冷剂本身的性能，这两个性质也是在氟利昂制冷剂出现以后出现的。

所有ODP>0的制冷剂在《蒙特利尔条约》中都已经或将要被要求淘汰，中国于1991年加入《蒙特利尔条约》，1993年国务院批准《中国逐步淘汰臭氧层物质的国家方案》，1998年对此方案进行修订。根据规定，常用制冷剂R22的使用量将在2016年1月1日起冻结在2015年的平均水平上，2030年1月1日起禁止生产和使用。R134A、R404A、R507的ODP均为0，目前使用不受限制。

GWP是制冷剂产生温室效应的一个指数，它以二氧化碳作为参照气体，因此二氧化碳的GWP=1。几种制冷剂的GWP指数如表2-7所示。

表2-7　几种制冷剂的GWP指数

	R717	R744	R22	R134A	R404A	R507
GWP	0	1	1500	1300	3260	3985

虽然在《京都议定书》中并将制冷剂的GWP和使用直接产生关系，但随着R22的逐步受限并最终淘汰，替代制冷剂的GWP应该成为选择制冷剂时需要考量的环境指数之一。

5. 材料相容性

制冷剂与材料的相容性不但表现在制冷剂和制冷回路中的金属管道、垫圈、冷冻油、绝缘橡胶等的反应，而且还包含空气中的湿气及其他气体和制冷剂的反应。

一般情况下，在制冷系统设计时，制冷剂和系统使用材料的相容性已预先进行考虑，但在旧制冷系统改造时，尤其即将淘汰的制冷剂系统进行改造时，设计师要对原制冷系统中材料与新制冷剂的相容性进行仔细确认。

6. 冷冻油

好的冷冻油要很好地保护制冷系统中的运动部件，同时还可以增加压缩机内部的密封性，与制冷剂和制冷系统中的其他相接触的部件和材料相容，在制冷剂中的溶解度低且物理、化学性质安全。

在所有制冷系统中，冷冻油都会随着制冷剂的流动而遍及整个制冷系统中。在压缩机中，冷冻油不但有冷却运动部件、减少摩擦的作用，而且可以起到密封运动部件间隙、协助能量调节等作用，但冷冻油进入制冷管道和蒸发器后，会附着在管道内壁上，在制冷管道会形成更大的沿程阻力，在蒸发器会减小传热系数，因此，在系统设计中，要保证管道和蒸发器中的油能回到压缩机中去。

（三）结束语

本文并未过多的阐述制冷剂的性质，制冷剂是整个制冷系统的一部分，一个系统的安全、节能、可靠是整个系统设计的任务，科学、合理的管理使用是制冷系统安全的最重要保障。

三、冷库能耗

冷库制冷系统是高耗能设备，因此冷库属于能耗大户。降低冷库的电费，对于降低冷库的运营成本具有重要意义。经调查发现，不同建筑类型的冷库所消耗的电量存在显著差异（如表 2－8 所示）。例如，3 万吨冷库规模，采用超节能立体冷藏库，相比传统土建冷库 1 年可节约电费 766.5 万元。

表 2－8　　不同建筑类型冷库对比

	传统多层土建冷库	传统智能冷库	超节能立体冷库
冷库耗电量（按每吨每天计）	0.8～1.0 度	0.58～0.8 度	0.1 度

续　表

<table>
<tr><th colspan="2"></th><th>传统多层土建冷库</th><th>传统智能冷库</th><th>超节能立体冷库</th></tr>
<tr><td rowspan="3">冷库特性</td><td>库温波动</td><td>±10℃</td><td>±5℃</td><td>±0.1℃</td></tr>
<tr><td>传热温差</td><td>10℃～12℃</td><td>10℃～12℃</td><td>4℃～5℃</td></tr>
<tr><td>风量、干耗</td><td>温差大，干耗大</td><td>风量大，温差大，干耗大</td><td>无风，温差小，干耗小</td></tr>
<tr><td colspan="2">配电变压器</td><td>2000kVA</td><td>1000kVA</td><td>630kVA</td></tr>
<tr><td colspan="2">管理、管控</td><td rowspan="2">人工搬运</td><td>先入后出，质量追溯，电子商务，库账合一</td><td>先入后出，质量追溯，电子商务，库账合一</td></tr>
<tr><td colspan="2">自动化</td><td>全自动，节省 80% 人力</td><td>全自动，节省 80% 人力</td></tr>
<tr><td colspan="2" rowspan="2">制冷系统的安全性、可靠性</td><td>满液式氨系统</td><td>氟/氨系统</td><td>满液式 R22/R404a</td></tr>
<tr><td>顶排管/墙排管</td><td>冷风机</td><td>顶排管</td></tr>
</table>

资料来源：中物联冷链委调查数据。

第五节　2014 年中国农产品冷链交易市场分析

一、农产品市场现状及存在问题

目前，全国农产品批发市场发展到 4300 多家，年交易额 4 万亿元人民币，其中，亿元以上的市场 1700 多家，年成交额 2. 07 万亿元。在亿元以上农产品批发市场中，鲜活农产品市场占近 70%。通过批发市场集散的农产品占 70% 以上，在农产品流通中起着重要作用。

农产品市场存在的主要问题包括：①市场布局失衡。东部占 2/3，中西部占 1/3；产区和销区分布失衡，生产是五大区域，主要集中在中西部，而市场主要集中在东部，产地有规模的市场只占 1/3。②上市农产品标准化程度低。在生产领域的标准化进程加快，而上市农产品标准化严重滞后。

③市场配套设施落后。产地市场普遍缺乏必要的冷藏保鲜设施、质量检测设施和信息收集发布设施，不少市场的交易场地都未硬化，缺乏遮阳挡雨设施，部分仍停留在马路市场和占道经营的层次。

二、农产品市场冷链物流现状、问题

目前，生产集中、全国销售已经深刻影响果蔬物流体系发展。随着优势区域布局规划的实施，农产品越来越向优势产区集中，产品向全国集散的比重越来越大，对果蔬物流体系发展具有深刻影响。

以批发市场为核心的物流仍是当前蔬菜物流的主渠道。果蔬经由产地到销地再进入农贸市场，仍然是当前鲜活农产品物流的主要方式，并且在相当长时期内农产品批发市场的核心地位不可动摇，加强批发市场冷链物流设施和冷链运输建设尤为迫切。

我国每年超过4亿吨生鲜农产品进入流通领域，冷链物流比例逐步提高，果蔬、肉类、水产品冷链流通率分别超过5%、15%、23%，冷藏运输率分别超过15%、30%、40%，但从总体上看农产品产地冷链物流基础设施落后。

根据农业部对全国773家定点市场统计数据显示，目前在332家产地市场中，有冷库占47%；集散地市场占54%；销地占68%。以山东临沂市苍山县为例，该地区90%的蔬菜通过产地批发市场流通。销售辐射上海、江浙、安徽以及广州、深圳、北京、天津。从生产基地到产地批发市场基本没有预冷；到批发市场的蔬菜90%没有包装，10%预冷包装和商品化处理，在产地市场损耗2%~5%之间；从产地到销地市场运输过程损耗一般2%~5%；从销地到集贸市场不冷藏，损耗10%~15%。蔬菜的全流通过程的损耗在18%~32%。

三、农产品冷链批发市场格局分析

2014年，中物联冷链委对全国重点地区的农产品冷链批发市场进行了调查统计，并根据统计结果分析整理出2013中国农产品冷链批发市场50强。如表2-9所示。

表 2-9　2013 中国农产品冷链批发市场 50 强排名

第 1~25 名	第 26~50 名
深圳农产品股份有限公司	天津金福临海产冻品有限公司
福建名成集团	新余鲜活农产品批发市场
寿光地利农产品集团有限公司	内蒙古食全食美（集团）有限公司
沈阳副食集团	宜春市赣西农副产品批发市场集团有限公司
成都银犁农产品冷链批发市场	宜宾江北农产品批发市场
济南维尔康肉类水产批发市场	新疆乌鲁木齐市九鼎农产品交易批发市场
增益供应链（武汉）有限公司	温州菜篮子农副产品批发交易市场
北京二商集团有限公司	广州黄沙水产品中心批发市场
江苏雨润农产品集团有限公司	长治市紫坊农产品综合交易市场有限公司
万吨冷储物流有限公司	河北高邑蔬菜批发市场
北京新发地农产品股份有限公司	云南锦苑花卉产业股份有限公司
南京谷昌物流有限公司	沈阳恒丰源肉业有限公司
中国龙海水产城	遵义金土地绿色农产品交易中心
上海浦南农副产品批发市场	长春果品中心批发市场
江苏润恒农产品批发市场	合肥徽商城农产品批发市场
湖南惠农物流有限责任公司	天津东疆港大冷链商品交易市场有限公司
河南万邦国际农产品物流股份有限公司	大连旅顺农副产品国际物流基地有限公司
重庆公路运输（集团）渝南冻品市场	北京京丰岳各庄农副产品批发市场中心
上海东方国际水产中心	南宁金桥农场批发市场
大连辽渔国际水产品市场有限公司	大连振兴路农副产品交易中心有限公司
两湖绿谷物流股份有限公司	绵阳市高水蔬菜批发市场有限公司
红星实业集团有限公司	辽宁万隆农产品批发市场
上海西郊国际农产品交易有限公司	鹤壁市四季青商贸物流园
北京市北水嘉伦水产品市场	秦皇岛家惠商贸集团有限公司
周口市黄淮物流港	梨树县圣田蔬菜批发市场有限公司

资料来源：中物联冷链委（该评选为企业自愿申报，没有申报企业不在排名之内）。

通过对50强农产品冷链批发市场企业分析，2013年农产品冷链批发市场50强冷链产品总交易额为3730亿元，冷链产品总交易量为21987万吨，冷库总容量6126735立方米（占全国冷库总量的7.3%），冷藏车总量2049台（占全国冷藏车总量的2.7%），市场内冷链交易平均覆盖率达到73%。

四、农产品冷链交易市场发展建议

（一）推动农产品批发市场法规建设

目前，全国已有4400多家农产品批发市场，至今没有还没有农产品批发市场法律法规，这也是导致我国农产品批发市场问题多发的基本原因。日本、韩国和中国台湾地区借助有关法律与规划，落实批发市场的公益性、市场建设与管理，得以规范交易秩序和农产品市场的稳定。

（二）推动建立鲜活农产品市场调控机制

一是扩大价格调节基金。扩大价格调节基金的使用范围，价格过高时，补贴城市低收入群体，价格跌破成本价时，政府适时启动补贴收购、运销、储藏、加工等应急措施，防止产业受损。二是探索建立主要鲜活产品目录管理制度。如美国对35种农产品补贴，欧盟建立对16种农产品不上市补贴，日本对16种蔬菜水果进行生产补贴。虽然各国补贴方式不同，但都是对生产者为中心进行补贴，确保农产品价格稳定。

（三）抓好农产品产地市场建设

建立以国家级市场为龙头、区域性市场为纽带、田头市场为基础的农产品产地市场体系。重中之重是抓好农村田头市场。产地建设田头市场一方面可以引导农民种植销路好的农产品，指导农业产业发展，另一方面因流通渠道顺畅，市场运行稳定。海南田头市场（集配中心）建设值得借鉴。

（四）建立和完善冷链物流体系

一是加强蔬菜等鲜活农产品包装规范，特别是支持产地市场开展鲜活农产品分类、连选和包装。二是支持农村田头市场建设。支持开展预冷、分级、包装、干制等商品化处理和农产品交易活动。三是提高物流配送组织化程度，培育大型仓储和物流业，有效缩短物流时间，提高流通效率。四是加强建立冷链标准体系，增强上下游业务操作规范和流程的对接水平。

第六节　2015 年中国冷库发展趋势

一、冷库选址布局发生变化

自 2012 年以来，我国冷冻冷藏食品消费量快速上升，国内需冷链运输的医药产品占比逐年提高，电商生鲜增长迅猛。为了适应快速增长的冷链需求，各地区需要按城市物流发展规划调整现有冷库布局，构建新的冷链物流配送体系。

今后的发展趋势是冷链物流配送中心离开市中心城区，建设在有便利、快捷的运输设施（公路、铁路、水运）的城市周边地区，配送中心内部配建符合冷链发展需要的冷库。

二、互联网 + 促冷库经营模式发生转变

随着市场对冷冻、冷藏需求的增加，全国兴起了冷库建设的热潮，冷库市场扩容的同时带来了竞争的白热化。低端冷库将出现供大于求的现象，进而导致恶性价格竞争。企业若想在竞争中占有一席之地，就要转变现有的经营模式，由数量扩张型向质量效益型转变。冷库发展食品深加工业务是冷冻行业发展的趋势，不仅提高了冷库的利用率，也增加了产品附加值，增大冷冻企业的盈利空间。冷库业务不能仅停留在仓储阶段，未来可以将其业务向价值链的上、下游拓展，其中，上游产地可控制货源，增值空间大；而下游依托消费终端提供“终端温控冷链仓储”，如电商仓储的温控冷链配套等，进行产业链的整合，发展商流、物流一体化，提供全方位的服务，通过经营模式的转变降低成本，提升企业竞争力。储藏时间缩短、移动速度加快，多批次、少批量、快流水。

三、冷库硬件质量进一步提高

大部分新建的冷库将从“低温仓储”型向“冷链物流配送”型发展，故其设施应按低温配送中心的要求进行建造，使冷库既适合于大批量货物的存储需求，又能满足多品种、小批量、多频次、快进快出货物的存储需求。未来冷库硬件配套设施将向以下方向发展：

（1）拓宽库房温度带，以适应多品种商品的储存。

（2）建设封闭式站台、并设有电动滑升式冷藏门、防撞柔性密封口、站台高度调节装置（升降平台），以实现“门对门”式装卸作业。

（3）设置有温度要求的理货间（区）、产品预冷间、产品加工间等。

（4）配置符合环保、节能要求的制冷装置，并有完善的库温自动检测、记录和控制装置。

（5）建立完善的计算机网络系统，提高冷库自动化程度，降低人力资源成本的同时，使低温物流配送管理更加科学合理。

四、冷库管理水平提高

我国现有的《冷库管理规范》适用于储存肉、禽、蛋、水产及果蔬类的食品冷库，给出了部分易腐食品通用的贮藏温湿度要求，但是针对于不同货品没有具体的存储规定，导致冷库工作人员在进行货品管理时没有明确的依据。2014 年 4 月 1 日起开始实施的上海市地方标准《冷鲜鸡生产经营卫生规范》中，对冷鲜鸡在冷库中的存储条件、时间、冷库设施和卫生环境做了具体规定。随着冷链相关标准和规范的不断完善，具体货品在冷库中的存储将有据可循，冷库的管理水平将得到大幅度提升。

不同于常温仓库管理员，冷库管理员属于特种作业人员，需经过一定专业培训，按劳动部门规定考核，合格者才能进行特种操作。冷库管理员必须对制冷装置有较全面熟悉了解方能进行操作，应定期参加安全生产教育技术培训和业务学习，考核合格持证上岗。然而，由于冷库这一特殊的工作环境，长期从事冷库作业会危及冷库管理员的身体健康，再考虑到薪金待遇等因素，冷库管理员流动性强，专业冷库管理人才缺口很大。未来主要通过冷库自动化程度的提高来解决这一问题。

第三章　2014 年中国冷链运输发展分析

第一节　2014 年冷链运输整体发展情况分析

随着居民消费水平的提高和食品药品安全意识的增强，我国冷藏运输需求快速增长，基础设施不断完善，冷链运输企业快速增加，初步形成了以公路和铁路运输为主，铁路、水路、航空等多种冷链运输方式共同发展的格局，在满足居民多层次消费需求和保障消费安全方面发挥了重要作用。

2014 年，全社会完成货运量 431. 30 亿吨、货物周转量 181509. 19 亿吨公里，比上年分别增长 6. 9% 和 10. 3%。其中，全国铁路完成货运总发送量 38. 13 亿吨，货运总周转量 27530. 19 亿吨公里，比上年分别下降 3. 9% 和 5. 6%。全国营业性货运车辆完成货运量 333. 28 亿吨、货物周转量 61016. 62 亿吨公里，比上年分别增长 8. 3% 和 9. 5%，平均运距 183. 08 公里。全国完成水路货运量 59. 83 亿吨、货物周转量 92774. 56 亿吨公里，比上年分别增长 6. 9% 和 16. 8%，平均运距 1550. 68 公里。在全国水路货运中，内河运输完成货运量 33. 43 亿吨、货物周转量 12784. 90 亿吨公里；沿海运输完成货运量 18. 92 亿吨、货物周转量 24054. 59 亿吨公里；远洋运输完成货运量 7. 47 亿吨、货物周转量 55935. 06 亿吨公里。全国民航完成货邮运输量 594. 1 万吨，货邮周转量 187. 8 亿吨公里，比上年分别增长 5. 9% 和 10. 3%。全年邮政行业业务总量完成 3696. 1 亿元，比上年增长 35. 6%。

2014 年，邮政普遍服务完成函件业务 56. 1 亿件，比上年下降 11. 5%；包裹业务完成 6024. 0 万件，下降 13. 0%。快递业务量完成 139. 6 亿件，比上年增长 51. 9%。快递服务企业业务收入完成 2045. 4 亿元，增长 41. 9%，快递业务收入占邮政行业业务收入的 63. 9%，提高 7. 3 个百分点（如表 3 - 1 所示）。

表 3－1　　2014 年各种运输方式完成货物运输量及其增长速度

指标	单位	绝对数	比上年增长（%）
货物运输总量	亿吨	439.1	7.1
铁路	亿吨	38.1	－3.9
公路	亿吨	334.3	8.7
水运	亿吨	59.6	6.4
民航	亿吨	593.3	5.7
管道	亿吨	6.9	5.2
货物运输周转量	亿吨公里	184619.2	9.9
铁路	亿吨公里	27530.2	－5.6
公路	亿吨公里	61139.1	9.7
水运	亿吨公里	91881.1	15.7
民航	亿吨公里	186.1	9.3
管道	亿吨公里	3882.7	10.9

资料来源：国家统计局。

2014 年，由于运输网络建设、技术及设备更新、运输速度提升，大力推动了冷链运输的快速发展。从冷链运输速度与质量来分析，由于高速公路、高速铁路基础设施建设完善，公路冷链运输和铁路冷链运输效率得到大幅提升。公路冷藏运输在网络、货源等方面具有明显优势，公路网要比铁路、航空等网络更发达灵活，同样相比于其他运输方式组织货源也更容易。在未来几年内，我国公路冷藏运输的运量占冷藏货物运输总量的份额还将继续上升。

在铁路冷链运输方面，由于高速铁路相继建成、铁路速度大幅提升和既有线路运能释放，铁路冷链运输充分利用长途运输和安全等情况局限、航空运输受运量和高成本等因素局限的竞争优势，发挥铁路特货长距离、全方位、大运量、安全高效的运输特色，逐步转向高效率、低成本冷藏集装箱运输时代，而且实现全过程透明化和可追溯，采用海铁联运和公路联运开展冷藏集装箱多式运输，运输效率飞速提升。

航空冷链运输方面，在现有的航空运输体系中，针对鲜活易腐物品的运输，基本上依靠航空运输简单的飞行速度优势，而且发针对性的服务型措施，致使较大一部分货物由于温度控制问题受损。

从总体上看，我国冷链运输集中度不高，专业化服务能力不强，运输效率低、成本费用高等问题仍然比较突出。为进一步促进我国冷链运输健康快速发展，提升冷链运输物流服务水平，未来需大力加强冷链物流基础设施建设，完善冷链运输物流标准化体系，积极推进冷链运输物流信息化建设，大力发展共同配送等先进的配送组织模式，提升冷链运输规模化、集约化水平，加强和改善行业监管，加大财税等政策支持力度，发挥行业协会作用。

第二节 2014 年冷链运输政策、标准情况分析

近年来，冷链运输业规划及扶持政策和行业标准频繁出台。国家层面开始从政策、法规标准角度推动冷链运输转型升级。

一、冷链运输政策分析（如表 3 -2 所示）

表 3 -2 近年来发布的冷链运输相关政策

发布时间	发布机构	文件名称	政策要点
2011. 10	交通运输部	道路运输业“十二五”发展规划纲要	加快转变发展方式、发展现代道路运输业
2012. 12	国务院	中华人民共和国道路运输条例（2012 年修正本）	规范道路运输经营、道路运输相关业务、国际道路运输、执法监督、法律责任等
2014. 1	交通运输部、公安部、商务部	关于加强城市配送运输与车辆通行管理工作的通知	提出了强化城市配送运力需求管理、加强城市配送车辆技术管理、规范发展城市货运出租汽车、优化城市配送车辆通行管理措施、完善城市配送车辆停靠管理措施、提升城市配送运输服务水平、强化城市配送运输市场监督管理、健全城市配送运输与车辆通行管理工作机制八项具体措施

续　表

发布时间	发布机构	文件名称	政策要点
2014.2	交通运输部	2014年交通运输行业节能减排工作要点	充分发挥绿色交通引领作用，以节约资源、提高能效、控制排放、保护环境为目标，以绿色循环低碳交通运输“十百千”示范工程为主要抓手，突出政府主导、法规约束、示范引领、制度创新，加快推进交通运输绿色发展、循环发展、低碳发展
2014.3	交通运输部	关于促进道路运输行业集约发展的指导意见	鼓励发展龙头骨干企业、发挥龙头骨干企业引领带动作用
2014.12	发改委、财政部	关于进一步促进冷链运输物流企业健康发展的指导意见	大力提升冷链运输规模化、集约化水平；加强冷链物流基础设施建设；完善冷链运输物流标准化体系；积极推进冷链运输物流信息化建设；大力发展共同配送等先进的配送组织模式；优化城市配送车辆通行管理措施；加强和改善行业监管；加大财税等政策支持力度；发挥行业协会作用

资料来源：中物联冷链委。

2014年，中央政府及有关部委对冷链运输发展大力支持，主要体现在以下几方面。

一是发展现代道路运输业，促进综合运输体系建设和现代物流发展，提升冷链物流运输效率和质量。明确提出不断提高运输站场、车辆装备的技术水平和从业队伍的素质，增强运输组织能力，加快结构调整，促进产业升级；强化与其他运输方式的有效衔接和良性互动，促进综合运输体系建设和现代物流发展。

二是加强冷链物流基础设施建设，解决冷链物流运输与其他环节的无缝衔接问题，对具有公益性、公共性的冷链物流基础设施建设给予支持。明确提出鼓励企业购置节能环保的冷链运输车辆，推广全程温湿度自动监测系统和控制设备，提升企业的冷链运输服务能力。加强温度监控和追溯体系建设，确保冷链食品、药品在生产流通各环节的品质可控性和安全性。引导和支持企业使用各种新型冷链物流装备与技术，完善产地预冷、销地冷藏和保鲜运输、保鲜加工等设施，解决冷链物流运输与其他环节的无缝衔接问题。鼓励和支持各类农产品生产加工、冷链物流、商贸流通企业等改造和建设一批适应现代流通和消费需求的冷冻、冷藏和保鲜仓库。中央和地方财政在各自支出责任范围内，对具有公益性、公共性的冷链物流基础设施建设给予支持。

三是大力提升冷链运输规模化、集约化水平。明确提出大力发展第三方冷链物流，鼓励冷链运输物流企业通过参股控股、兼并重组、协作联盟等方式做大做强，加快形成一批经济实力雄厚、经营理念和管理方式先进、核心竞争力强的大型冷链运输物流企业，通过规模化经营提高冷链物流服务的一体化、网络化水平。

四是积极推进冷链运输物流信息化建设，提高全社会冷链运输效率。明确提出加强冷链物流公共信息平台建设，引导冷链运输物流企业与生产制造企业、商贸流通企业信息资源的整合，将产地产品信息、车辆信息、销售信息等联结起来，实现对货物和冷链运输车辆的全程监控和信息共享，优化配置资源，提高全社会冷链运输效率。鼓励区域间和行业内的冷链物流平台信息共享，实现互联互通。

五是提升城市配送运输服务水平，优化城市配送车辆通行管理措施，大力发展共同配送等先进的配送组织模式，降低冷链物流成本，提升冷链物流效率。明确提出鼓励企业加快物流信息化管理技术、卫星定位技术以及标准化托盘、装卸辅助设备等先进技术和装备的应用；引导企业创新管理模式，积极发展先进运输组织方式，科学设计、合理优化配送线路，强化配送市场资源整合，有助于提高城市冷链配送运输服务能力和水平。明确提出按照通行便利、保障急需和控制总量的原则，为冷链运输物流等城市配送车辆发放通行许可，并积极提供必要的通行便利。明确提出鼓励符合国家有关规定的冷链运输物流企业、商贸流通企业等以联盟、共同持股等多种形式在大中城市发展共同配送，促进流通的现代化，扩大居民消费；支持流通末端共同配送点和卸货点建设、改造，鼓励建设集配送、零售和便民服务等多功能于一体的冷链物流配送终端；城市交通较为拥堵的大型城市应结合实际积极推进“分时段配送”“夜间配送”，为有需求的商贸和冷链运输物流企业提供便利。

六是加大财税等政策支持力度，对冷链运输物流企业出台税收优惠政策。明确提出落实国家已出台的促进冷链运输物流发展的物流业相关税收优惠政策。符合税法规定的小型微利企业条件的，依法享受企业所得税等相关税收减免政策。落实国务院关于清理规范涉企收费的有关规定，减轻企业负担。积极拓展冷链运输物流企业融资渠道，鼓励银行等金融机构与其开展合作，鼓励企业在银行间债券市场注册发行非金融企业债务融资工具筹集资金，支持符合条件的企业上市和发行企业债券。

二、冷链运输标准分析

近年来，随着国家、社会、行业对冷链运输的重视，冷链运输标准相继出台（如表3－3所示）。

表3－3　近年来发布的冷链运输标准

发布时间	发布机构	文件名称	政策要点
2007.11	中华人民共和国国家质量监督检验检疫总局、中国国家标准化管理委员会	运输用制冷机组	本标准规定了运输用制冷机组的术语和定义、形式、技术要求、试验方法、检验规则、标志、包装、运输和贮存等 本标准适用于汽车运输用制冷机组，列车和相应的集装箱制冷机组可参考本标准
2008.12	商务部	易腐食品控温运输技术要求	本标准规定了易腐食品控温运输的相关术语和定义、运输基本要求、装载要求、运输途中要求、卸货要求和转运接驳要求 本标准适用于易腐食品的公路、铁路、水路及上述各种运输方式的多式联运的运输管理

续　表

发布时间	发布机构	文件名称	政策要点
2009. 11	中华人民共和国国家质量监督检验检疫局、中国国家标准化管理委员会	冷藏食品物流包装、标志、运输和储存	本标准规定了冷藏食品物流过程中的包装、标志、运输和储存要求 本标准适用于冷藏食品的物流
2009. 11	中华人民共和国国家质量监督检验检疫总局、中国国家标准化管理委员会	冷冻食品物流包装、标志、运输和储存	本标准规定了冷冻食品物流过程中的包装、标志、运输和储存要求 本标准适用于冷冻食品的物流
2012. 3	发改委	易腐食品机动车辆冷藏运输要求	本标准提出了易腐食品机动车辆冷藏运输的技术要求及操作、设备维护要求 本标准适用于易腐食品道路机动车辆冷藏运输活动
2012. 7	中华人民共和国国家质量监督检验检疫总局、中国国家标准化管理委员会	畜禽肉冷链运输管理技术规范	本标准规定了畜禽肉的冷却冷冻处理、包装及标识、储存、装卸载、运输、节能要求以及人员的基本要求 本标准适用于生鲜畜禽肉从运输准备到实现最终消费前的全过程冷链运输管理
2013. 9	中华人民共和国国家质量监督检验检疫总局、中国国家标准化管理委员会	道路运输食品与生物制品 冷藏车安全要求及试验方法	本标准规定了冷藏车的术语和定义、分类、要求及试验方法 本标准适用于采用已定型汽车整车或二类、三类底盘上改装的装备机械制冷机组的道路运输易腐食品与生物制品的冷藏车和冷藏半挂车

续　表

发布时间	发布机构	文件名称	政策要点
2014.12	中国民用航空局	航空货物冷链运输服务规范	涉及鲜活品（如蔬菜、水果；肉、禽、蛋；水产品、花卉产品等）、加工食品（如速冻食品、禽、肉、水产等包装熟食、冰淇淋和奶制品、快餐原料等）、医药产品（各类需要冷藏的药品、医疗器械等）以及贵重精密仪器等与人们日常生活需要和多个产业发展息息相关、集货物航空运输的普遍性与专业性于一体的行业综合性技术法规
2014.12	中物联冷链委	冷藏车应用选型技术规范	涉及使用的范围、规范性引用文件、分类和要求等
2014.12	中物联冷链委	运输型星级服务能力	运输型冷链星级标准

资料来源：中物联冷链委。

中央政府及有关部委对冷链运输标准提出了相应要求，主要体现在以下几方面。

（1）对冷链运输整车及关键部件保温性能提出了要求标准。明确运输易腐食品的冷藏车分类及冷藏车车厢内平均温度要求，并对整车、车厢、车厢隔热性能、制冷机组、降温性能、安全要求，以及城市配送冷藏车、固货装置、专用冷藏车应的专用装置、冷藏车选型等方面提出了相应标准要求。

（2）针对已定型汽车整车或二类、三类底盘上改装的装备机械制冷机组的道路运输易腐食品与生物制品的冷藏车和冷藏半挂车，规定了冷藏车的术语和定义、分类、要求及试验方法。

（3）航空医药冷链试点方面，提高了对冷藏、冷冻药品的储运设施设备的要求，特别规定了运输、收货等环节的交接程序和温度监测、跟踪、查验等要求，强化了高风险品种的质量保障能力。

（4）航空货物冷链运输规范，将改善冷链空中运输与地面运输的衔接，提高民航高端货物运输市场占有量具有重要意义，不仅会对从事冷链运输的物流企业形成利好，对于冷链运输设备的制造商也有积极影响。

（5）针对生鲜畜禽肉从运输准备到实现最终消费前的全过程冷链运输管理，规定了畜禽肉的冷却冷冻处理、包装及标识、储存、装卸载、运输、节能要求以及人员的基本要求。

（6）针对易腐食品道路机动车辆冷藏运输，提出了易腐食品机动车辆冷藏运输的技术要求及操作、设备维护要求。

（7）针对冷冻食品物流环节，提出了冷冻食品物流过程中的包装、标志、运输和储存要求。

（8）《物流企业冷链服务要求与能力评估指标》中对运输型冷链服务物流企业提出了运能与温控的专业要求，如五星级运输型冷链物流企业要求至少达到自有400台冷藏车，必须要有适合企业使用的TMS，自物品交与委托方之日起应保存不低于6个月的温度数据，且数据应保存完整可查询，在应急预案方面，更是要求企业至少要建立冷机故障预案和在途车辆故障预案。

第三节 2014 年冷链运输及运营发展情况分析

冷链运输包括公路冷链运输、铁路冷链运输、航空冷链运输、水路冷链运输等。这些冷链运输方式运营特点不同、市场规模不同，发展前景不同，彼此之间形成了既互补又相互竞争的关系。

一、公路冷链运输发展

公路运输具有速度快、方便、容易实现“门到门”运输、能灵活制定运营时间表、操作人员容易培训、运输伸缩性较大的特点。公路运输适用短中距离运输、山区省份的长距离运输。

（一）公路货运市场情况分析

公路货运市场增速趋缓。2014 年，我国公路完成货运量 334. 3 亿吨，同比增长 8. 7%，增速比上年同期回落 3. 6 个百分点。公路累计完成货物周转量6.11万亿吨公里，同比增长9.7%，增速比上年回落3个百分点。公路货运量、货运周转量分别占货运总量和货运周转量的76.1%和33.1%，分别较上年回落2.7和2.9个百分点。考虑到货运量增速回落和持续低迷的运价，公路货运能力过剩局面仍未改变。2014年，公路货运平均运距182.9千米，较上年减少6.2千米。2010—2014年公路货运量、周转量及其增长速度如表3-4所示。

表3-4　　2010—2014年公路货运量、周转量及其增长速度

年　份	2010	2011	2012	2013	2014
公路货运量（亿吨）	244.5	252.0	315.5	355	334.3
同比增长（%）	15.0	15.2	13.1	11.3	5.7
公路货运周转量（亿吨公里）	43399.67	51374.74	59534.66	67114.50	61139
同比增长（%）	16.7	15.4	15.9	12.7	9.7
公路货物运输平均运距	177.24	182.17	186.72	189.06	182.9
同比增长（%）	1.4	2.8	2.5	1.3	-3.3

资料来源：中国物流发展报告（2014—2015）。

零担货运市场加快集中。零担货运的市场结构主要有两大细分领域：网络型零担主要服务小票零担（30~1000千克），专线主要服务大票零担（大于1000千克）。

网络型零担中，直营制零担加快分化。德邦物流以全年140亿元的销售额继续领跑，同比增长超过50%，门店超过5200家，增长超过20%。目前，德邦物流的平均货运价格达到2.1元/千克，远远高于其他零担企业。其他直营制的零担企业，如天地华宇、佳吉快运、新邦物流、盛辉物流等大型零担企业，也都保持了较快增长。此外，区域性零担公司，如长通物流、佳怡物流、卓昊物流、大道物流，深耕区域市场，优化网络布局，逐步走向全国。

网络型零担中，加盟制零担异军突起。加盟制企业凭借较强的运营能力，对加盟网点实行激励的最大化和管理的极简化，保障全网的服务质量。2014年，安能物流、百世快运等加盟制零担实现快速增长。完成C轮投资的安能物流凭借雄厚的资本支持实现了快速扩张，网点数从 2013 年年底的 745 个增加到现在的 2100 多个，分拨中心从 38 个增加至 85 个。

专线零担中，存在运力过剩局面。行业呈现冰火“两重天”，一些规模化专线线路越开越密，货量越来越大，利润趋好。还有一些专线由于货量下降，生存困难。

专线联盟成为热点。1 月 18 日，大道物流牵头成立了华中大道快运联盟；3 月，河南胜邦物流正式成立；8 月，蓝盟物流有限公司成立；11 月 29 日，万众（天津）物流集团成立，还有此前成立的好友汇、中中联盟等，中小型企业纷纷抱团发展，结盟发展。

货运平台整合专线资源。卡行天下、商桥物流等平台型企业推动公路货运集约化发展。2014 年，卡行天下枢纽中心由 2013 年的 9 个增加到 23 个，网络覆盖全国 20 个省份，加盟网点由 300 家增长到 1300 家，城际间点对点直达货运班车线路从 1000 条增长到 9000 条。平台交易运单量和货量激增 10 多倍。

整车货运市场较为低迷。大宗商品货运量大幅下降，制造业和工业产品增长乏力，整体市场较为低迷。整车货运企业纷纷寻求突破，或往第三方物流、或往平台型企业、或往网络型企业谋求转型。

环保成本逐步显现。4 月 23 日，工业和信息化部发布公告，定于 2014 年 12 月 31 日废止适用于国Ⅲ标准柴油车产品《公告》，2015 年 1 月 1 日起国Ⅲ柴油车产品将不得销售。9 月 15 日，环境保护部、发展改革委、公安部、财政部、交通运输部、商务部联合印发《2014 年黄标车及老旧车淘汰工作实施方案的通知》。要求确保完成 2014 年淘汰黄标车及老旧车 600 万辆任务。加大黄标车及老旧车监管力度，调高黄标车及老旧车使用成本，通过市场手段推进淘汰，通过补贴促进淘汰，车辆更新速度加快。

道路运输车辆动态监管新规启动。1 月 28 日，交通运输部、公安部、国家安监总局联合制定颁布了《道路运输车辆动态监督管理办法》（2014 年第 5 号令），并于 2014 年 7 月 1 日起施行。《管理办法》规定，旅游包车、三类以上班线客车、危货运输车辆、重型载货汽车和半挂牵引车在出厂前应当安装符合标准的卫星定位装置。旅客运输企业和危货运输企业监控平台应接入全国重点营运车辆联网联控系统，重型载货汽车和半挂牵引车应接入全国道路货运车辆公共监管与服务平台。

高速公路电子不停车收费推动全国联网。3月7日，交通运输部印发了《关于开展全国高速公路电子不停车收费联网工作的通知》（交公路发〔2014〕64号），决定组织开展全国高速公路电子不停车收费（ETC）联网工作，力争到2015年年底基本实现全国ETC联网，主线收费站ETC覆盖率达到100%，全国ETC用户数量达到2000万。截至2014年年底，已经有北京、天津、河北、山西、辽宁、上海、江苏、浙江等14个省市实现联网。

（二）公路冷链运输发展概况

1. 公路冷链运输市场现状

由中物联冷链委评选的2013年“中国冷链物流企业百强”名单，以企业2013年营业收入为主要依据，并结合企业软硬件设施建设、网点布局、信息化程度等为参考，综合评定得出最终名单如表3-5所示。

表3-5　2013年“中国冷链物流企业百强”前20强名单

排　名	企业名称
1	荣庆物流供应链有限公司
2	漯河双汇物流投资有限公司
3	河南鲜易供应链股份有限公司
4	上海郑明现代物流有限公司
5	上海领鲜物流有限公司
6	招商美冷（香港）控股有限公司
7	夏晖物流（上海）有限公司
8	许昌众荣冷链物流有限公司
9	中外运上海冷链物流有限公司
10	大昌行物流
11	上海都市生活企业发展有限公司
12	上海源洪仓储物流有限公司
13	万吨冷链物流有限公司
14	北京中冷物流有限公司
15	安得物流股份有限公司

续　表

排　名	企业名称
16	上海广德物流有限公司
17	镇江恒伟供应链管理股份有限公司
18	上海锦江国际低温物流发展有限公司
19	成都银犁冷藏物流股份有限公司
20	上海市交荣冷链物流有限公司

资料来源：中物联冷链委。

从中物联冷链委评选的“2013 中国冷链物流企业百强排名”来看，运输型（配送）型企业占全部企业的 47%。百强企业冷藏车保有量为 17620 辆（约占全国冷藏车总量的 23.5%），其中自有车辆 9865 辆，整合社会车辆 7755 辆。

2. 公路冷链运输车辆情况

根据中国汽车技术研究中心数据显示，2014 年中国冷藏车和保温车总产量为 2.07 万辆，同比大幅度增长 44.8%。具体如图 3－1 所示。

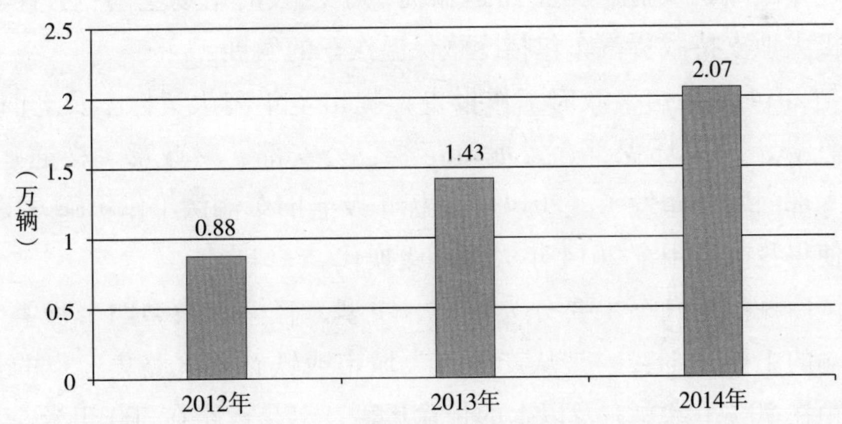

图 3－1　2012—2014 年公路冷藏车和保温车产量

资料来源：中国汽车技术研究中心。

根据中国汽车技术研究中心数据统计，2014 年我国冷藏车和保温车保有量约为 7.60 万辆，同比大幅度增长 37.5%。具体如图 3－2 所示。

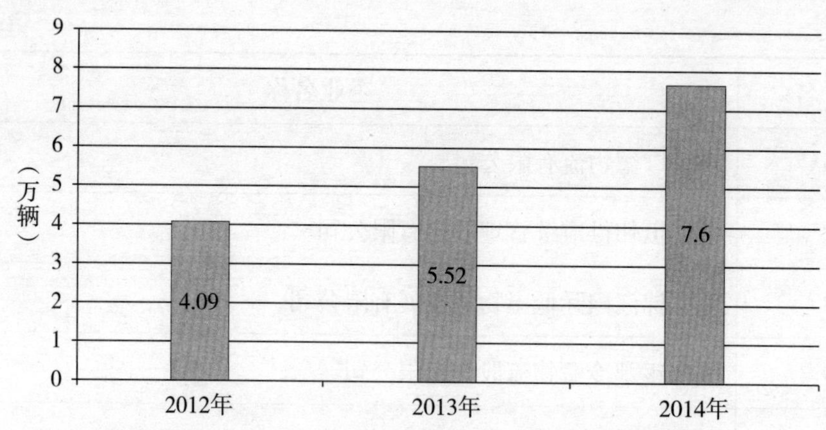

图 3-2　2012—2014 年公路冷藏车和保温车保有量

资料来源：中国汽车技术研究中心。

在国家加强宏观调控导致整个专用汽车市场出现下滑的情况下，冷藏保温汽车依然保持增长，反映出三个方面原因。

一是《道路运输食品生物制品冷藏车安全要求及试验方法》强制国标实施，该标准作为检查冷藏车是否合格的“门槛”，对于规范冷藏车市场环境、加速淘汰不合格冷藏车具有重要意义。

二是从公路建设的发展趋势分析，我国城市及公路建设的快速发展以及区域建设战略的实施，为公路运输提供了巨大的市场空间，公路条件的改善将极大地支持载货汽车包括冷藏保温汽车的发展。

三是 2014 年年初《政府工作报告》提出全年淘汰黄标车及老旧车 600 万辆的任务，对此环保部、发展改革委、公安部、财政部、交通运输部、商务部等部门联合印发了《2014 年黄标车及老旧车淘汰工作实施方案》，这些举措使得我国商用车 2014 年大幅升级换代。

我国冷藏保温汽车主要分为重型、中型、轻型、微型四个种类。我国公路运输的主要范围：一是从产地到大城市或铁路或水路集运点的长途运输或运距在 500 千米左右及以上的长途运输；二是运距在 300 千米左右的从中转冷库到港口、车站等地的中距离运输；三是运距约为 20～50 千米的从城市冷库到市郊或市内车站、码头的短途运输；四是运距在 20 千米以内的从冷库到销售点的近距离运输。一般情况下，长途运输应以重中型车、半挂车为主；中距离运输应以中型车为主；短距离运输应以轻微型车为主。运距和运量的不同，就给重、中、轻、微各种不同型号的冷藏保温汽车生产提供了一定的发展空间。

（三）公路冷链运输存在问题

1. 税费高、收费罚款多

"营改增"试点政策实施以来，冷链运输行业税率为11%，运输型物流企业税负增加较多，而且通行费、油品、消耗品等无法开具增值税发票，这对本就盈利空间很小的冷链运输企业而言，压力着实不小。

此外，公路"乱罚款"屡禁难止，物流企业已将公路罚款纳入运输成本，占5%～8%。而且，很多地方国家明令取消行政事业性收费，但仍旧有很多机构变相收费，过路费、过桥费、停车费等名目繁多，令冷链运输企业苦不堪言，据统计运输型物流企业过桥过路费占运输总成本20%左右，这很大程度上打击了企业发展的积极性。

2. 审批流程过多

物流企业运行所需资质、证照管理层级多，手续繁杂。总部取得资质分支机构不能通用，异地设立非法人分支机构障碍重重。运营车辆要行驶证还要营运许可证，驾驶员除了驾驶证还要从业资格证。从业资格证的申请条件和考试要求与驾驶证类似，存在重复许可、多次认定问题，而且从业资格证还存在年审收费高、周期短、耗时长等问题。一般从预约到审验合格大约需要半个月，在年审期间司机申请代理证又增加了公共办公成本和浪费。冷链运输行业本就缺乏司机，这种情况使冷链运输司机更加难找。

3. 运营模式单一

当前大多冷链运输还是延续传统的合约模式，企业之间同质化竞争严重，导致价格战不可避免。反观普货运输，已形成零担、专线、平台等多种模式，不仅开拓了新的利润市场，而且使得运输效率不断提升。而冷链运输有车难找货、有货难找车，以及返程空驶等问题较为严重。

二、铁路冷链运输发展

铁路运输具有承运能力大、准时性高、容易实现多式联运、安全系数大、每个城市都几乎被铁路网覆盖的特点。铁路运输适用大宗货物的中长距离运输，也适合运输散装货物，灌装货物一次高效率运输。

（一）2014 年铁路货运市场情况分析

1. 货运业务量下滑

2014 年，铁路累计完成货运量 38.1 亿吨，同比下降 3.9%，其中，前三个季度分别下降 3.5%、1.5% 和 2.5%，四季度下降 7.8%，降幅有所扩大，上年同期基数较高是重要原因。全国铁路完成货物周转量 2.75 万亿吨公里，同比下降 5.6%。铁路货运量、货运周转量分别占货运总量和货运周转量 8.7% 和 14.9%，较上年分别回落 0.1 和 0.7 个百分点。总体来看，全国铁路货运能力由总体紧张向略有宽松的局面转变。2014 年，铁路货运平均运距 722.6 千米，较上年减少 12.3 千米。2010—2014 年铁路货运量、周转量及其增长速度如表 3 -6 所示。

表 3 -6　2010—2014 年铁路货运量、周转量及其增长速度

年　份	2010	2011	2012	2013	2014
铁路货物运输量（亿吨）	36.4	39.3	39	39.1	38.1
同比增长（%）	9.28	7.96	-0.72	1.60	-3.9
铁路货物周转量（亿吨公里）	27644.13	29465.79	29187.09	29173.89	27530
同比增长（%）	9.53	6.59	-0.95	-0.05	-5.6

资料来源：中国物流发展报告（2014—2015）。

2. 重点物资运输仍然承担骨干角色

2014 年国家铁路完成棉花运量 496 万吨，石油运量完成 1.28 亿吨，煤炭运量完成 16.41 亿吨，粮食运量完成 8260 万吨，分别占全国总产量的 80.52%、60.54%、42.40%、13.61%，在重点物资运输中依然承担骨干角色。2014 年国铁实现货运收入 2854.8 亿元，同比增长 7.3%。

3. 货运产品改革创新

受大宗物资运输需求乏力，消费品运输需求强劲的趋势影响，铁路总公司提出了“稳黑增白”战略，开发出零散货物快运班列、电商快递班列、高铁快递等系列产品。从 9 月起，铁路开始受理零散货物快运业务。在全路 4000 余个货运营业站、无轨站敞开受理，形成了覆盖全国的散货办理网络，日发送量在 7 万吨以上水平。为适应我国电子商务和快递业发展需要，铁路总公司于7月和8月推出了电商快递货运班列。在北京、上海、广州、深圳四地间开行了三对六列电商快递班列。高铁快递服务陆续开通，截至12月30日，全国高铁快递办理城市已达151个。

4. 物流服务质量全面改善

2014年，铁路总公司以准时制运输、承揽物流外包、拓展增值服务为重点，服务质量得到了全面改善。7月1日调图后，普通货物列车全部实现按时速80千米运行。货车提速加快了货物周转，稳定了运输时刻和货源，保障了货物准时交付。铁路总公司推出了新的货运“一口价”报价收费方式，对所有货物运输探索实行完全市场化的“一口价”。此外，各路局积极拓展仓储、堆存、定制等增值服务，承揽物流外包业务，与企业开展深入合作，加快向物流服务商转型。

5. 货运组织改革不断深入

铁路总公司重新修订了《铁路货运组织改革二十条纪律要求》，针对敞开受理、排队装车、规范收费、门到门运输等方面分别提出了管理要求。一年来，铁路总公司相继发布了近40个文件，加快货运市场的拓展和铁路物流产品的推广。

（二）铁路冷链运输发展概况

1. 铁路冷链运输市场

2014年铁路冷藏运输运量较小，占社会冷藏总需求的不足1%。其中，肉类所占的比重最大，占到了铁路总运量的3/5；其他依次是速冻食品15.27%、乳制品13.04%、鲜果蔬4.99%等，具体如图3-3所示。

2. 铁路冷链运输装备

铁路冷藏运输主要依靠机械保温车，简称机保车。目前全国共有机保车1910辆，其中B22型1000辆（200组），B21型100辆，B23型560辆，B10型250辆。

B22型和B21型机保车均由原民主德国进口；B23型和B10型机保车为我国自行研制。B21、B22、B23型最初设计为“1+4”形式，即由1辆工作车和4辆货物车组成；B10为工作车和货车一体的单节车。B21型生产时间为1984年，车组载重180吨；B22型生产时间为1987年，车组载重184吨；B23型车组载重184吨，B10单辆载重38吨。现在铁路只有200组B22

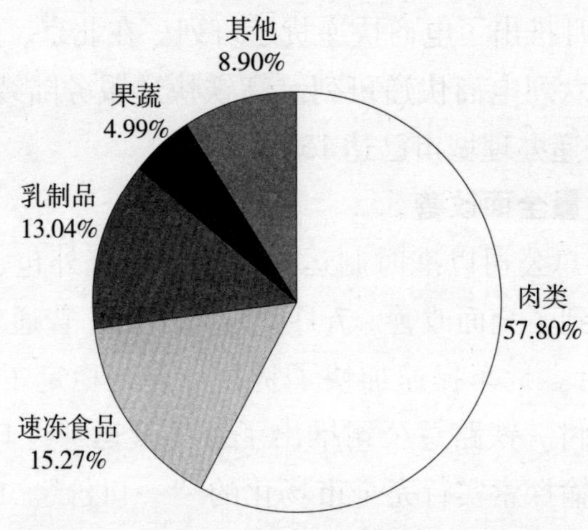

图 3－3　2014 年铁路冷藏运输品类占比情况

资料来源：中国铁道科学研究院。

型机保车在执行着冷藏运输业务，而 B21、B23、B10 型机保车都已经淘汰当作代棚车使用。机保车参数如表 3－7 所示。

表 3－7　机保车参数

车型参数	单辆载重（吨）	车内容积（立方米）	车内长度（米）	车内宽度（米）	车内高度（米）	车内温度（℃）	最高行驶速度（千米/小时）
B21	45.5	92	18 000	2 550	2 000	－22～14	120
B22	46.0	105	18 200	2 550	2 300	－22～14	120
B23	45.5	105	18 000	2 560	2 300	－22～14	100
B10	38.0	100	17 300	2 554	2 300	－22～14	120

资料来源：个人整理。

（三）铁路冷链运输存在问题

1. 运输工具不适应市场需求

随着易腐货物运输市场的变化，大宗货源减少，机冷车的运用受到了制约，车辆运用效率下降。冰冷车虽是单节的，比机冷车灵活，但受机身技术条件限制要中途加冰，每加一次冰就需要在加冰所所在站停留 12 个小时以上，运到期限便增加了 1 天，这就使货物运行速度大大降低，不利于易腐货物的时效性要求。

2. 运价缺乏灵活性

由于易腐货物在不同季节、不同运输质量和运输期限下，市场价格相差较大，而铁路运价相对固定，形成旺季不能提价增收，淡季价高失去货源的局面，不利于拓展易腐货物运输市场。铁路冷藏运输不同于公路运输，铁路运输的运价一般都由铁道部规定，无法随意调整运价。虽然铁路冷藏运输可以保证运输效果，但市场更认可价格，没有价格优势就意味着没有竞争力。

3. 运输组织工作难度大

由于易腐货物运输的季节性明显，时效性强等特点，对冷藏车辆调度的及时性有较高要求。但目前冷藏车调度工作尚不能适应市场运输需求。一是由我国自然环境决定的，易腐货物运输的货物流向在一定期间内通常都是单向的，即车辆回空量较大。由于经济考核指标对空车回送不利，这就给车辆调度带来一定难度。二是在每年一季度、四季度蔬菜水果运输旺季，也是铁路运输最繁忙的季节，特别是春运高峰时期，存在着客货运输在能力利用上的矛盾，冷藏运输十分困难。

（四）铁路冷链运输发展建议

1. 准确定位铁路冷链物流的发展方向

铁路冷藏运输主要以发送冷冻货物、深冷水产品、冷藏调味食品、冷饮等为主要目标市场，以时效性不高但更注重安全性的货物为重点，发挥铁路长距离运输优势，增加铁路运输的份额，同时将附加价值较高水果、花卉、医药品等作为铁路冷链物流的服务货源之一。在仓储和配送服务方面，寻找大型合作商（大型连锁超市、大型副食商场、大型医药企业等）并为其设计冷链物流方案，共同开发市场。

2. 加快铁路冷藏装备研发

随着铁路冷链物流网络的逐步建立和完善，需要增加各种铁路冷藏车辆。例如，我国各类水果、蔬菜产销量巨大，适合大批量的铁路运输，但是使用现有机保车运输运营成本高、容重比小，需要新造专门运输工具，如气调保鲜车等；冷藏集装箱适合“门到门”全程冷链物流服务；冷板冷藏车适合货源稳定、定点定线的货物运输，可以发挥成本低、能耗低的优势；青藏高原地区的货源还需要研制高原机械冷藏车。

3. 给予铁路冷藏运输专业公司一定的冷藏运输定价权

可适当改革现有冷藏车运价体系及内部比价关系，可按季节与供求灵活定价。如将现行的冷藏车运价变为冷藏车结构运价，分为基本运费、制冷费和冷藏车使用费，三种费用的水平根据成本和市场承受能力制定。其中，基本运费由车站核收之后逐级上交铁道部，用以支付冷藏车所产生的运营成本；制冷费和冷藏车使用费由车站代收上缴铁道部后拨给冷藏运输专业公司，由公司向有关部门支付制冷、维修以及更新改造费。

4. 制定优先运输组织政策

铁路根据鲜活易腐货物季节性强、运量波动大、时间要求快的特点，制定了针对鲜活易腐货物优先的运输组织政策，即坚持优先安排运输计划、优先进货装车、优先配空、优先取送、优先编组、优先挂运。然而，在实际情况中，这些优先政策很难得到有效实施，这也是造成现阶段铁路冷链运输时限较长的原因。铁路集装箱由于更具有灵活性，可采取更为有效的集装箱班列运输方式，从而达到缩短冷藏货物运到时限的目的。因此，针对铁路冷藏集装箱制定更为有效的运输组织政策，如优先制订班列计划、发展小编组列车开行方案、适当降低满轴满长要求等。

三、航空冷链运输发展

航空运输具有速度快、安全性高、价格贵的特点，适用高价值冷链食品、速度有较高要求的运输任务。

（一）航空货物运输发展

2014 年航空货运继续快速发展，完成货邮吞吐量 1356.1 万吨，比上年增长 7.8%。其中，国内航线完成 885.5 万吨，比上年增长 6.7% 港澳台航线为 90.5 万吨，比上年增长 16.0%；国际航线完成 470.6 万吨，比上年增长 9.8%。具体如图 3－4、表 3－8 所示。

近年来，航空货物运输量保持增长原因有两方面：一是 2014 年，国内生产总值 636463 亿元，比上年增长 7.4%。二是 2014 年居民消费价格比上年上涨 2.0%，1～11 月，固定资产投资累计同比增长 15. 8%。这些因素为中国航空运输企业国内航线的经营奠定了经济基础。

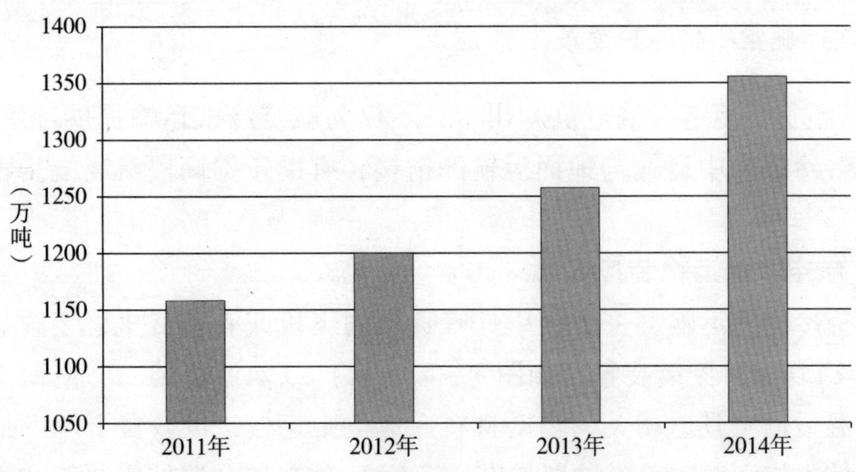

图 3-4　2011-2014 年航空货邮运输吞吐量

资料来源：中国民用航空局。

表 3-8　2014 年民航机场货邮吞吐量前十排名

机场	名次	货邮吞吐量（吨） 本期完成	上年同期	比上年增减（%）
合计		13560841	12585175.1	7.8
上海/浦东	1	3181654.058	2928527.051	8.643492192
北京/首都	2	1848251.479	1843681.075	0.247895586
广州/白云	3	1454043.784	1309745.509	11.0172758
深圳/宝安	4	963871.182	913472.145	5.517304198
成都/双流	5	545011.232	501391.172	8.699806147
上海/虹桥	6	432176.398	435115.924	-0.675573069
杭州/萧山	7	398557.606	368095.303	8.275656536
郑州/新郑	8	370420.727	255712.667	44.858184518
昆明/长水	9	316672.439	293627.657	7.848300884
厦门/高崎	10	306384.994	299490.805	2.301970172

资料来源：中国民用航空局。

（二）航空冷链运输发展

《航空货物冷链运输规范》出台，不仅为航空冷链运输提供行业标准，还会改善冷链空中运输与地面运输的衔接，有助于提高民航高端货物运输市场。

1. 航空冷链运输装备技术

航空冷链的运输，主要利用具有货舱的飞机或者全货机，装载与其相兼容的ULD（温控集装箱，如图3－5所示）或保温集装箱，借助冷却媒介、控温运输工具、相关的辅助材料完成空中运输，以冷藏卡车等地面运输为延伸，扩大航空冷链的覆盖范围。ULD分为被动温控集装箱和主动温控集装箱，航空公司可以根据运输温敏物资的附加值高低决定使用集装箱的种类。冷却媒介主要包括干冰、凝胶、蓝冰、液氮等。地面运输工具载货之前，应根据冷链货物温度的要求预先调控温度。

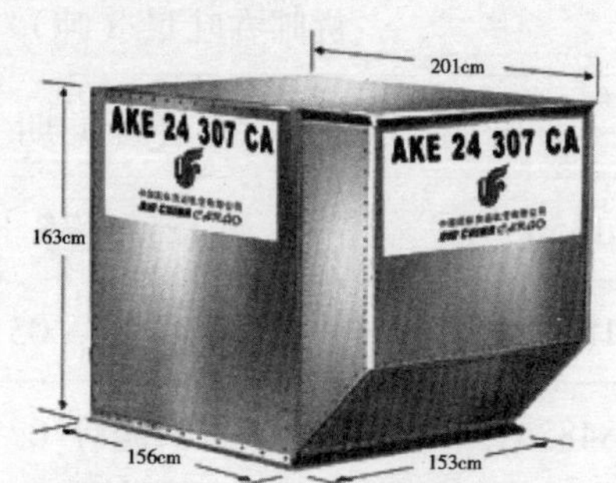

图3－5　航空温控集装箱

2. 航空冷链运输温控管理

冷链运输主要解决的是温度与时间的需求，受温度控制制约，控制物流时间就成了第一需求。因此，在冷链运输领域，航空运输就成了客户的首选。航空冷链运输是个复杂的体系，只有完善冷链地面运输和冷链空中运输衔接，才能保证货品的质量安全。

由于飞机上动力电源困难、制冷能力有限，这就要求航空冷链运输过程尽可能缩短地面时间，简化冷链运输的订舱申请批复、收运、组装等环节，真正做到对冷链运输优先组织、优先装载的“绿色通道”，减少冷藏货物在货站库区、机坪等的停留时间和装卸动作，实现冷链地面运输与冷链空中运输有效衔接，充分发挥航空货运的速度优势。空中运输中通过温度跟踪和数据采集等先进物流技术实现温度全程监控和追溯。航空冷链温度范围分类及运输代码如表 3－9 所示。

表 3－9　　航空冷链温度范围分类及运输代码

分类	运输代码	温度范围
室温	AMBT	15℃～20℃
冷藏	COOL	2℃～15℃
冰温	ICE Temp	－2℃～2℃
冷冻	COLD	－10℃～－2℃
深冷冻	FROZ	－10℃以下

资料来源：货物航空运输规范。

3. 航空冷链运输市场发展

（1）航空冷链运输对象。鲜花、海鲜、疫苗等逐渐成为航空冷链运输的推动者。以鲜花为例，常见花种的空运温度要求如表 3－10 所示。

表 3－10　　鲜花保鲜技术参数

品名	温度范围类别	温度		对低温敏感性（℃）	湿度	
		最低温度（℃）	最高温度（℃）		最低湿度（%）	最高湿度（%）
杜鹃花	冷藏	－0.5	4	－2.4	90	95
月季	冷藏	0	0	－0.4	90	95
玫瑰	冷藏	0	0	－0.4	90	95
牡丹	冷藏	0	1	－0.1	90	95
芍药	冷藏	0	2	－0.1	90	95
蝴蝶兰	冷藏	7	10	－0.3		
百合	冷藏	0	1	－0.5	90	95

续 表

品名	温度范围类别	温度		对低温敏感性（℃）	湿度	
		最低温度（℃）	最高温度（℃）		最低湿度（%）	最高湿度（%）
菊花	冷藏	-0.5	2	-0.8	90	95
满天星	冷藏	4	4		90	95
紫丁香	冷藏	4	4		90	95
栀子花	冷藏	0	1		90	95
山茶花	冷藏	7	7	10		
康乃馨	冷藏	-0.5	0		90	95
水仙花	冷藏	0	0.5	-0.1	90	95
紫罗兰	冷藏	1	5	-1.8	90	95
藏红花	冷藏	0.5	2		90	95
风信子	冷藏	0	0.5	-0.3	90	95
一品红	冷藏	10	15	10		
石竹	冷藏	-0.6	0.6		90	95

资料来源：货物航空运输规范。

（2）航空冷藏运输市场发展。以昆明机场为例，据昆明海关最新统计显示，2014年昆明机场海关口岸花卉种苗出口数量达3047万株，货值达5487万元，同比分别增长57.3%和26.4%，云南花卉种苗出口呈快速增长势头。

我国沿海地区大量空运鲜活鱼虾等海产品。从大连开始，青岛、上海、厦门、深圳、广州、海口、三亚机场，海产品运输量占据了机场货邮运输量的较大份额。尤其是类似威海、湛江、北海等这些机场，海产品几乎是其运输的主要对象。湛江机场自2014年10月以来，每天约有10吨海鲜通过空运运往全国各地，空运海鲜品种包括章鱼、花蟹、海虾、沙虫以及贝类海产品，章鱼主要经广州中转前往温州、宁波，花蟹主要直运北京，海虾运往上海，沙虫经广州中转大连、青岛。

一些大型机场，在整个货运业务中，药品运输已经占有较大的份额。比如白云机场，药品运输大约占冷链运输的23%。

（三）航空冷链运输存在问题

1. 航空冷链运输产品范围有限

由于航空运输对所运物品的限制，航空冷链运输产品范围窄。这不仅满足不了消费市场对商品品质需求，降低了航空公司利润，还影响了航空冷链运输的发展。

2. 冷藏运输装备缺乏

国内冷链技术的发展还不成熟，在航空冷藏品运输过程中需要配套相应的温控设备、温度检测设备、和实时监控设备。冷藏物品运输到机场就需要冷库、机场地面运输等冷藏设备，以保证货品的质量和安全。对全货机，需要为相应的货物设置相应的温度区间，对于装在相同空间的不同货物，至少要具有相似的适宜温度范围。然而，许多货物是通过客机腹舱来运输的，这就难以满足特殊货物对温湿度的要求。

3. 现有冷链运输模式不科学

现有的航空运输模式：货物首先由货代或货主送达机场货站，经安检进入货站库存，之后完成“装箱打板”等包装工作，再运输至停机坪，送上飞机货舱。飞机抵达目的地机场后，货物从机舱卸下被运输至货站暂存后交给提货主，或是直接交给货代。由于航空冷链运输涉及环节复杂，冷链很容易断裂，造成鲜活易腐物品、药品的损耗变质。因此货物代理商、机场、航空公司和货主间应该加强合作，一方面可以降低冷链运输链条断裂的风险，另一方面规范航空冷链运输市场，实现供应链资源的有效整合，帮助客户维持冷链的完整。

（四）航空冷链运输发展趋势

1. 开拓航空冷链市场

随着《航空货物冷链运输规范》出台和相关冷链政策完善，航空公司要抓住市场契机，大力开发冷链产品。针对易腐货物和医药货物推出保鲜业务和恒温业务；为医药客户提供专门应用于高附加值、对温度要求严格的商品如胰岛素、抗生素、疫苗等的运输服务；与专业集装箱制造商开展合作，共同开发温控空运集装箱，向客户提供专门设计的温控式空运集装箱，开展全程冷链运输项目。

2. 研发先进的航空冷藏运输设备技术

航空冷链运输对采用的硬件设备要求很高，不能受外界气候条件的影响，内部温度要稳定，还要贮运效果好。因此研发先进的空运冷藏保鲜设备就显得尤为重要，航空保温集装箱就是冷鲜食品、药品在航空运输环节保鲜、保质发展的方向。

随着冷链物流业务量和冷链产品门类的不断增加，对航空冷链运输技术要求不断提高。采用先进的信息技术，将 RFID 温度标签技术与 GPS 技术、冷链信息系统相融合，将运输过程中的货物温度数据自动上传至温控数据信息平台，使客户可以随时上网查询货物的在途信息，按照客户期望的品质和时间完成交货，提高客户满意度。

3. 建立新型航空冷链运输模式

在航空冷链运输的服务模式上以行业为指导，以机场和主运营基地的航空公司为核心，分别负责机场地面服务和机场与机场之间点对点的运输，有效解决机场物流资源分散导致航空冷链运输效率低下的问题。在航空冷链运输货源充足和机场资源充分的条件下，建议机场、航空公司以及专业的冷链物流公司出资修建和管理机场货站冷库，实现大型冷链企业的部分冷库后移至机场货站，缩减物流链条，提高冷藏货物的服务保障水平。通过兼并重组、参股控股、合资合作等方式，整合航空交通枢纽的冷链物流资源，加快升级改造步伐和配套协作，建立全国性和区域性的大型低温物流中心。

第四节　2014 年城市冷链配送发展情况分析

一、城市冷链配送现状

城市冷链配送是指在城市经济合理范围内，根据客户要求，在适宜温度环境中对保鲜、冷冻等冷链食品进行拣选、加工、包装、分割、组配等作业，并按时送达指定地点的物流活动。冷链食品主要包括果蔬、肉禽蛋、水产品等初级农产品和冰激凌、奶制品、速冻食品等加工食品。

1. 市场需求持续增长

经济快速发展和居民消费水平显著提高促进了冷链消费的不断增加，进而带动了城市冷链配送需求的持续增长。

2. 冷链配送模式多样

不同冷链配送模式某种程度上反映了我国城市冷链配送市场的多元化、个性化等特征。

自营配送模式是在配送系统中生产企业、批发企业及零售企业自己从事冷链配送业务，不外包给第三方企业，是一种集中控制和集中库存的模式。典型为肉类食品加工企业的配送，大部分该类企业自己将生产或加工好的肉类食品配送至批发市场或者零售终端。但该配送类型冷链应用比例低、冷链市场化程度低、配送能力弱，只是实现简单冷链食品的位置转移，且难以保证全过程低温环境，往往造成冷链中断、温度全程监控无法实现等问题，冷链食品安全存在隐患。

第三方配送模式是冷链配送由第三方物流企业运作，配送的主体设施为物流中心或配送中心，由物流企业管理，上游连接生产企业，下游连接零售企业，或者直接由第三方物流企业完成食品由生产企业到零售企业的物流过程。第三方配送可以应用更专业的冷链设备，配送能力也得到加强，整个配送环节能够较好的保证配送时间和质量，可以使企业降低经营风险，达到更高的物流水平。

共同配送模式即生产企业、批发企业及零售企业采取委托或受托形式开展共同配送或者共建配送体系、共同制定配送计划、统一向各门店配送，或者由专业第三方将委托企业所需冷链食品集中、分拣后进行统一配送，比如，中外运上海冷链物流有限公司将拜耳、伊利、思念、和路雪、雀巢等知名品牌的冷链食品集中后再统一配送给肯德基、喜士多、麦德龙等门店。

3. 政策环境逐步改善

近年来，我国不断加大对城市冷链配送政策支持力度，为我国城市冷链配送创造了良好的政策环境。具体如表 3－11 所示。

表 3－11　　近年来发布的城市冷链配送的相关政策

发布时间	发布机构	文件名称	政策要点
2010.9	商务部、财政部	关于农产品现代流通综合试点指导意见的通知	2010 年开展农产品现代流通综合试点工作，力争 3～5 年初步建成高效、畅通、安全的农产品现代流通体系
2010.11	商务部	关于做好新时期蔬菜流通工作的指导意见	加强蔬菜流通设施建设，加大产销衔接力度，提高蔬菜流通效率，提高市场应急保供能力等措施
2010.12	国务院	关于进一步促进蔬菜生产保障市场供应和价格基本稳定的通知	应对蔬菜价格上涨、供应紧张的现状，进一步完善农产品冷链物流基础设施、制度体系建设，建立中央、省、地、县的多层储备制度
2010.12	北京市质量技术监督局	城市中心区货运汽车营运技术要求	规定了城市中心区从事经营性货运汽车的类型及运输范围、技术要求、标志标识和检验方法
2011.3	商务部、发改委、供销总社	商贸物流发展规划	到 2015 年，我国果蔬、肉类、水产品冷链运输率分别提高到 20%、30%、36%
2011.4	财政部、商务部	关于 2011 年开展农产品现代流通综合试点有关问题的通知	支持企业建设和改造冷链设施
2011.8	国务院办公厅	关于促进物流业健康发展政策措施的意见	减轻物流业税收负担，并加大资金投入和土地政策支持力度；研究制定城市配送管理办法，有效解决城市中转配送难、配送货车停靠难等问题；支持商贸流通业发展共同配送；加快建立主要品种和重点地区的冷链物流体系；进一步落实鲜活农产品配送车辆 24 小时进城通行和便利停靠政策

续 表

发布时间	发布机构	文件名称	政策要点
2011.12	国务院办公厅	关于加强鲜活农产品流通体系建设的意见	制定并完善本地区农产品批发市场、农贸市场、菜市场等鲜活农产品网点发展规划，升级改造一批大型农产品加工配送中心，鼓励有条件的大中城市使用符合国家强制性标准的鲜活农产品专用运输车型
2011.12	国家发展改革委、工业和信息化部	食品工业“十二五”发展规划	发展果蔬冷链储运系统，推动畜禽主销区侧重发展肉制品加工、分割配送中心，支持食品冷链技术研究
2012.2	国务院	关于加快推进农业科技创新持续增强农产品供给保障能力的若干意见	支持拥有全国性网络的供销社、邮政物流等参与农产品物流体系的建设经营，加快发展鲜活农产品连锁配送中心，支持建立一体化冷链物流体系
2012.2	工业和信息化部、农业部	肉类工业“十二五”发展规划	建成肉品分割配送中心，建立无断链的肉类冷链物流体系，培育一批以大中城市为销售重点的区域性肉品配送企业，加快大中城市猪肉冷链配送的发展
2012.5	国家发展改革委、公安部、财政部等 12 个部委	关于鼓励和引导民间投资进入物流领域的实施意见	鼓励民间资本投资从事为商贸流通企业服务的共同配送业务，鼓励民间资本进入城市配送（含冷链）等重点物流领域，支持民间资本投资配送等领域的物流基础设施建设
2012.6	上海市商委、发改委、交通港口局、公安局	上海市加快推进城市配送物流发展实施方案	提升冷链食品配送水平，构建供销配运一体、全过程安全可控的冷链食品配送体系；推广冷链物流核心技术，完善冷链配送设施，加强温度监控和追溯体系建设，确保冷链食品的品质可控性和安全性；开展冷链食品共同配送示范，总结经验并推广

资料来源：个人整理。

二、城市冷链配送特点及难点

1. 配送客体易腐性

冷链配送的客体在储藏和运输过程中会随着时间增加而使品质逐渐下降，甚至变质和腐烂。冷链食品的易腐易损性，规定了物流时间的上限，从而也限制了物流半径，并要求尽量减少装卸搬运次数。这一客观属性决定了冷链配送过程中需要采取额外的措施和手段保证产品品质和质量安全、减少损耗、防止污染，从而增加了配送的难度和成本。

2. 过程时效性和不可逆性

海产品、蔬菜、肉、奶、蛋等食品的生鲜度都是有一定时限性的，随着时间的推移，生鲜度逐渐下降，产品质量和安全会出现问题。同时，由于在流通中因温度的变化而引起的产品品质降低的累积和不可逆性，也使得冷链配送过程不可逆，要求配送准确、安全。

3. 设施设备的特殊性

冷链配送时必须考虑不同种类食品温度的要求，维持适宜低温需要，采用特定的低温运输设备或保鲜设备，在配备冷库的同时，也要配备冷藏运输车和保温集装箱等低温设施，使食品在流通的各个环节始终处于适宜的低温环境。

4. 配送需求主体多元、多变、分散性

冷链城市配送的首要任务是为城市居民生活提供服务，其服务对象是零售店铺、社区店、餐饮企业、企事业单位企业和消费者，其配送的产品具有流量大且流向多变的特点。在物流配送过程中体现了小批量、多品种、高频率、近距离和门到门的服务特性。

5. 配送运作复杂性

城市配送系统的需求特点是客户多，批量小，多频次，时间管理要求高、难度大。客户的需求一般是小批量，多批次的，为了达到配送规模经济性要求需要充分利用车的容量、提高装载率，配送企业往往采用一辆车对在同一区域的多个客户进行配送模式。在城市复杂的交通环境下，增加了设备构造和配送过程的复杂性。

6. 配送活动具有社会属性

城市冷链配送并不是单纯的“运输”或“物流”问题。它更注重城市的运营目标，而不只是企业的运营目标，它要求的是城市整体和谐，而不仅仅是配送过程的效率化。从本质上看，城市配送是在有政府参与管理的条件下，配送市场供需双方完成的一种三方（供需方和政府方）联动服务机制。这是对城市配送性质的基本定位，它规定了这个体系中拥有配送服务的需求方和提供方，要以市场规则作为运营中的基本规则；城市配送市场体系又是在城市许多管理目标并存条件下的市场，政府在这个市场中发挥了重要作用。

三、城市冷链配送发展趋势

1. 加强基础设施建设

结合城市道路货运、物流、商业网点等规划，扩建、新建一批冷库设施，完善相应的配送功能，解决冷库容量短缺、功能不完善等问题；补充和改造大型超市、卖场、餐饮企业等商业网点的配送停靠和接卸设施，解决车辆停靠难、装卸难问题；构建先进的城市配送基础信息共享平台，解决冷链食品配送企业都需要的道路交通状况、商业网点布局等基础信息匮乏问题；完善产地预冷、销地冷藏和保鲜运输、保鲜加工等设施，解决冷链食品配送与其他环节的无缝衔接问题；加强温度监控和追溯体系建设，确保冷链食品在生产流通各环节的品质可控性和安全性。

2. 调整货车通行政策

单纯的货车限行措施很难从根本上解决城市配送需求与城市交通容量的矛盾。货车通行证发放在标准、程序、对象和数量上依据不够充分，审查批准程序、方法及效率与现实需求较难适应，在一定程度上加剧了中心城区资源的短缺。当前真正要做的是调整通行政策，建立一套科学、合理的通行证发放标准和审批程序，并结合企业诚信体系建设等，在总量控制的前提下，以优化比例为目标，按照“城市配送优于普通货运，专业货运优于非专业货运，环保车优于非环保车，轻型厢式车优于重型厢式车”的原则，根据配送企业经营范围、目标客户区域、车辆特征及数量等合理发放，尽可能地满足包括冷链食品配送企业在内的城市配送企业的实际需要。

3. 强化标准化体系建设

冷链行业交叉特征明显，食品、药品、农产品等行业采取的冷链运输物流标准不一。针对目前城市冷链配送存在的标准缺失和不统一问题，国家应出台相关的行业标准，逐步建立并实施统一的城市冷链食品配送标准体系。其中，比较重要的就是城市配送车辆营运技术规范的制定，通过规定城市中心城区从事经营性货运汽车的类型及运输范围、技术要求、标志标识和检验方法等，来提高城市配送车辆的安全、环保、节能等技术标准和服务质量，同时也有利于行业监管。此外，还要制定城市冷链食品配送操作规范，以及冷链食品温度控制、能耗控制、卫生安全、质量管理等行业标准。依靠统一的行业标准体系，结合有效的监管机制、严密的追溯体系和良好的信用体系，来规范冷链食品配送行为、消除各环节障碍、优化资源配置、严控运行状况，最终实现提高配送效率、保证质量安全、满足客户需要的目的。

4. 大力推进共同集配

城市冷链市场需求具有多样化、个性化、批量少、批次多等鲜明特征，再加上行业竞争激烈，供应商直配、企业自配以及共建配送体系的传统共同配送模式已难以适应客户的需要。共同集配模式依托稳定的战略合作关系和强大的信息系统平台，发挥多个第三方冷链食品配送企业的比较优势，由虚拟的共同配送中心对多家合作配送企业进行统一调控，各自负责各自的配送区域，共同完成对多家客户企业冷链食品配送，可以更加快捷、高效、准时地满足客户需要。因而，大力推进共同集配是促进城市冷链食品配送发展的重要途径之一。为此，政府主管部门一方面应搭建覆盖全市的城市共同配送公共信息服务平台，引导企业将富余资源和新增需求通过平台实现共享和对接，实现全社会物流资源的有效利用；另一方面应通过加大资金投入、减轻税费负担、保障土地利用等政策措施，鼓励有条件的重点配送企业建立合作关系，开展共同集配示范，不断总结试点经验并逐步推广，从而推动城市冷链配送共同化、智能化、规模化、集约化发展。

5. 加大人才培养力度

城市冷链配送专业人才数量少且招聘难，是制约我国城市冷链配送快速发展的主要瓶颈之一。因此，要突破瓶颈问题，促进冷链配送的正常发展，适应市场竞争的需要，就务必重视高素质冷链配送专业人才的培养，加大人才培养力度。国家有关部门和行业协会应制订冷链配送专业人才培养方案；高校应加强与冷链配送企业合作，搭建学习交流平台，培养冷链配送领域的高技能人才和管理人才；企业应积极开展在岗人员职业培训，按照冷链配送行业标准、操作规范，培训员工掌握冷链配送业务操作、质量控制和管理的技能。

第五节　2014年冷链内贸海运集装箱情况分析①

自2010年6月，国家发改委公布了《农产品冷链物流发展规划》以来，中国冷链内贸海运集装箱市场得以长足发展，2010年到2013年期间冷链内贸海运集装箱运输市场总量连续4年的复合年增长率为20%左右，2014年增长趋缓，主要受进口冷冻肉类总量微跌，通过海运集装箱内贸分拨的货量随之减少以及部分区域冷藏/冷冻食品消费同比疲软等因素影响。初步统计，2014年冷链内贸海运集装箱运输总量约为9.5万标准箱。

冷链内贸海运集装箱运输模式相比冷藏拖车虽然在短途的运输时间上存在竞争劣势，但是其在长距离和批量运输成本、运输安全、全程制冷、环保节能等方面有不可替代的竞争优势。经初步测算，华北到华南门到门运输，冷链内贸海运集装箱运输模式比冷藏车节约运输成本至少20%，路程越长海运集装箱成本优势越明显，批量运输货量越大，海运集装箱成本优势越明显。同时，冷链内贸海运集装箱运输，参照国际海运集装箱运输标准，全程使用船舶辅机供电，安全环保。

冷链内贸海运集装箱市场货源以低温冷冻货源为主（其中主要是冻肉、冻海产品，冷冻食品以主），占总货量70%左右。以保鲜冷藏货源为辅（水果、蔬菜），占总货量的25%。另有少量高温保温货源，以化工原料为主。季节性货源主要以水果货源为主，其中以8~9月东北到华南的葡萄，1~2月华南到东北的砂糖橘、年橘货量最大，占冷链内贸果蔬海运集装箱市场货源的50%左右。

冷链内贸海运集装箱市场中，中远集装箱有限公司旗下的泛亚航运和

① 本节作者为中远集装箱运输有限公司全球销售部副总经理胡媛媛、中远集装箱运输有限公司全球销售部杨品中。

中国海运集装箱有限公司是最主要的两个承运企业。当前从事中国内贸运输的船公司已达36家，运力投入超过670万吨，但是除中远集装箱有限公司旗下的泛亚航运和中国海运集装箱有限公司外，其他小公司因航线、营销网络、箱源等制约，市场份额较小，约为5%。

中远泛亚航运经过多年布局，目前在南北主干流向市场共有10条主干航线和3条短程航线，投入总运力为11.4万TEU（国际标准箱单位），其中优势和特色航线有：IC10天天快航，现已成为国内南北干线使用船型最大，班期密度最高，天津、营口、南沙天天有船，船期可选择性强，并实现唐山、曹妃甸、锦州至南沙交货期最短的直达服务。IC18福汕快航是国内历史最悠久的经典航线，汕头直达服务的开山鼻祖，班期最稳，密度最高，在市场占有绝对主导优势。IC19两湾快航，提供渤海湾至北部湾的极速快航，并通过海铁联运实现云贵地区货物的便捷进出。IC16两江快航，国内独家太仓/深圳直达服务，打造华南/华东高速稳定的海运通道，实现长江流域与珠江流域的无缝连接，中远泛亚航运同时拥有最完整、最密集的长江、珠江驳船支线网络。

2015年中国冷链内贸海运集装箱市场发展仍然面临挑战和不确定性。①受国内部分区域生鲜市场消费不振的影响，部分果蔬、冻肉的运输需求萎缩。②部分中小冷链运输企业为了降低成本，不按照全线冷链运输温控要求进行冷链运输，出现“劣币驱逐良币”的混乱现象。③长江、珠江、环渤海航线冷插不足、部分码头冷插能力不足，限制海运集装箱冷链向纵深发展。

冷链内贸海运集装箱市场发展虽然增速放缓，但是前景仍然乐观。国内对不同产地生鲜食品需求量的增加和进口冻肉、冻鱼、果蔬等冷冻、冷藏食品二次分拨的需求增加是冷链内贸海运集装箱市场发展的原生动力。冷链内贸海运集装箱运输模式虽然在运输时间上存在劣势，但是其在南北长航线上的成本低廉、节能环保、全程制冷不断链等方面相对于冷藏车汽运市场有不可比拟的竞争优势。近年不断有冻肉、果蔬用户尝试转型使用冷链内贸海运集装箱模式，推动冷链内贸海运集装箱市场快速成长。

中远泛亚航运多年致力于冷链运输项目的开发和拓展。最典型的成功案例是为某国际知名餐饮连锁企业提供全程冷链服务。对于其计划性强、时效性高；全程温度控制要求科学、精确；信息跟踪反馈要求及时、准确等特点和要求，中远泛亚航运落实各项操作细节，组建项目小组，制定了《冷链项目服务承诺和操作流程》《冷箱温度异常预警应急方案》《冷箱各环节温度监控和设备交接办法》等操作方案和细则，保证信息能及时传递、操作问题能在第一时间得到反馈和处理。

冷链海运集装箱运输相对于单纯的冷藏车汽运操作环节多，涉及单位、人员多，除了中远泛亚人员外，还有合作方的集卡驾驶员、驳船船员、码头机电工等，任何一个细节的疏忽都有可能造成严重的后果。为了加强对各环节的控制力度，最大限度地降低运输风险，项目小组实行了“设备、人员责任管理报备制度”，要求参与到项目的设备必须经过检验，参与人员必须经过培训，任何加入的设备和人员，都要报备、登记在册。项目运作至今正常，并将成为冷链内贸海运集装箱运输的重要发展模式。

第四章　重点领域冷链物流发展分析

第一节　2014年肉类冷链物流情况分析

一、中国肉类整体市场分析

近年来，我国肉类产量整体呈增长态势，国家统计局数据显示，2014年我国肉类产量达到8707万吨，较2013年增长2.0%。其中，猪肉产量5671万吨，增长3.2%；牛肉产量689万吨，增长2.4%；羊肉产量428万吨，增长4.9%；禽肉产量1751万吨，下降2.7%。禽蛋产量2894万吨，增长0.6%。牛奶产量3725万吨，增长5.5%。年末生猪存栏46583万头，下降1.7%；生猪出栏73510万头，增长2.7%。

纵观中国肉类历年产量增长情况，不难发现，肉类产量并非逐年平稳增长，2011年增速骤然放缓，2012年又快速增长，2013年、2014年增速相比2012年有所缓慢，但保持着逐年增速之态势。经分析，2011年下降主要因为，当年仔猪流行性腹泻和口蹄疫导致大量仔猪存活率低，以及能繁殖母猪死亡，给生猪供应造成影响，导致猪肉产量降低，从而间接性导致整体肉类产量增速的下降；2012年增速回升，主要是受猪肉价格上升影响，农户养猪积极性增高，猪肉上升产量较快。这种肉类产量增长大幅波动势必会对整个肉类流通与消费环节造成不利影响，2013年，由于禽流感的影响，整个肉类产量虽有所增长，但未出现2012年的快速增长的态势，2014年，通过市场的自我调节，肉类产量的增长速度逐步趋于正常化。具体如图4－1所示。

中国肉类产量增速之所以出现较大波动，主要是因为中国肉类养殖产业尚未形成标准化、规模化生产格局，尤其是在肉类产量中占比第二的禽肉类（如鸭类养殖）的养殖都还是散养为主。2010年农业部启动畜禽养殖

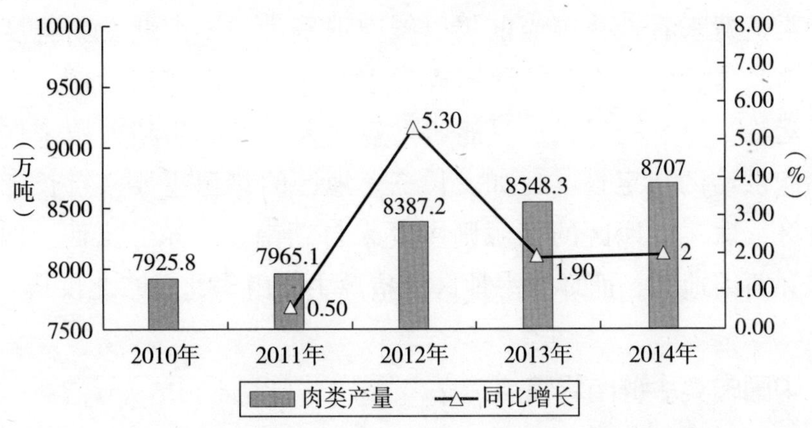

图4－1　2010—2014年我国肉类产量及增速

资料来源：国家统计局。

场标准化示范活动，这有效地促进了畜牧业的健康发展。截至2013年，我国生猪国家标准示范场达到1500多个。

就肉类品种来看，中国肉类占比始终维持猪、禽、牛、羊肉这么个排序原则，2011—2014年，猪肉占肉类总产量的比重始终都在63%～66%。占据主导地位，禽肉比重一直稳定在21%左右。虽然随着居民生活水平的逐步提高，以及禽肉产量的不断增加，未来猪肉产量占比可能会有所下降。但是，受居民消费习惯影响，未来很长时期猪肉在中国肉类产量中的主导地位不会动摇。具体如图4－2所示。

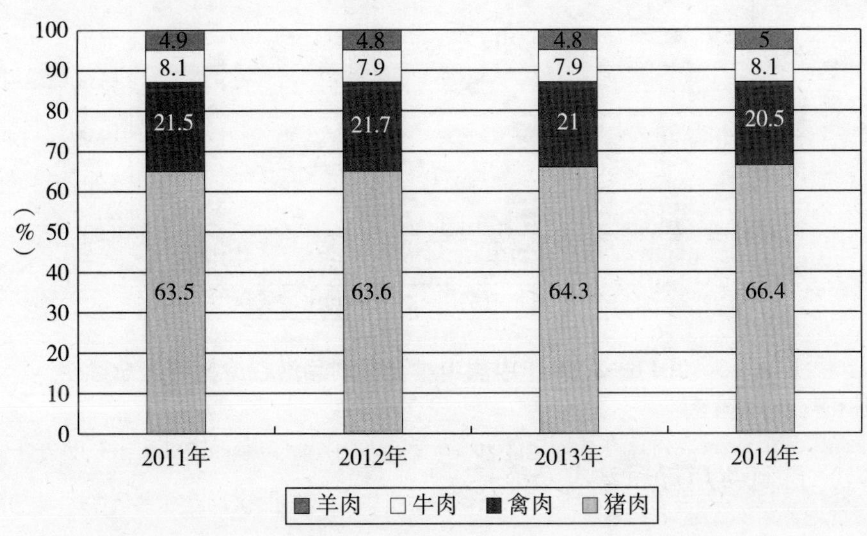

图4－2　2011—2014年中国猪禽牛羊肉产量占比变化情况

资料来源：国家统计局。

就肉类消费来看，我国当前仍以鲜肉消费为主，因此受新鲜度和经济性影响，猪、禽、牛、羊肉的运输成为主要瓶颈。以猪肉为例，由于条件限制——运输半径不能过长，只能通过各地大力发展生猪养殖来促使各销售区的猪源供给的稳定性。比如，长三角地区的猪源主要来自长江中下游和华北地区，珠三角地区的猪源则主要来自湖南、广东、广西、四川、云南等中南和西南地区，而环渤海地区的猪源主要由华北和东北供给。

二、中国肉类冷链市场特点

（一）肉类冷链市场需求增加

2014 年，我国肉类及肉制品潜在冷链物流总额为 4711.7 亿元，较 2013 年同比增长 5.9%。主要原因是受产业周期影响，2012 年以来我国养殖行业进行下降周期及 2013 年的 H7N9 流感疫情影响，屠宰及肉类加工行业受到较大冲击，而肉制品加工行业因为肉价下跌也受到一定影响。2013 年，我国 H7N9 流感疫情在禽肉终端消费受到抑制，所以肉类物流总额也受到一定影响。具体如图 4 - 3 所示。

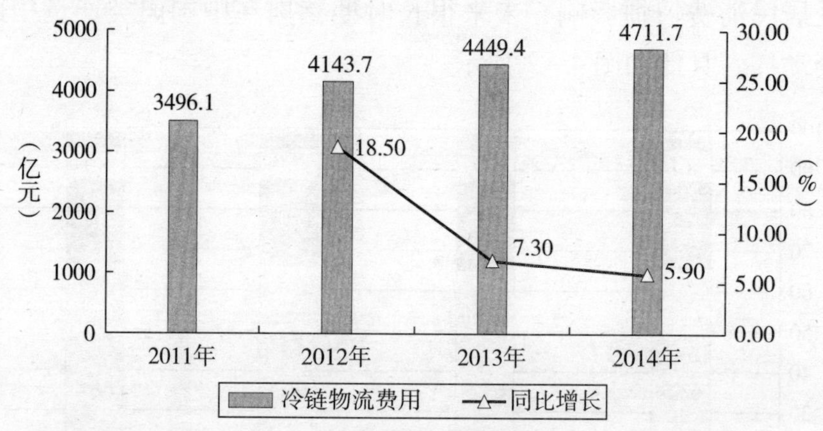

图 4 - 3　2011—2014 年中国肉类及肉制品潜在冷链物流总额

资料来源：中物联冷链委。

（二）肉制品厂商积极布局冷链

中国鲜肉市场消费比较稳定，内部渠道消费升级给冷链肉市场带来了巨大的发展空间，如传统的双汇、雨润、伊品等肉制品厂商销售渠道的下沉给冷鲜肉的效果提供了平台。与此同时，以禽肉加工为主导的卤制休闲连锁企业绝味食品、周黑鸭、廖记等销售渠道的扩大及全国布局，进一步快速推动了冷链在禽肉加工行业的运用。

以绝味食品为例，绝味食品主要通过连锁加盟来实现卤制休闲产品的专卖，在全国一二级城市进行渠道布局，通过引进专业物流配送公司，在 2014 年实现了所有终端产品的冷链配送。同时，通过对上游企业的监控，实现了上游企业原料的冷链配送，在整个产品供应链上实现了 100% 的冷链操作。

（三）超市冷鲜肉逐步受宠，流通渠道有待改善

随着国家及消费者消费意识的提高，食品安全日益成为社会关注的重要问题，消费者在选购鲜肉时更加注重其安全性。而这一个观念的变化在很大程度上影响了零售渠道及配送方式的改变。所以，未来随着城镇化的进一步深入以及消费者安全意识的提高，连锁专卖和卖场将成为消费者购买肉类产品的主要场所。以猪肉为例，根据相关权威部门对猪肉消费行为的调查研究，2011 年双汇“瘦肉精”事件后，超市成为消费者选择安全猪肉的首选。具体如表 4 – 1 所示。

表 4 – 1　　2006—2013 年肉制品安全事件

2006 年	2006 年 9 月 17 日，上海连续发生“瘦肉精”食物中毒事故，波及全市 9 个区，300 多人
2011 年	2011 年 11 月，“思念”“三全”和“湾仔码头”等全国速冻食品知名品牌相继被检出金黄色葡萄球菌超标后，使得速冻食品行业陷入“细菌门”
2011 年	2011 年 3·15 特别行动中，央视曝光了双汇“瘦肉精”养猪一事
2013 年	2013 年 3 月，上海黄浦江松江段水域出现大量漂浮死猪，猪肉安全、饮水质量受到影响

资料来源：网上调查数据。

而从超市角度来看，生鲜是其门店聚集人气的重要商品，扩大生鲜销售规模已经成为行业的一种竞争战略。所以超市和连锁专卖具有一定的驱

动力来开展冷鲜肉市场（根据中国连锁经营协会年度行业调查数据，快速消费品牌百强企业生鲜类商品销售额占销售总额由2008年的12.4%上升至2013年的超过26%），而从消费者角度来看，其为规避批发市场引起的食品安全事件，也具有一定超市和连锁专卖的消费意识。未来，随着居民消费观念的逐步改变，超市和连锁专卖销售冷鲜肉占比将逐步扩大。中国猪肉流通渠道如图4-4所示。

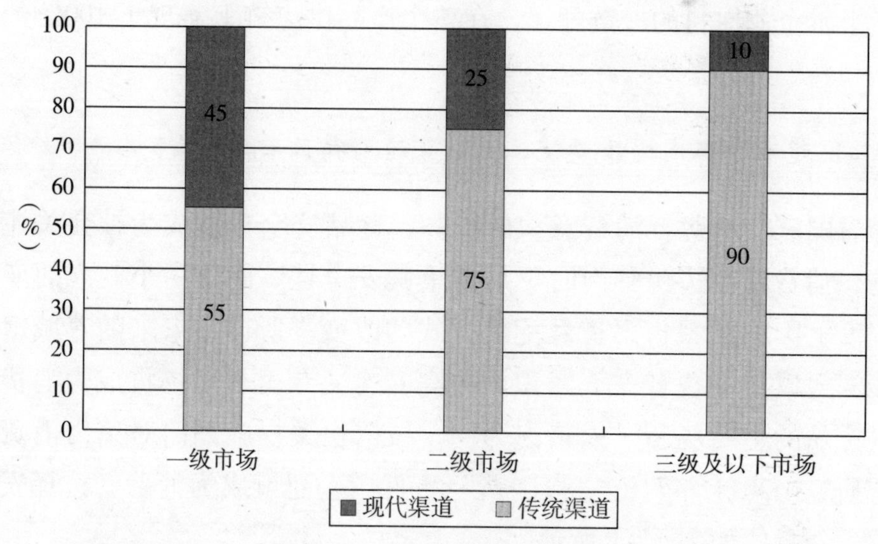

图4-4　中国猪肉流通渠道

资料来源：中国畜牧业协会。

第二节　2014年水产品冷链物流情况分析

一、中国水产品整体市场分析

2013年国务院出台《关于促进海洋渔业持续健康发展的若干意见》，召开了全国现代渔业建设工作电视电话会议，从国家层面谋划现代渔业发展。一年多来，农业部和各部门、各地认真贯彻落实，奋发进取，全国渔业发展取得了明显成效。

（1）渔业经济持续增长。2013年渔业产值10105亿元，占农林牧渔总产值的9.9%，渔业增加值5704亿元，同比分别增长11.7%、12.3%。渔民人均纯收入13039元，同比增长15.8%，是农民人均纯收入的1.47倍。水产品总产量6172万吨，增长4.5%，占世界水产品总量的39.5%，连续24年世界第一。全国水产品人均占有量45千克，是世界平均水平的2倍。2014年前三季度全国渔业产值5773亿元，实现增加值3495亿元，同比分别增长8.9%和9.2%。预计全年水产品产量有望达到6400万吨以上，增长4%以上。

（2）渔业转型稳步推进。近两年创建健康养殖示范场1924个，累计达到5354个。2013年水产养殖产量4542万吨，同比增长5.9%，占水产品总产量的73.6%。远洋渔业实力得到进一步加强，在海外建立了100多个代表处、合资企业和后勤补给基地。2013年远洋渔业产量135万吨，同比增长10.5%。2014年远洋渔业形势继续稳定向好。

（3）水产品国际贸易稳步增长。2013年水产品出口额首次突破200亿美元，达到202.6亿美元，同比增长6.7%，占农产品出口额的30%；贸易顺差达到116亿美元，占全国贸易顺差的4.5%。2014年1～11月水产品出口继续实现“双增”，出口额和顺差分别实现195.2亿美元和111.6亿美元，同比分别增长7.3%和9%。

（4）渔业资源养护广泛开展。2013—2014年全国投入增殖放流资金20.9亿元，放流重要水生生物苗种和珍稀濒危物种679.8亿尾，比前两年分别增长15.5%、12.6%。新建立国家级水生生物自然保护区4个、国家级水产种质资源保护区96个，总数分别达到22个和428个。

（5）渔业安全生产持续好转。近两年创建“平安渔业示范县”43个、“文明渔港”17个。2014年前11个月全国共发生渔业船舶水上事故227起，死亡（失踪）233人，与上年同期相比分别减少51起、140人，实现“双下降”。水产品产地质量安全监督抽查合格率98.6%，比上年提高0.2个百分点。

2014年全国水产品总产量6450万吨，比上年增长4.5%。其中，养殖水产品产量4762万吨，增长4.9%；捕捞水产品产量1688万吨，增长3.5%。2010—2014年中国水产品产量如图4－5所示。

中国水产业发展的一个重大特征和成果是外向型水产业迅速发展，国际化程度显著提高，有效利用国内外两个市场、两种资源的能力不断增强。如今中国水产品出口已经跃居世界首位，约占世界水产品贸易总额的10%。我国水产品出口贸易进入了更快的发展阶段，形成了以国内自产水产品出口为主、来进料加工相结合的水产品国际贸易格局，进一步带动了水产品生产的发展和结构优化，提升了国际竞争力。

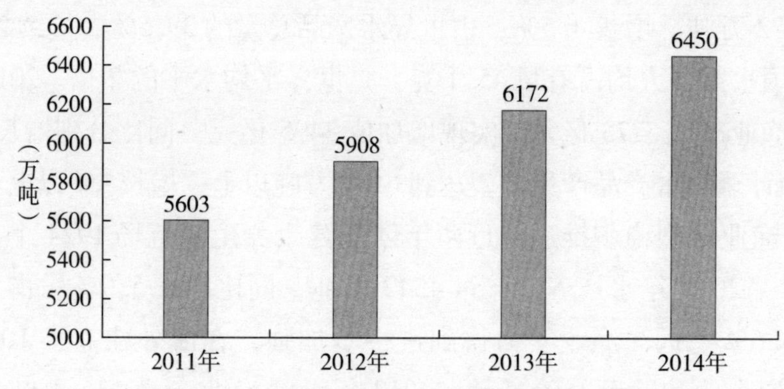

图 4－5　2010—2014 年中国水产品产量

资料来源：国家统计局。

就未来来看，中国海水捕捞占比将会不断下降，反之，海水养殖占比将会不断上升。原因主要有两个方面，其一，受海洋渔业资源过度捕捞和环境污染影响，中国海洋渔业资源衰退趋势严重。其二，从长期来看，中国水产品消费一直处于稳步上升阶段。

二、中国水产品冷链市场

（一）水产品冷链市场需求快递增长

2014 年，我国水产品冷链潜在物流总额为 11618.4 亿元，其与整体水产品产值相当。这主要是因为，水产品在运输中需要全程冷链。目前，我国水产品只有冷冻水产品和鱼糜制品进行冷链配送，而其他对冷链要求并不高的水产品大多数使用加冰运输，甚至常温运输。未来，随着居民消费水平的提高，我们预计水产品冷链市场规模将会逐步扩大，其中冷冻水产品仍将占据主要市场。据统计，2014 年全年，我国冷冻水产品产量为 857.57 万吨，与 2013 年 813.7 万吨相比，同比增长 5.39%。2011—2014 年我国冷冻水产品产量如图 4－6 所示。2010—2015 年我国水产品冷链潜在物流总额如图 4－7 所示。

（二）水产品冷链物流环境不断规范

《水产品冷链物流服务规范》（GB/T 31080—2014）国家标准已于 2014 年正式发布，并将于 2015 年 7 月 1 日起正式实施。该标准适用于鲜、活、

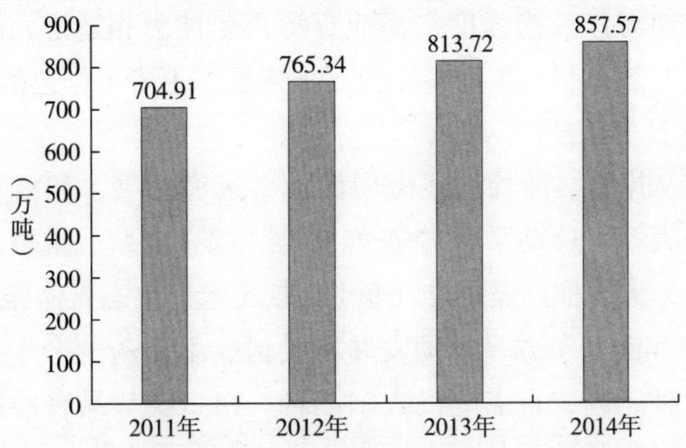

图4-6　2011—2014年我国冷冻水产品产量

资料来源：中物联冷链委。

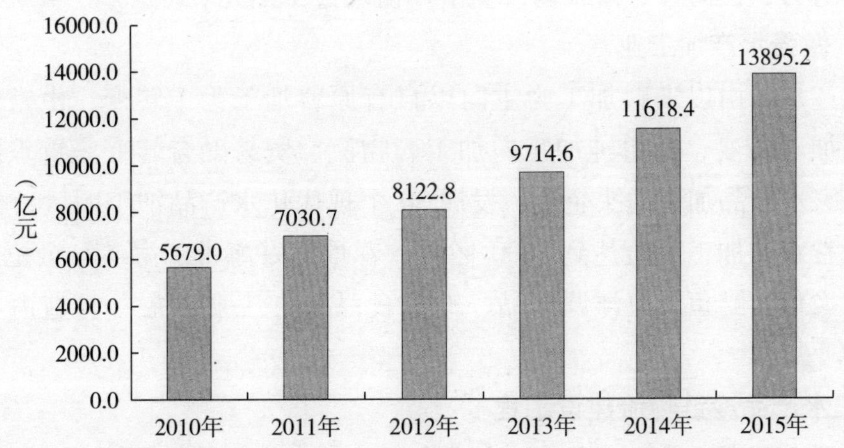

图4-7　2010—2015年我国水产品冷链潜在物流总额

资料来源：中物联冷链委。

冷冻和超低温动物性水产品流通过程中的冷链物流服务，水产品生产过程中涉及的水产品冷链物流服务亦可参照执行，标准规范了水产品冷链物流服务行为，对提高水产品冷链物流服务质量具有重要的指导与促进作用。

2014年年底，山东省人民政府办公厅出台了《关于推进“海上粮仓”建设的实施意见》。山东省“海上粮仓计划”拟建设全国优质高端水产品生产供应区、渔业转型升级先行区、渔业科技创新先导区、渔业生态文明示范区。到2020年，力争山东省水产品总产量达到1000万吨，蛋白质当量相当于粮食400亿斤；增殖渔业、休闲渔业等新兴产业取得显著发展，渔民人均纯收入年均增长10%以上；构建具有国际水准、国内领先的渔业科技创新高地；逐步使海洋捕捞强度与渔业资源再生能力相适应，近海渔业资源枯竭问题得到有效遏制，生物多样性逐步恢复。主要工作包括：

1. 提升水产养殖业

海水养殖从岸基、滩涂、浅海向深海、远海拓展，积极发展大型抗风浪网箱养殖、大型可移动平台“养殖工船”综合养殖。重视海洋藻类和耐盐碱蔬菜栽培，大力推广藻、贝（鱼）、参（鲍）生态立体养殖模式，建设一批万亩、十万亩生态方，鼓励发展不投饵、不用药的全生态链养殖。组织实施水产良种工程，重点建设大宗品种、出口优势品种的遗传育种中心和原良种场，打造省级海水、淡水养殖优良种质研发中心，培育一批“育、繁、推”一体化渔业良种繁育龙头企业。着力培育优势养殖产业，力争经过5年努力，使海参、海带全产业链产值均过千亿元。

2. 做强水产加工业

水产加工由以来料加工为主向以自有原料加工为主转变，由常规加工向精深加工转变，由单纯加工向加工、物流、贸易融合转变。重点扶持发展100家水产品加工龙头企业，发展30个现代化水产品加工园区，到2020年山东省水产加工产值达到2000亿元。着重抓好海带、海参、金枪鱼、鱿鱼、三文鱼、鳕鱼、海洋调味品、冷冻食品等加工业发展，打造海洋食品加工产业集群。

3. 水产品冷链物流建设工程

依托大型水产品加工企业，合理布局建设水产品冷链物流基地和交易市场，构建完善的物流链和市场网，推动产销融合、互促发展，为建设“海上粮仓”搭建流通贸易平台。依托重点渔港、水产品加工园区、企业大型冷冻仓储设施等，加快建设国际水产品交易中心和冷链物流基地，集中打造4个远洋渔业产品精深加工和冷链物流集群、20处全国重要的水产品物流集散基地。培育大型水产网络交易平台，发展水产品电子商务，推动水产品营销向多元化转变。做好“中国水产商务网”等水产网络交易平台的运行管理，做大中国（烟台）金枪鱼交易中心、威海海洋商品国际交易中心，探索建立山东水产品期货交易中心，建成区域性水产品集散中心和价格形成中心。开展无公害水产品、绿色食品和有机水产品认证，加强水产品地理标志注册、登记和管理，推行产地标识和产品集体商标，形成一批在国内外具有较强影响力的知名商标，提升我省渔业品牌的知名度和影响力。

（三）冷链水产品进出口规模区间波动

近年来，我国冷链水产品进出口量均呈波动态势。进口量方面，2010年以来，我国冷链水产品进口量始终在213万~250万吨徘徊，2011年进口231.9万吨，较上年增长7.4%；2012年较上年下降7.9%，回落至213.7万吨；2013年再度回升至230.3万吨，较上年增长7.8%。2014年增长至247.4万吨，较上年增长7.3%。

出口量方面，2011年以来，我国冷链水产品出口量始终在220万~230万吨徘徊。2011年出口229.9万吨，较上年增长22.3%；2012年回落至220.5万吨，同比下降4.1%；2013年较上年增长0.5%，回升至221.7万吨。2014年较上年增长1.6%，达到225.3万吨。2010—2014年冷链水产品进出口量、值及其变化情况如表4－2所示。

表4－2　2011—2014年冷链水产品进出口量、值及其变化情况

	进口数量（万吨）	进口金额（亿美元）	出口数量（万吨）	出口金额（亿美元）
2011年	231.9	48.1	229.9	80.6
同比增长（%）	7.4	26.1	22.3	25.0
2012年	213.7	47.2	220.5	81.4
同比增长（%）	−7.9	−1.8	−4.1	1.0
2013年	230.3	50.9	221.7	86.7
同比增长（%）	7.8	7.8	0.5	6.5
2014年	247.4	54.6	225.3	88.9
同比增长（%）	7.3	7.2	1.6	2.5

资料来源：海关总署。

2011年以来，我国冷链水产品进出口金额变化情况与进出口量变化情况基本一致。2011—2014年，冷链水产品进口金额在48亿~55亿元徘徊，2012年有所下降，2013年再度回升，2014年小幅增长。2011—2014年，我国冷链水产品出口金额整体呈增长态势，由2011年的80.6亿元增长至2014年的88.9亿元。

第三节　2014年休闲熟食连锁经营冷链情况分析

一、休闲熟食连锁经营市场增速变化

近几年，随着我国国民经济发展和居民消费水平的提高，人们消费方式日益多元化、休闲化，休闲食品俨然已经成为人们日常消费中的新宠。从2004年到2014年，全国休闲食品行业年产值从1931.38亿元，增长到9050.18亿元，10年间净增长7118.80亿元，年均复合增长为16.70%。

伴随着休闲食品的快速增长及连锁经营模式的快速风行，休闲熟食连锁经营行业也获得了快速的发展。全行业产能从2004年的248.18万吨增长到了2014年的897.07万吨，净增长648.89万吨，年复合增长率13.71%；全行业产量从2004年的193.58万吨增长到2014年的645.89万吨，净增长452.31万多吨，年复合增长率12.81%；全行业产值从2004年的约540.08亿元增长到2014年的约3875.32亿元，净增长约3335.24亿元，年复合增长率21.78%，

休闲熟食连锁经营企业平均毛利率一直稳定在20%～30%的水平，个别达到40%。近年来，随着企业产品的系列化开发，特别是重点企业产品系列朝中高端和功能化发展，平均价格有了很大的提高，从以前每千克20～40元增长到现在每千克40～80元。销售形式和物流配送也开始实现了冷藏销售和冷链配送，进一步提高了产品安全性，支撑了价格提升后的消费条件。这些因素的出现使休闲熟食连锁经营行业得到了蓬勃发展。

二、冷链在休闲熟食连锁经营企业中得到了快速发展

随着经济的发展，人民生活水平的提高，政府对食品安全的高度重视。同时，伴随着休闲熟食连锁经营的快速发展及市场布局、产品特性对冷链物流的要求，冷链技术在休闲熟食连锁经营企业也得到了快速、广泛的

应用。

冷链在休闲熟食连锁经营企业的应用主要体现在原料配送、储存、加工过程、产品储存、产品配送及销售环节，主要应用于冷藏、冻藏温度的控制和冷链配送及销售温度的控制，具体如图4－8所示。

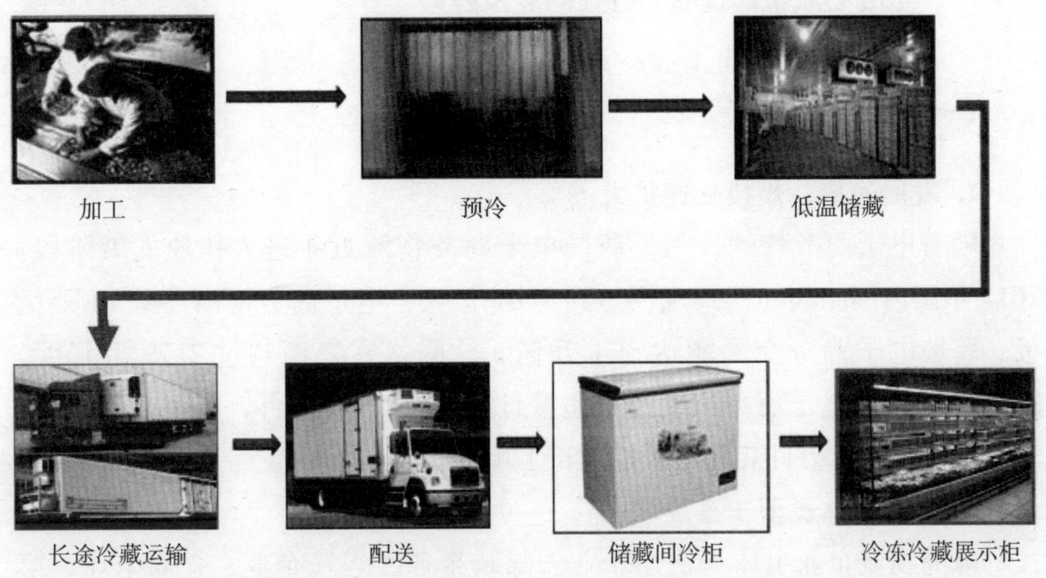

图4－8　冷链技术在休闲熟食连锁经营行业的应用

资料来源：绝味食品。

伴随着休闲熟食连锁经营的快速发展，冷链技术在这一行业的企业中快速的应用，并取得了良好的效果。以绝味食品为例，企业在2010年开始和外部专业冷链企业——英格索兰合作，根据产品特性及连锁门店布局，进行专业的全程冷链的设计与建设，同时引进专业的冷链物流配送公司，实施配送环节的冷链控制，企业从2010开始，每年投入的冷链建设费用以每年增幅达30%的比例，通过五年的持续建设，截至2014年实现了全覆盖的全程冷链技术在企业供应链系统的应用。

冷链技术在休闲熟食连锁经营企业的应用与建设是现代休闲熟食行业的发展趋势，是大型休闲熟食连锁经营企业转型升级的重要手段。根据行业的相关统计资料显示，到2014年，有近一半的休闲熟食连锁经营企业引进了冷链技术在本企业的应用，还有近30%的企业计划引进冷链技术的应用计划。

第四节　2014 年生鲜电商冷链物流情况分析

一、电商物流整体现状、存在问题及趋势

（一）发展现状

1. 发展速度，规模快速扩大

随着电子商务快速发展，我国电子商务物流近年进入快速发展阶段。2014 年国内网络购物用户规模达到 3.61 亿人，电子商务规模突破 13 万亿元，跨境电子商务交易额达到 4 万亿元，网络零售额超过 2.79 万亿元。2014 年，国内电子商务产生的快递量日均超过 2500 万件，与 2010 年日均产生快递量 500 万件相比，规模增长了 4 倍。

2. 企业主体类型丰富

电商物流企业主体从快递企业、邮政企业、运输企业、仓储企业、第三方物流企业向生产企业、流通企业、平台企业等扩展。电子商务企业与物流企业相互渗透融合速度加快，国内涌现出一批知名电子商务物流企业。

3. 发展模式日趋多元

形成了自营、加盟、合营等基本经营模式，第三方（如电子商务仓、落地配等）、第四方、供应链、平台、加盟等多种经营模式加快发展。服务空间分布上有同城、异地、全国、跨境等多种类型。服务时限上有“限日达、当日递、次晨达、次日递”等。电子商务物流企业不断开拓业务范围，如提供“预约时间、到付、代收货款、签单返还、自提、上门退换货”等服务。

4. 注重信息化和先进技术的应用

近年来，电商物流企业加快了信息化、集成化和自动化的发展步伐。条码、智能标签、电子扫描仪、无线射频、表识技术、传感技术、可视化及货物跟踪系统、自动或快递分拣技术、电子数据交换、数据库、电子订货、全球定位系统、地利信息系统、自动存取、货物自动跟踪、互联网等进一步应用，提升了行业服务效率和送达准确性。移动支付技术、智能终

端得到广泛应用。

（二）主要问题

1. 供给总体不足

电商物流存在体系不够完善，基础设施建设不足，服务能力弱等突出问题。面对不同规模、业态和地域的电子商务需求以及快速变化的商业模式，电子商务物流从量和质两个方面均难以满足。特别是面对网络零售爆发式增长，快递、末端配送等问题凸显。一些重要领域和特殊领域的电子商务物流，如大宗物资电子商务物流、生鲜冷链电子商务物流、医药电子商务物流等尚处于起步阶段。农村电子商务物流薄弱，电子商务物流主要集中在环渤海、长三角、珠三角等发达地区和城市，乡镇、农村和偏远地区覆盖率较低。

2. 发展粗放

电商物流结构不尽合理，企业规模普遍偏小，专业化程度普遍偏低，创新能力弱，服务水平参差不齐，服务功能相对单一。交通运输、仓储、配送、信息等资源分割。能够提供整体性和系统性解决方案的电商物流企业严重缺乏，与新型电商模式相匹配的创新性业务亟待开发。电商物流市场存在一定的无序性，同质化竞争严重，价格竞争激烈，供需缺口、服务于价格背离等矛盾长期存在。现有物流设施和服务不能很好体现电商高效率、低成本、方便、快捷的优势。

3. 国际竞争力不强

国内尚不具有服务全球的规模化、网络化、集约化的跨国电商物流企业，国际物流资源整合能力不足，50%以上跨境电商物流业务由跨国企业完成。与国际快递巨头拥有全球物流网络、全球递达能力、知名品牌、国际市场份额占比高等优势相比，国内企业竞争力不强问题突出，“走出去”面临诸多挑战。

4. 发展要素支撑不足

物流从业人员资质参差不齐，熟悉电商和现代物流业务，具备创新思维的复合型人才较为缺乏。金融服务创新不足，中小电商物流企业融资困难。咨询、法律等服务不能满足电商物流发展需求。特大型和大型城市电商物流用地供给不足，人员、土地、车辆、运输、环境等成本上涨。

5. 存在一些体制机制政策障碍

对电商物流在市场进入、分支机构备案、保税、报关、清关、检验检疫等方面的监管效率有待提高；地区政策不统一、地方保护主义和部门分割影响了电商物流跨地区、跨部门和跨境业务的梳理展开；城市配送车辆资质获取难、通行难、停靠难、装卸难等问题突出；一些地方对小型货车、配送电动车等存在多种限制；电商物流技术、信息和服务标准不统一；邮政公共资源共享不足；管理体制和相关法律法规有待完善等。

（三）发展趋势

1. 在未来较长一段时期将保持快速发展态势

随着我国新型工业化、城镇化、信息化、农业现代化和全球化的继续深入推进，特别是信息网络与实体经济和人民生活更加紧密结合，电子商务在经济社会各个领域得到更广泛的应用。电子商务物流需求继续保持高速发展态势。据估计到2020年，国内网络购物市场规模将达到10万亿元，由电子商务产生的年快递量将达到300亿件，电子商务产生的日快递量达到8000万件。同时，电子商务交易的主体和产品类型更加丰富，B2B、C2B、移动购物、社交网络等将成为新的增长点，电子商务物流将进入全面服务消费者与企业的新阶段。

2. 产业结构、消费结构升级和商业模式创新将对物流提出更高要求

产业结构和消费结构升级，将对电子商务物流提出更高的要求。比如全程可知，可跟踪，可控等。网络购物频次提升、移动化、用户向高收入群体转移等趋势。要求物流服务更具灵活性、时效性、规范性和高品质，符合不断细分的市场需求。电子商务的平台化和生态化趋势要求加快电子商务供应链建设。电子商务物流服务的广度和深度将有质的提升。

3. 在东部沿海发达地区、大型城市继续保持稳健增长，同时中西部、中小城市、县乡镇及农村将成为新增长点

随着互联网和电子商务的普及，未来网络零售市场除了在沿海发达地区、大型城市将继续保持稳健增长外，还将呈现出向内陆地区、中小城市加快渗透的趋势。网络零售市场的渠道下沉，中小城市、县乡镇、农村电子商务将发展迅猛，对农村和中小城市及县乡镇的电子商务物流发展提出更加迫切的需求。

4. 跨境电商物流将快速增长

在全球化的时代背景下，电子商务和物流成为各国企业参与全球化的重要方式。跨境电子商务活动日益频繁和活跃，电子商务物流将跨区、跨经济体延伸。这对跨境电子商务物流从体系到能力都提出更高的要求。中国新一轮的对外开放，“一带一路”战略的实施，将为跨境电子商务物流发展带来重大历史发展机遇。预计到2020年，国际及港澳台快递业务收入将突破1000亿元，跨境电子商务交易额将超过15万亿元。

5. 高速铁路、高速公路、航空运输、海运和现代仓储将对电商物流起到重大支撑作用

随着高速铁路快速发展和铁路货运改革的推进，高速公路运输体系的成熟，航空货运物流的发展，海运能力的增强，仓储体系的完善，电子商务物流将得到现代运输和仓储的强有力支撑。

二、生鲜电商物流现状、问题及趋势

（一）2014中国生鲜电商市场特征和格局

1. 产品特征

一是生产较为分散，这是由我国的小农经济性质决定的；二是高损耗，这是由生鲜产品的属性决定的；三是绝大多数产品都是非标准化，主要原因是行业处于起步阶段缺乏完善的标准。

2. 营销特征

营销力度大，国内大部分生鲜电商企业都会通过网络、移动互联、地铁广告、杂志广告等多种渠道进行营销宣传，宣传力度一般较大，对于消费者而言增加了服务体验。为何宣传力度大？一方面是因为生鲜电商企业多是刚刚进入这个领域，需要通过营销提高品牌知名度，另一方面生鲜电商行业利润较高，可以支撑企业进行市场宣传。

3. 物流特征

一是产品需要全程冷链，无论是采摘后预冷、加工、运输、仓储、包装、配送等环节都要求冷链保障；二是对于时效性要求高，因为生鲜电商产品大多为年轻上班白领的日常必需品，例如瓜果蔬菜等，要求上午下单，中午或晚上就要送达；三是物流覆盖范围较小，主要原因是生鲜电商物流大多由生鲜电商企业自建自营，对于配送人员、配送站点、冷库、冷藏车等软硬件要求很高，而当前第三方冷链物流企业又很难满足要求。

4. 终端消费特征

一是生鲜电商客户空间较为分散，分布于各城市的不同社区；二是对于生鲜电商产品的配送时间要求较为集中，一般会集中在中午和晚上下班高峰期间；三是客户均为中高端消费者，这主要是由中高端客户的消费理念和消费水平所决定的。

（二）生鲜电商市场格局与物流痛点

1. 垂直B2C类生鲜电商

代表企业：沱沱工社、本来生活网、顺丰优选、中粮我买网。

主要特点：

（1）单品种类有限；

（2）流量及用户数量有限；

（3）价高质优，定位高端；

（4）背后普遍有雄厚资本支持；

（5）在局部有优势，物流是短板。

物流痛点：供应链能力弱，库存控制较难。自建配送体系，成本高，订单增长无法支撑物流建设成本，很难快速扩张。

2. 电商平台生鲜品类

代表企业：京东、淘宝、天猫。

主要特点：

（1）有一定用户基础；

（2）中高端市场定位；

（3）流量和用户基数大；

（4）物流体系不健全，冷链系统待建；

（5）可以实现同一商家内一站式购物；

（6）平台无法实现对生鲜食品品质的把控；

（7）消费者面对海量商品选择困难。

物流痛点：因没有社会化的冷链物流体系，所以由生鲜卖家利用“泡沫保温箱＋低温冰袋”的包装方式发快递，损耗高、体验较差。

3. 综合B2C电商生鲜品类

代表企业：1号店。

主要特点：

（1）入驻生鲜商家少，集中在大型城市；

（2）资金实力雄厚；

（3）冷链系统待建。

物流痛点：百货类为主生鲜商家较少，通常要求生鲜商家自己解决物流，或者物流外包给第三方，服务质量无法保障。

4. 线下超市或农场

代表企业：永辉、大润发。

主要特点：传统超市，线上能力较弱。例如永辉超市上线生鲜电商平台“半边天”，以套餐形式销售生鲜产品，单价从最低338元到最高1188元不等，但效果不是很好，目前处于内部资源整合阶段。

物流痛点：以门店发展为支撑，部分城市门店自行配送，以自己的门店辐射为主。

（三）生鲜电商市场发展空间及趋势

进入2014年以来，我国生鲜电商市场继续升温，在全国一线、二线城市基本形成了一定的品牌格局。而且随着民众消费观念的转变以及消费能力的不断加强，未来几年生鲜电商市场将会取得快速发展。2014年生鲜电商排行榜前20强名单如表4－3所示。2013—2018年生鲜电商及冷链宅配市场规模如表4－4所示。

表4－3　　2014年生鲜电商排行榜前20强名单

排名	公司	电商模式	排名	公司	电商模式
1	顺丰优选	物流电商	5	1号店	平台电商
2	中粮我买网	食品供应商	6	鲜直达	垂直电商
3	淘宝网	平台电商	7	本来生活网	垂直电商
4	京东商城	平台电商	8	沱沱工社	全产业链型

续 表

排名	公司	电商模式	排名	公司	电商模式
9	美味七七	垂直电商	15	菜管家	垂直电商
10	易果生鲜	垂直电商	16	优菜网	垂直电商
11	天天果园	垂直电商	17	多利农庄	全产业链型
12	鲜码头	垂直电商	18	鲜果网	垂直电商
13	甫田网	垂直电商	19	宅鲜配	垂直电商
14	依谷网	垂直电商	20	买菜网	垂直电商

资料来源：互联网周刊。

表4-4　　2013—2018年生鲜电商及冷链宅配市场规模预算

年　份	2013	2014	2015E	2016E	2017E	2018E
生鲜电商市场规模（亿元）	130	260	521	911	1595	2392
预计生鲜电商增速（%）		100	100	75	75	50
进入流通领域的实体农产品价值总额（亿元）	26300	28404	30676	33130	35781	38643
预计流通领域农产品增速（%）	8	8	8	8	8	8
农产品电商渗透率（%）	0.5	0.9	1.7	2.8	4.5	6.2
国内移动购物市场交易规模（亿元）	1676	3203	4953	7162	9984	13579
国内移动购物市场交易规模增长率（%）	—	91	54.6	44.6	39.3	36.4

资料来源：九曳供应链。

2013年，生鲜电商交易规模130亿元，同比增长221%，预计未来3年生鲜电商交易规模有7倍增长空间。预计2014—2016年生鲜电商增速分别为100%、100%及75%，对应2014—2016年销售额260亿元、521亿元及911亿元；目前冷链成本占销售额的25%~40%，随着冷链规模的扩大与成熟，成本会逐渐下降。未来移动生鲜电商占比将逐年提升，预计2017年生鲜移动购物占比将达到35%以上。

第五节　2014 年生鲜 O2O 发展情况分析

一、我国生鲜 O2O 市场空间

生鲜电商在中国遇到的问题和美国生鲜电商的挑战完全不一样。这跟两国差异巨大的农业耕种方式，和社会生活形态的国情都相关。首先，美国农产品从田间开始的标准化程度就很高，很多品类农产品形成了如 Sunkist 这样的知名品牌，而在中国消费者不太认生鲜品牌。其次，美国人家庭购买规划性很强，往往是不买则已，一买都是把一周的吃穿用备都买好；所以美国顾客的需求好预测，而中国人消费的随机性很强。最后，美国人大多数中产阶级都居住在郊外别墅，配送车只要沿着别墅区跑一圈都送到了；所以看起来美国人工成本高，但实际上跟工资比起来，电商配送的成本不算占比太高。而中国都住在火柴盒，要配送到户，上上下下，现在的人工成本并不便宜。因为生鲜都是生活必需品，特别蔬菜在美国的价格远高于中国价格，所以比较起来，反而是中国的生鲜物流配送成本占比高过美国。而生鲜电商企业的经营难度要远高过于美国。

要想解决生鲜电商的问题，在中国，O2O 的方式可能更符合中国的国情。道理很简单，生鲜 O2O 相比较传统生鲜电商，有以下优点。

（1）从分散配送到集中配送，在网上下订单，线下取货。对经营者来讲，成本降低。采购的货只需要集中配送到社区的一个地点，而不需要挨家挨户配送增加成本（最后成本都是消费者埋单）。另外顾客上门取货的时间也可以很灵活。

（2）除了成本外，O2O 另外一个好处是线下店面其实提供了本地化服务的功能。比如客户如果对某个商品不满，可以当面和店内服务人员指出来，而电商中货品出现的问题有时候都搞不清楚是快递的问题还是发货的问题，最后只有消费者受损。

二、生鲜 O2O 主要模式

生鲜 O2O 一直是被看好而又最难啃的一块骨头，包括亚马逊生鲜、顺丰优选、乐视推出的乐生活、1 号店等不少巨头都在觊觎这块蛋糕，2014 年年初京东与獐子岛、万家便利店等合作即意在推进生鲜 O2O 的合作，但随着 7 月底京东 O2O 项目负责人换帅，该合作被搁浅，目前可以说至今未有被广泛认可的成功模式出现，但不乏有一些积极的探索。生鲜 O2O 归纳起来可以分为以下几种模式。

1. 会员 + 直配模式

这种模式是通过会员定制的方式，将田间最新采摘的新鲜食材通过冷链直接配送到顾客家中，没有中间环节，而且配送时间不超过 12 小时，极大程度保证了产品的品质，因为是集中配送的方式，相比传统生鲜电商来说，大大减低了物流成本。

同时，为了让消费者能够真切地体验到产品，通常会开展线下试吃、免费品尝、参观基地等活动，打消了消费者对产品品质和初期的试销的顾虑。

目前，阿卡农业、一亩田、多利农庄、正谷都是这一模式的积极探索者。

2. 门店 + 平台模式

这种模式商家不仅有自己的网上平台而且还有社区门店，消费者可以选择到店购买，也可以通过网络购买后，到店提取或送货上门。相比传统生鲜电商，门店 + 平台模式最大的优势就是线下实体店，线下实体店不仅承载了消费体验的功能，还兼具仓储、物流站点的功能，这是传统生鲜电商不可及的。

上海的厨易时代、日照的农夫田歌、广州的 15fen 都是这种模式的践行者。

3. 物流 + 终端模式

社区生鲜 O2O 的第三种方向是以顺丰优选为代表的新型网络平台模式，这是一种合作的模式，主要依托顺丰优选的物流渠道，借助遍布社区的嘿客来完成整个配送流程。

同时，将原产地实况通过视频、照片呈现到网上，并且与放心 365 合作，发布产品安全分析报告，以此增加消费者的视觉体验和降低对食品安全的顾虑。

三、生鲜 O2O 冷链难点

整个生鲜电商行业，包括生鲜 O2O，目前主要存在三个问题：产品质量不稳定、配送成本过高、O2O 要求强大的管理能力和执行能力。其中，冷链配送仍是生鲜电商的关键，是制约生鲜 O2O 快速发展的难点。

冷链配送一直被国际物流行业称为该领域的“珠穆朗玛峰”，由于生鲜食品、肉制品、水果等商品从保存到运送对温度、湿度都有着极为苛刻的要求，常规的仓储物流无法支持生鲜商品，这也让其成为电商领域最后一块没被“啃下”的硬骨头。

生鲜电商若要确保自己采买的商品送到用户手中仍然是新鲜的，必须在冷库、冷藏车、保温箱等环节上做出数千万元、甚至上亿元的庞大投入，并且建立起一套区别于其他品类电商的精准订单预测、标准化品类管理、快速配送、快速库存周转机制。举几个在冷链物流方面投入的例子，广州的 15fen 计划在 2015 年年底，全国布局超过 1000 家线下体验店和冷链物流配送服务站；上海的厨易时代计划未来三年以每月 2 ~ 3 家线下配送站（含冷库）；食行生鲜计划 5 年内，进驻国内 100 个城市，在 10 万个小区构建“智能微菜场”。

鉴于中国本土市场复杂、分散的一些特点，直接导致生鲜冷链物流成本比普通商品高出 1 ~ 2 倍，为了有效控制成本只能选择寄希望规模化摊薄成本，或是规避成本耗费最高的环节，这也是现有生鲜电商平台采用不同模式进行运营的核心原因所在。

四、生鲜 O2O 未来发展趋势

生鲜 O2O 模式既能够解决老百姓渴求原生态产品，同时又可以降低交易和配送成本，因此长远来看有很大的发展空间。但是，线上和线下将成为一个新的整体，线下不会完全被替代，特别在本地化经营方面。

O2O 在生鲜领域可能比电商有更好的发展前景（生鲜需要看到货，需要服务，需要沟通），而生鲜电商更适合平台式经营由农民跳过经销商进行原产地直接销售（预购）等；依托于天猫，京东平台，但很难成为独立平台存在。

电商有电商的难处，O2O 也有 O2O 的症结，但不是只有线下门店和线上网站就可以称为 O2O 模式，还要看两端各自发挥的作用、如何衔接体验环节，如何协同发挥更大的效应。总之，在生鲜 O2O 网站的争夺中，定位是基础根基，线上线下的协作效率、供应链与物流将是三大竞争力。

第六节　2014 年餐饮 O2O 发展情况分析

2014 年的中国餐饮行业，避不开一个关键词：O2O。据中国电子商务研究中心监测数据显示，2013 年中国餐饮行业 O2O 在线用户规模突破 1 亿，达到 1.39 亿。2012 年中国餐饮 O2O 市场规模为 386.6 亿，比 2011 年增长 87.1%；2013 年中国餐饮行业 O2O 市场规模达到 622.8 亿，相比 2012 年增长 61.1%；预计到 2015 年，中国餐饮行业 O2O 市场规模将达到 1200 亿左右。

一、2014 年餐饮 O2O 主要事件

1. 大众点评投资频频或谋上市

2014 年，大众点评一改昔日慢公司形象，自 2 月 19 日接受腾讯战略投资后，在随后的几个月时间里频频出手，相继投资饿了么、大嘴巴、上海智龙、上海石川、天财商龙、食为天信息等一批垂直平台及 ERP 厂商，整合了腾讯微生活会员卡业务，推出点评自己的“大众微生活”，11 月下旬又宣布联合腾讯投资 WiFi 运营商迈外迪，线上线下，台前幕后都有大众点评活跃的身影。大众点评频频出手，一方面搭建自己的生态圈，另一方面就是直指 IPO。

2. 外卖激战引群雄纷争

2014 年的外卖战打得异常激烈，典型代表是饿了么与美团之争。5 月饿了么受到大众点评领投 8000 万美元投资，相隔 5 个月后即对外宣布其城市扩张达 200 之众，团队规模破 2000 之势。与此同时，美团外卖也在紧锣密鼓地圈地运动，甚至传出双方地面部队发生肢体碰撞的事件。你方唱罢我登台，2 月淘点点放出狠话，要拿 1 亿元做补贴；4 月百度外卖悄悄上线，

并于6月在北京发起每单补贴8元的攻势。相对于轻信息平台的重物流外卖服务商也没闲着，8月点我吧宣布完成千万美金级别B轮融资，9月17日，到家美食会与易淘食在同一天相继宣布各自获得D轮和B轮融资，一个5000万美金，一个2000万美金。大腿较量之后细胳膊垂直细分外卖平台"挑食"和"来一火"也在今年相继传出获得天使轮及A轮融资。

3. 百团大战结局或找干爹或转型

1月糯米嫁了百度，苏宁收了满座，2月点评接受腾讯投资，3月嘀嗒团宣布关门大吉，4月千品网被曝停止服务，5月窝窝团宣布获新投资深化移动互联网转型，美团则低调处理了来自泛大西洋和红杉、阿里的C轮投资，10月团购元老拉手终于找到依靠，归于三胞名下。至此，从千团到百团，再到现在死的死，转的转，找干爹的找干爹，团购大战基本已尘埃落定。团购概念或将死去，但团购引领餐饮第一个冲进O2O领域的服务意识将一直存在。

4. 饭统网倒闭看趋势所向

4月22日饭统网被曝业已关闭，一时引起轩然大波，不光是餐饮界，整个互联网圈都在议论。自媒体人吐沫飞溅，行业观察者指点江山，评论分析人士笔耕不辍，单4月24日一天就连续出现十数篇有关饭统败局的文章。此后，饭统网顺利坐上了经典败局的宝座。有关饭统败因，讨论已经很多，不做赘述，但透过饭统反观同时代起家的大众点评，做UGC（User Generated Content）信息积累，用户信息及评价在线可见，这便是后端的数据积累，移动互联网崛起时，大众点评积极做内部转型，发力移动端，迎合用户使用习惯。与饭统网做类似业务的订餐小秘书，得到了携程投资，成为携程一站式旅游上的一枚棋子，除在PC端做好线上预订体验，以及评价信息、订单信息可视外，移动端也在不断尝试，不过相对于大众点评、美团等大流量平台，它的声音只能依附于携程了。

5. 互联网餐饮品牌异军突起

2012年出了个黄太吉煎饼，2013年冒出个雕爷牛腩，到了2014年，互联网餐饮品牌突现井喷式爆发，接连出现了西少爷、叫个鸭子、饿滴神、叫了个鸡、伏牛堂、人人湘等。从黄太吉到人人湘，隐约可见几个共同的影子：①做单品类运营。集中主要精力放在单品研发上，低成本投入，轻装上阵，用产品区隔目标人群；②故事讲的漂亮。黄太吉创始人赫畅身负百度、去哪儿、谷歌等光鲜背景，跑出来卖煎饼，第一炮估值4000万；不一而论，都是想方设法做噱头，引关注；③褒贬不一，争论不断。叫好的多集中在营销层面，唱衰的指摘其口味不佳。捧的越高，用户期望就越高，而同时获得的失望也一样越高。互联网餐饮品牌将来何去何从？要么过把瘾就死，要么沉下心低调做产品做服务，积累铁杆粉，降低负面传播，踏实做实体门店。

6. 餐饮后市场及周边服务引关注

2014年退居幕后的餐饮后端服务及餐饮周边服务被推到了前台：大众点评先后入股4个ERP（企业资源计划）厂商，又联合腾讯投资迈外迪，以及青年菜君的A轮、饭本的B轮、豆果美食的C轮，均可见餐饮后端服务及周边服务正逐渐引起投资界的重视。智能手机带来的便捷让餐饮服务越来越需要技术支撑的后端信息化建设及餐饮周边资源的信息整合。同时重物流服务商受到顶级投资机构青睐，小南国等一线餐饮品牌抱团建采购平台，则更加凸显餐饮供应链后端服务对于未来餐饮O2O的角逐至关重要。流量不再是餐饮企业关注的唯一焦点，帮助餐饮商户降低成本，提升运营效率，增强用户黏性将是O2O平台吸引商户入驻的核心优势。

二、餐饮O2O背后的供应链变革

餐饮行业结合互联网，将由之前的流量比拼转移到后端服务及周边资源整合比拼，餐饮O2O向更纵深的方向发展，并带来整个餐饮产业格局、业态模式，以及供应链的转变。在此，重点谈一下无店面餐饮和餐饮变温供应链的情况。

无店面餐饮应该讲是餐饮+互联网的必然产物，也是餐饮O2O的一种新兴模式的探索。无店面餐饮的特点是：网上流量入口（信息系统）+快速配送（物流体系），消费者只需通过手机APP（应用程序）在网上下单，然后坐等送餐上门即可，与传统餐饮门店相比，不仅节省了店面的高额租金而且免去了店员的人员工资。但同时，对于餐饮企业的研发、生产、加工以及供应链能力都带来极大的考验。此外，这种模式有别于现在流行的餐饮外卖模式，外卖模式的特点是有店面的连锁品牌餐饮企业，通过饿了么、淘点点、美团、大众点评等综合性流量平台进行售卖，虽然不用负责配送，但需要向平台缴纳会员费或一定比例的提成金。而无店面餐饮更强调自身品牌、平台和供应链体系的搭建。

无店面餐饮的产品生产流通过程往往需要经历多次的快速升温、降温处理，比如以当前正大集团推出的一款炒饭产品为例，它生产的温度是100℃，生产出来之后用－60℃～70℃的温度进行速冻，速冻后存放工厂，然后在－20℃的环境下通过配送车辆配送到服务站点，然后再用光波隧道，迅速升温到80℃以上，再把它放到保温箱里，通过配送人员送到消费者手上，整个过程经过多次温度变化，通常这个过程称之为“变温供应链”。

变温供应链有几个关键点，一个是解冻和复热站点投资比较大，这样的站点要以什么样的密度做建设，如果要保障餐品40分钟左右送到消费者，每隔5千米要建一个站点，如果保障30分钟，那每隔3千米左右就要建设一个站点。另一个关键点，就是从站点始发的配送人员的保温速递的核心能力，包括智能调度，保温措施，还有一些交通运载工具，现在普通用的是电动助力车，在个别南方城市对电动助力车有限制，在广州使用的是防震自行车来进行配送。最后一个核心能力就是冷链的市内配送能力，需要有能力的冷链物流企业，将半成品及时地从厂家的RDC配送到不同区域的站点。

三、餐饮O2O发展趋势分析

随着国家对于餐饮行业政策的引导，以及互联网技术不断地在餐饮行业的渗透，未来几年餐饮O2O将会越来越火。如果把餐饮O2O的发展看做上下半场的话，目前毫无疑问还处于混战和烧钱阶段的上半场，但随着饿了么、美团等少数品牌逐渐脱颖而出，整个餐饮O2O市场不久将会得到洗牌和重组，市场秩序将会趋于稳定，就像打车市场一样。

而消费者在今后更关心的可能不再是哪家补贴多，哪家优惠大，因为随着市场的成熟，商家不会一味砸钱。国内外卖O2O行业主要分为两种运营模式，即以提供信息和IT整合系统的“轻模式”，和提供物流配送平台的“重模式”，从用户体验来看，后者比前者自然要好很多。因此，未来消费者将更关心送餐的速度和品质，换句话说下半场的决胜点，将是物流和配送。

第五章　日本冷链物流发展概述

第一节　日本仓库业

一、日本仓库概述

日本的仓库分为存储一般日用品的普通仓库、存储颗粒和液态状的筒仓、罐仓及冷库和露天仓库等。2012 年，日本普通仓库面积为 4346 万平方米、露天仓库为 409 万平方米、贮藏槽仓库为 1024 万立方米、筒仓为 52 万平方米、罐仓为 1027 万立方米、冷库为 2913 万立方米、水面仓库为 74 万平方米。从事普通仓库的企业有 4542 家、露天货场有 261 家、贮藏槽仓库有 145 家、筒仓有 289 家、罐仓有 57 家、冷库有 1164 家、水面仓库有 9 家。

日本的仓储业除了提供商品存储、出入库业务外，还提供运输、配送、流通加工信息处理等物流服务，而且同时统一管理与此相关的信息，以促进综合性物流系统的建设。为了提高代理订货、接受订单和商品储运管理的准确性，降低成本费用，更好地满足顾客的需要，仓库都在加速开发和使用 EDI（电子数据交换）技术和物流电子商务系统。在国际物流方面有效地利用 SEA - NACCS（海上货物通关信息处理系统），以致力于物流业务的更加省力、迅速、准确。以省力、高效为目的，许多仓库企业采用了自动立体化仓库、自动分拣系统、条形码技术，以实现多品种、少批量、多批次的物流配送。

二、日本仓库分类

（一）日本仓库分类概述

日本的仓库可以分为以下 3 类（如图 5 - 1 所示）。

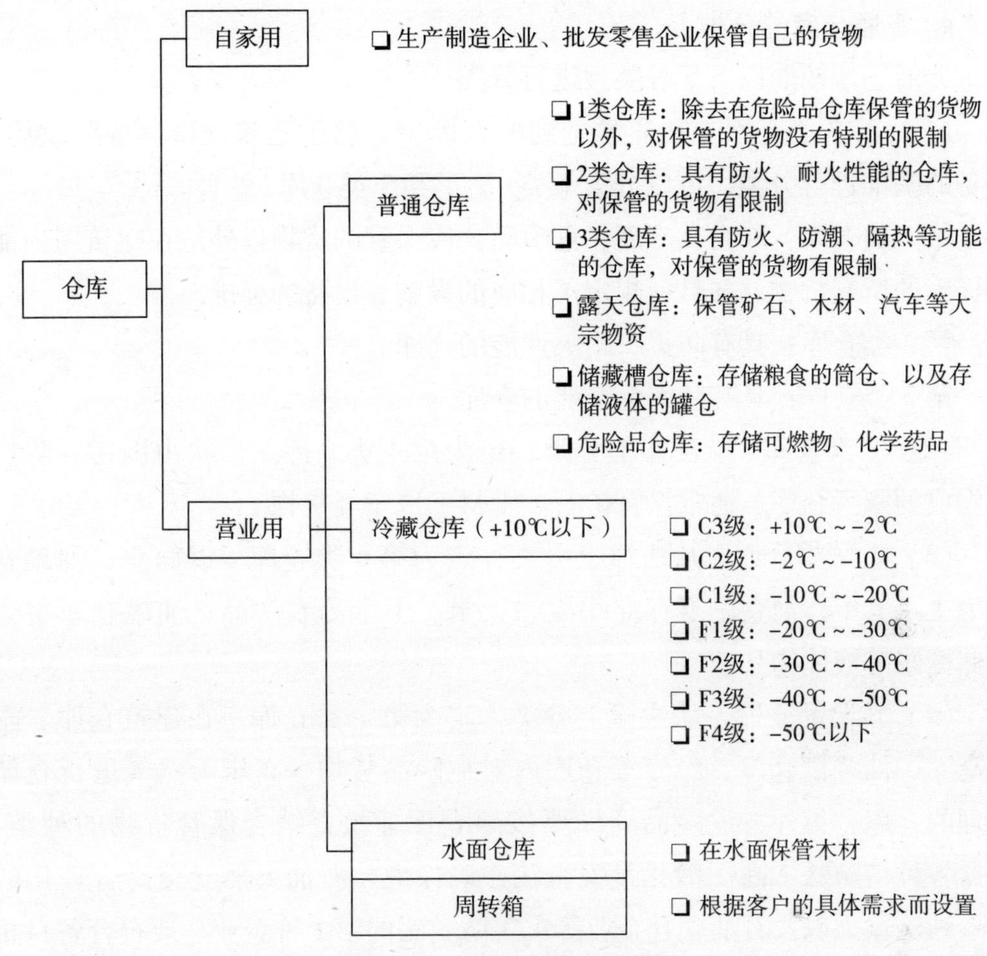

图5－1　日本仓库的分类

1. 普通仓库

包括农业、矿业（金属、石油、天然气等）、制造业（食品、纤维、化学工业、纸浆、机械等）等范围很广的各种产业货物的存储，再加上消费者的各种生活消费品（家具、文化艺术品、古董艺术品）仓储管理的总称。从法律上分，可以分为1类、2类、3类、4类、5类、6类、7类仓库，这些统称为普通仓库。

2. 冷藏仓库

对肉食类、水产品、冷冻食品等货物在10℃以下进行仓储保管的仓库。从法律上分类，定为第8类仓库。

3. 水面仓库

把木材在水面上进行管理。从法律上分类，定为第5类仓库。

4. 普通仓库的分类

普通仓库按照以下5种类型进行分类。

（1）1～3类仓库。在通常见到的仓库中，属于建筑仓库。按照设施、设备的基准进行分类，可以分为1类、2类和3类仓库。

第1类仓库：除去在冷库、危险品仓库保管的货物以外，在建筑屋内能够保管的所有货物。并且，规定了相应的设施、设备的标准。

第2类仓库：具有防火、耐火性能的仓库。

第3类仓库：具有防潮湿性能的仓库。

（2）露天仓库。从法律上分类，定为第4类仓库。形状由围栏、防护墙围成的露天仓库。通常保管矿石、木材、汽车等货物。

（3）贮藏槽仓库。从法律上分类，定为第6类仓库。以筒仓、油罐仓库为主。其中，筒仓主要存储小麦、大米、玉米等农产品；油罐仓库主要存储糖浆等液体物品。

（4）危险品仓库。从法律上分类，定为第7类仓库。在建筑仓库、露天仓库、储藏槽仓库、冷库等仓库内对危险品货物、高压天然气进行仓储管理的仓库。另外，危险品仓库要按照仓库业法，结合保管货物的种类、根据各种消防法、高压液化气安全法，确保液化石油天然气交易合理化的一系列法律，以及石油联合企业等灾害防救法的第1种企业，要符合各自相关法律的规定。

（5）贮藏仓库。贮藏仓库主要保管家具、文化艺术品、古董艺术品、钢琴、书籍等个人财产的仓库。在营业用贮藏仓库中，可以在第1类到第8类的任意一个仓库里进行。

（二）根据名称分类

1. 营业仓库

仓库企业根据仓库业法取得营业认可的仓库。

2. 自备仓库

民间企业的私有、私用仓库。

3. 公用仓库

公共堆货场等由国有、地方自治体建设的仓库。

4. 农业仓库

农业工会、农业联合会接受政府部分补助建设的仓库。

5. 保管仓库

卡车运输企业临时保管货物的仓库。

6. 其他仓库

公共保税货场、私有保税仓库等。

（三）根据保管形态分类

1. 普通仓库

常温下的一般仓库。

2. 冷藏仓库

具有冷却设备并隔热的仓库建筑（10℃以下）。

3. 恒温仓库

能够调节温度的仓库（10℃～20℃）。

4. 露天仓库

露天堆码、保管的室外仓库。

5. 储藏仓库

保管散粒谷物、粉芯体的仓库，以筒仓为代表。

6. 危险品仓库

根据消防法、高压气体管理规程指定的，保管危险品、高压气体的仓库，对液体、气体而言，这种仓库以油罐为代表。

7. 水面仓库

把木材在规定水面保管的室外仓库。

8. 简易仓库

没有正式建筑，如使用帐篷等简易构造的仓库。

（四）根据利用形态分类

1. 贮藏仓库

以保管（贮藏）为主要职能的仓库。

2. 流通仓库

具有保管、配送、流通加工等职能的仓库。

3. 专用仓库

保管钢铁、米等某些特定货物的仓库。

4. 专属仓库

仅为大客户的厂商制品等某些特定货主办理业务的货物仓库。

5. 保税仓库

根据关税法保管未纳进出口税货物的仓库。

6. 其他仓库

制品仓库、商品仓库、零件仓库、原材料仓库等。

（五）根据仓库业法分类

1. 1 类仓库

保管第 1 ~5 类物品的仓库。

2. 2 类仓库

保管第 2 ~5 类物品的仓库。

3. 3 类仓库

保管第 3 ~5 类物品的仓库。

4. 露天仓库

保管第 4 类物品的仓库。

5. 水面仓库

保管第 5 类物品的仓库。

6. 贮藏槽仓库

保管第 6 类物品的仓库。

7. 危险品仓库

保管第 7 类物品的仓库。

8. 冷藏仓库

保管第 8 类物品的仓库。

（六）根据位置分类

（1）港口仓库；

（2）城市仓库；

（3）终端仓库；

（4）车站仓库。

（七）根据所用建筑材料分类

（1）钢筋混凝土仓库；
（2）钢架挂瓦仓库；
（3）钢架金属质仓库；
（4）钢筋砂浆质仓库；
（5）木架砂浆质仓库；
（6）轻质钢架仓库；
（7）其他仓库（木质、砖质、砌砖质仓库）。

（八）根据库内形态分类

（1）一般平地面仓库；
（2）货架仓库；
（3）自动化立体仓库；
（4）斜坡道仓库。

三、日本仓库的特点

日本仓库分类注重货物本身的特质。根据保管形态分类，日本把不同温度下能够良好储藏的物品分开来放，进行集中管理。例如，冰激凌和薯片同为食品，但冰激淋必须冷藏存储，要在冷藏库中存放，薯片却不需要。可以说，日本的仓库分类有利于管理，不利于取货，想一个地方送货，要去不同的仓库提取。

四、日本仓库的运营

在实物从生产到消费完成的全过程中，作为社会重要基础设施的日本仓储业，发挥了连接生产和消费的纽带作用，具有较强公共性的国民经济基础产业。日本早在 1955 年就制订了《仓库法》，通过制订《仓库法》，明确主管部门，明确资质条件，统一基本的规章制度，对于仓储业的现代化与快速健康发展，是有重大意义的。日本的《仓库法》还经过了许多次的修订。《仓库法》指出：“经营仓库的企业，必须要在国土交通省进行登记注册。”通过严格的登记注册制度，使得日本的仓储业可以正常运营，并确保货物的正常流通。

注册的日本仓储业，规定了每种类型仓库的设施及设备的标准。同时，为了确保仓储作业的正常进行，选定了“仓库管理责任人”，并规定了责任人的义务。

近年，由于正规的仓库企业以外的储藏仓库企业不断增加，使得货主在选择储藏仓库时，首先选择国土交通省登记的正规仓库企业。

另外，根据2002年实施的《仓库业法》，制定了储藏仓库的认定制度。按照国土交通省的评定，认定为优良的贮藏仓库被称为“认定贮藏仓库”。

五、日本仓储企业

仓储企业公司数目及所辖管面积的变化，公司数目增多，而面积又减少的趋势来对应消费者个性化的需要，对应多品种、少量化的生产需要。目前，日本普通仓库货物的入库量变化不大，保有量有减少的趋势，说明管理水平较高，效益提高。日本冷藏仓库货物周转情况，周转次数在高位运行，流通快。

日本国土交通省每年均收集统计数据，在各地区建立有分支机构。仓库业协会也在基础数据的统计和收集中起到了重要作用，同时也委托专业的调查公司进行数据收集。调查公司与仓储公司保持着密切的联系，并时刻保持对基础性数据的更新，这样保证了调查数据的取得更为准确、快速。

六、日本仓库协会

日本仓库协会提供关于仓库闲置出租的免费平台，客户可以自行查询，跟有关仓库业主联系，这种做法保持了仓库的高利用率。根据日本国土交通省统计资料显示，日本仓库面积在没有增大的情况下，产值却增加，收益增加。这些均与日本仓库管理信息化网络化密不可分，相应地日本国土交通省给予支持并提供有效的管理方法。

日本仓库协会，是以各地的普通仓库业者组成的全日本53个地区仓库协会为会员的中央团体。各地的普通仓库企业，基本上都参与到所在地区的仓库协会。协会的目的是为了促进日本仓库业的发展，力图实现日本仓储行业的正常运营和确立行业秩序，并关注公共福利事业。日本仓储协会的主要工作内容包括，从事仓库业的调查、研究，信息及资料的收集，知识的普及、宣传与教育，向政府与国会等国家机构提出建议，反映情况，加强与相关企业的联系。

日本仓库协会具有健全的地区协会组织，仓储企业基本全部参加协会，并积极参加协会组织的各种活动。日本仓储协会还进行全日本仓储业的统计，不仅精确统计到全日本各类仓库的面积、所有仓储企业的数量，也精确统计到全日本的商品入库总量、年度月均存储量及各类商品占库存总量的比率。

七、日本仓储业当前趋势

日本仓储业实现了生产与消费的有效联结。2012年日本仓储业的销售收入累计达到148亿美元（1日元=0.0084美元），从业人员达到了10.5万人。全日本有6059家仓储企业，91.5%为中小企业。2012年财政年度中，在库储存（Warehouse－in）量总计为27332万吨，月平均存取（Storage）量为3725万吨，年均周转7.3回。但是，近年日本生产产品的生产量增长幅度不大，经营状况恶化，目前，日本的物流量正趋于平缓状态。

八、日本仓储业运作情况

当今世界经济社会处于迅速变化的时期。在商品配送领域，必须应对市场的瞬间变化作出适当的反应。作为仓储企业，需要解决以下问题，以适应日本经济社会的变化。

（一）制定高效的物流模式

近年，末端客户服务不断变化，出现货物多种类、高频度、多批次、小批量、短时间的需求。在日本，为了满足客户的多样式物流需求，卡车运输量不断增加，及时配送模式被应用到物流活动中。同时，也出现交通堵塞等环境问题。因此，日本的仓储企业必须要制定高效的物流模式，以便及时、准确、低成本地满足客户的需求。

（二）应对商品进出口量的变化

贸易是日本经济发展的基础。近年，日本的进出口量仍然处于整体增长的态势。为适应日本进出口的快速增长，日本政府制定了一些法律法规，以帮助外国直接投资者建立全国性的配送系统。通过日本政府与仓储业的合作。应对进出口的变化。

另外，伴随着进出口的增加，集装箱运输的数量也逐年增加。通过各种装卸搬运技术和机械的开发应用，使得集装箱的装卸搬运更加方便快捷。

此外，日本政府除了建造集装箱货物流通中心（Terminal）外，日本政府还积极推进外商投资区（Foreign Access Zones，FAZ）的建设。这些措施都推进了日本的进出口贸易的发展。通过国际中心枢纽港口及机场综合进出口货物流通中心、港口地区德沿海仓库的建设，都推进了日本进出口贸易的发展。

（三）进一步推进物流信息化系统

伴随着配送设施的改进，利用便捷的信息交换系统进行信息传递非常重要。日本在仓储业主及其客户之间运用了电子数据交换系统，并开发了一种标准的物流 EDI 系统，实现了仓储业信息的准确、便捷地传递。

（四）对货物的仓储服务作出瞬间响应

由于货物种类的增加，仓储业的事物处理正变得越来越复杂。日本的很多仓储业都使用了条码检查系统，以简化全过程。这一系统可以准确、及时地控制货物总量及信息。

第二节　日本冷链物流的发展

一、日本冷链物流概述

在日本，冷链物流被称为“低温物流”。日本冷链物流是为了保证生鲜食品的鲜度、保持食品冷冻、冷藏、低温的状态，把生鲜食品从产地、食品制造加工企业、冷链物流中心、送到消费地的物流系统。通过冷链物流系统，食品的鲜度品质、卫生管理、温度管理得以保证，可以调节食品的市场需求，节约冷链物流的成本，为日本消费者提供安全、安心的食品（如图5－2所示）。

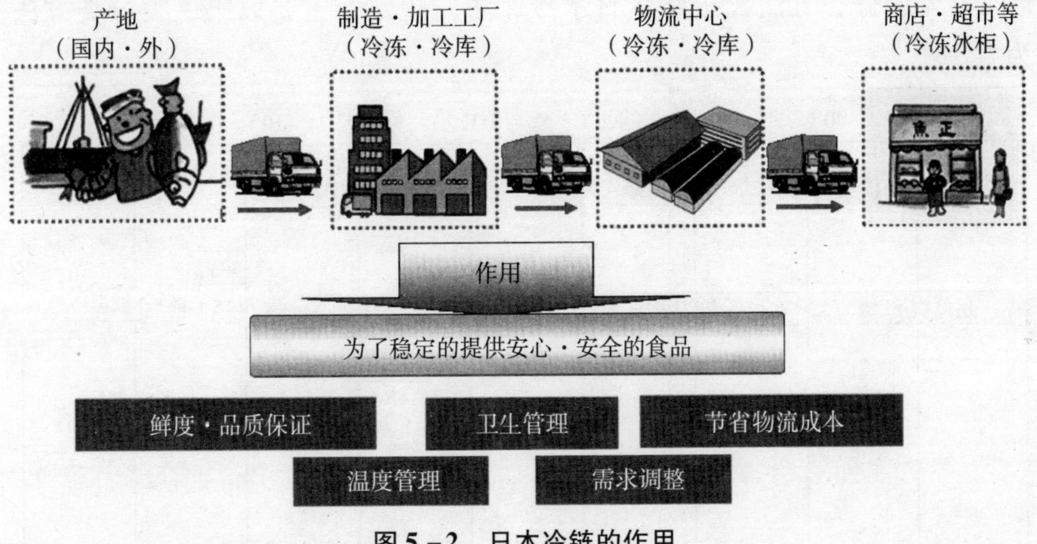

图5－2　日本冷链的作用

二、日本冷链物流温度带的分类

（一）食品物流中心温度带的分类

第一类：干货食品。冷冻食品、冷藏食品和蔬菜水果以外的食品都归类为干货食品。包括面包、点心、方便面等食品。

第二类：冷藏食品。5℃～－5℃保管的食品。包括之士、牛奶、火腿、布丁、豆腐等在高温环境下，容易变质的食品。

第三类：冷冻食品。在－20℃以下保存的食品。包括冰激凌、冷冻加工食品、冷冻鱼类、冷冻肉类等食品。

在日本，按照上述食品物流中心温度带的分类，称为三温度带。日本的大型超市都有自己的冷链物流中心。但是在地方的中小型超市，没有自己独立的冷链物流中心，要在同一冷链物流中心里保存三温度带商品的情况较多。

（二）冷链物流中心温度带的分类

日本冷库是对肉类、水产品、冷冻食品等食品在10℃以下进行仓储保管，并具有冷却设备而且可以隔热的仓库建筑（如图5－3所示）。冷库温度带有不同分类方法，按照《日本冷库法》规定，主要以第一类分类方法为主。

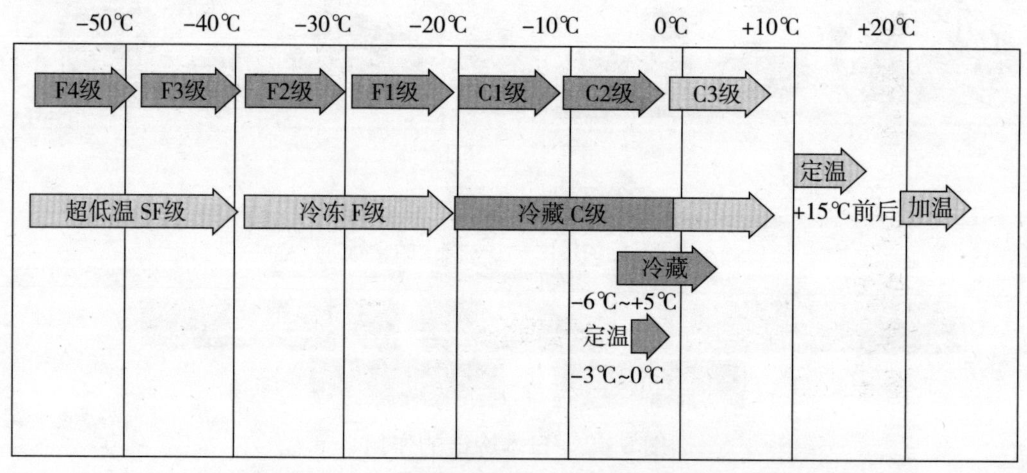

图5－3　日本冷链物流中心温度带的划分

第一类：7等级温度带的划分。如表5－1所示，按照冷库温度的不同，日本把冷库分为C3级、C2级、C1级、F1级、F2级、F3级、F4级7个等级。目前，日本冷库85%以上为F级冷库，并且以F1级冷库最多，而C级冷库中又以C3级冷库居多。

表 5－1　　日本冷库存储商品 7 等级温度带的划分

序号	等级	温度带	可储存商品
1	C3 级	10℃～－2℃	腌菜、牛奶、鱼类肉类加工品、鸡蛋、生鱼、之士、水果、调料
2	C2 级	－2℃～－10℃	鲜鱼类、生肉类、乳制品、咸鱼、干鱼
3	C1 级	－10℃～－20℃	冷冻面包、冷冻鱼类、加工肉类
4	F1 级	－20℃～－30℃	一般冰激凌、黄油、冷冻食品、冷冻肉类、冷冻蔬菜
5	F2 级	－30℃～－40℃	高级冰激凌
6	F3 级	－40℃～－50℃	一般金枪鱼、一般生鱼片
7	F4 级	－50℃以下	高级金枪鱼、高级生鱼片

资料来源：日本冷库协会《冷库的诸统计》。

第二类：3 等级温度带的划分。如表 5－2 所示，包括 SF 级（超低温、－40℃以下）、F 级（冷冻、－20℃～－40℃）、C 级（冷藏、＋10℃～－20℃）3 个等级。

表 5－2　　日本冷库存储商品 3 等级温度带的划分

序号	等级	分类	温度带	可储存商品
1	C 级	冷藏	10℃～－20℃	乳制品、鲜鱼、蔬菜、加工熟食
2	F 级	冷冻	－20℃～－40℃	鱼类、肉类、冷冻食品、冰激凌等
3	SF 级	超低温	40℃以下	金枪鱼

资料来源：日本冷库协会《冷库的诸统计》。

第三类：4 等级温度带的划分。包括冷藏（－5℃～＋5℃）、冰冻（－3℃～0℃）、冷冻（－3℃）、定温（＋15℃前后）4 个等级。

第四类：8 等级温控带的划分。包括加温（＋20℃以上）、恒温（＋10℃～＋20℃）、制冷（－5℃～＋5℃）、冰温（－3℃～0℃）、微冷（－8℃～－3℃）、冷藏（－20℃～＋10℃）、冷冻（－40℃～－20℃）、超低温（－40℃以下）8 个等级。

（三）冷库单位的换算

在日本，冷库的计量单位吨与立方米的换算，通过以下方法进行计算。

1. 冷藏保管库的设备能力（统称：吨）

能力（规模）：1 立方米 =0.4 吨（1 吨 =2.5 立方米）。

2. 冷藏保管库的有效容积

有效面积 = 面积 × 有效高度 ×90%

面积 1000 平方米、梁下有效高度 5 米的冷藏保管库的吨位是：1000 × 5 ×0.9 ×0.4 =1800 吨。

3. 冷藏保管库的保管效率标准

在日本，各类冷库的保管效率不同（如表 5 –3 所示）。

表 5 –3　　各类冷库保管效率的比较

冷藏保管库类型	保管效率（保管重量/吨 ×100%）
平置	40% ~50%
移动货架	30% ~40%
自动立体仓库	15% ~20%

三、日本冷链物流的发展

日本冷链物流产业的高速发展期在 20 世纪 80 年代，主要是受当时日本经济高速增长和生活习惯改变的影响而快速发展。经过 30 多年的发展，日本已经构建起了完备的从产地到终端消费地的冷链物流系统。从衡量冷链物流产业发展的几个关键指标来看，包括冷库库容、入库量、存储量、营业用冷库量和自营型冷库量的比率等数据可以看出，近年都保持在较为平稳的水平，日本冷链物流产业已经进入了平稳发展期。

日本冷链物流在技术、设备系统、运营管理、市场成熟度等都处于世界领先水平。近年，日本政府来大力推进冷链物流聚集地的各种基础设施建设，在大中城市、港口城市对冷链物流设施进行了合理规划。另外，日本的食品配送中心大都建有低温和常温仓库，并进行食品流通加工、小包装分解、电子商务配送、订单式食品配送等冷链物流相关业务。此外，日本由于人多地少、自然资源稀缺，很难实现农产品冷链物流的组织化、集约化和规模化。为了解决分散的农产品结构，降低农户单独进入市场的交易成本，日本的农业合作组织（简称农协）为日本农产品冷链物流提供了合作平台。日本农业合作组织通过建立以中心批发市场为核心的农产品冷链物流体系，保障了城市生鲜农产品的供应和流通。

1. 日本农产品流通渠道

在日本农产品的流通渠道，大部分农产品由农民协作组织（或联合托运人组织），经过中央批发市场流通，剩余部分由农业协同组织的经济事业部或全国果蔬中心负责，完成生产者与生协、大型零售店的对接（如图5-4所示）。

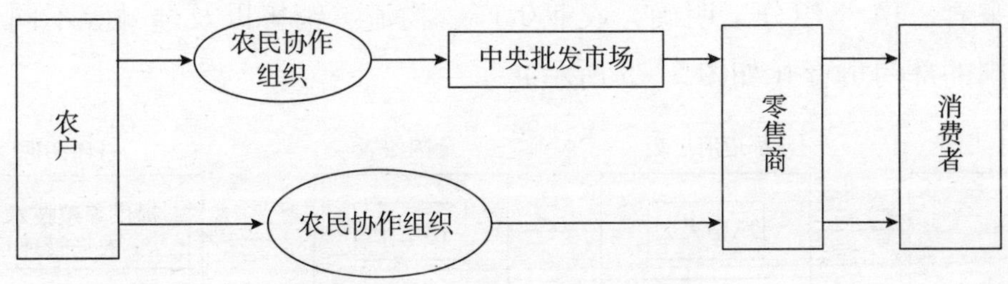

图5-4　日本农产品流通渠道

2. 日本中央批发市场

日本中央批发市场由地方公共团体，得到农林水产大臣许可，在指定的区域或人口较为密集的城市内开设鲜活农产品的批发市场。中央批发市场由批发业者、中间批发业者、参加交易者、小型批发业者，安全监测者、关联事业者六类成员构成。

日本东京中央批发市场内的农产品流通过程包括，有资格认证的批发业者以拍卖、当天出售的原则，将农协委托的产品卖给获资格认证的中间批发业者和参加交易者，并从东京都那里获得与交易量成比例的佣金；未获得资格认证的参加交易者只能从中间批发业者手中购买；关联事业者为交易人员提供配送、仓储、冷藏、加工和饮食、住宿等服务；安全检测者在交易的各环节、对各店铺进行产品质量检测；此外，批发市场的开设者对各种产品的交易量、价格等信息进行每天、周、月、年的统计。

东京中央批发市场不同成员承担不同职能，且交易遵循一定的原则和规定，使得日本中央批发市场在鲜活农产品流通中较好地发挥了价格形成、产品集散、信息传递、安全检测的功能。

3. 日本农业协同组织

日本农业协同组织（Japan Agricultural Co－operatives Organization，以下简称 JA 组织），是日本为促进和保护农民生产、生活而成立的组织。JA 组织为农、林、渔业从事者，提供研发、采购、生产、流通加工和销售各环节的咨询和服务。农、林、渔业从事者是组织的正组合成员（核心成员），拥有管理权，即股东投票权；此外，工人、消费者和中小企业运营商也可以成为准组合成员（非核心成员），并不享有股东投票权。

从纵向来看，JA 组织根据日本的行政级别将组织划分为 3 个层次；从横向来看，JA 组织分工明确，农业生产、物流、销售以及金融等不同业务由不同的部门负责（如图 5－5 所示）。

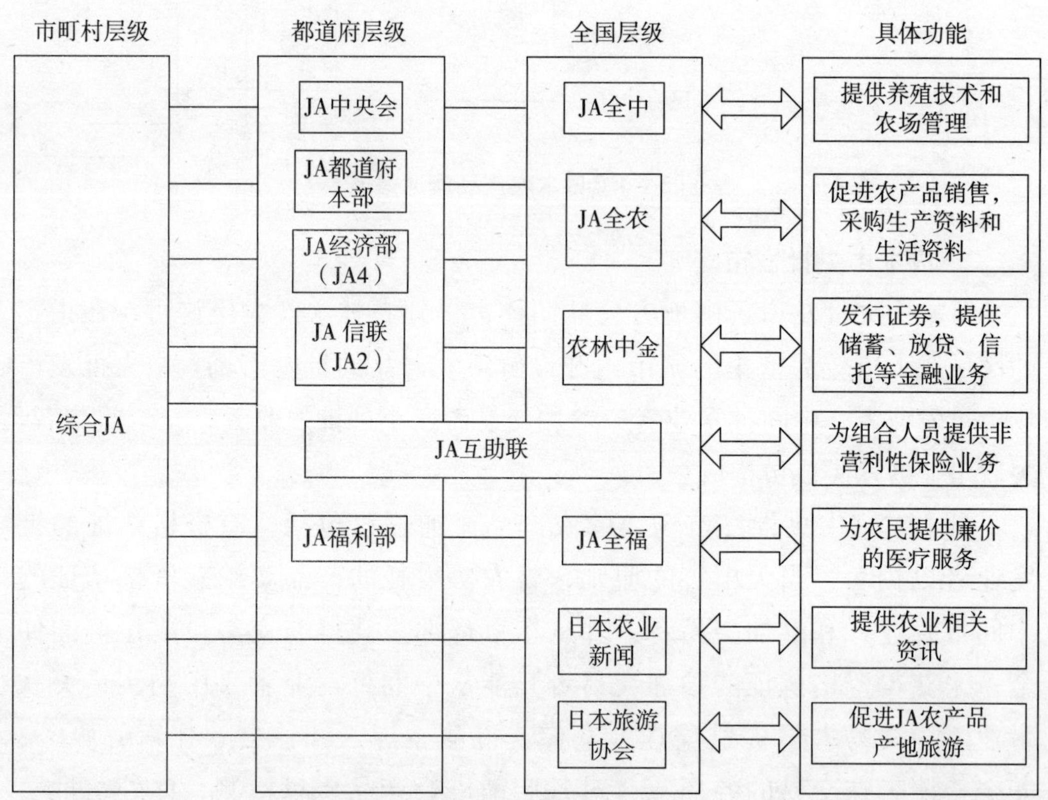

图 5－5　JA 组织的层级与功能

JA 全农对农产品研发、材料采购、加工及流通和销售全程给与技术支撑。JA 全农将农产品分为果蔬、肉类、鸡蛋、粮食等几大类进行具体管理。其中，JA 组织中果蔬流通的突出特点是不经过批发市场的直销模式，并提供高质量、专业化物流服务。另外，JA 全农果蔬中心、JA 全农直销官网、JA 全农直属商店是果蔬直销的三个主要力量，JA 全农果蔬中心、全农物流有限公司为物流服务提供方。

JA 组织金融系统的资金流向包括：JA 正组合成员存入的储蓄作为原始资金（x_1），市町村层级组织可利用原始资金为正式成员提供信贷服务、发行证券，余下的资金则作为都道府层级组织的初始资金（x_2）。同样，都道府层级组织可利用此部分初始资金发行证券、提供贷款；此时，余下的资金则作为农林中金的初始资金（x_5）。通过此种方式，闲散资金得到多次运用，组织资金运作效率得到提高（如图 5－6 所示）。

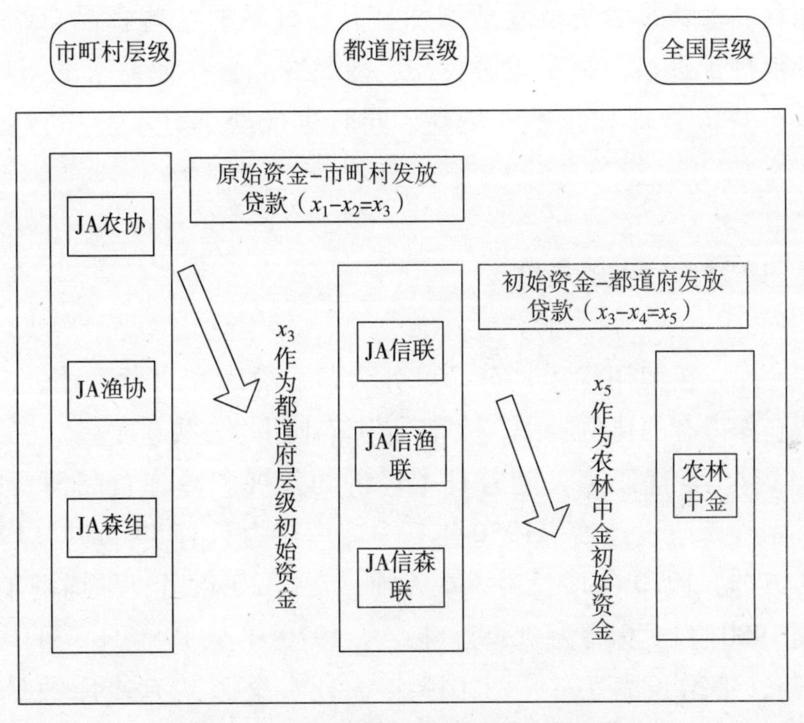

图 5－6　JA 组织金融系统的资金运作

此外，市町村层级的金融组织主要为 JA 组织的基层成员提供储蓄、贷款、结算等基础性金融服务；都道府和全国层级的金融机构，除提供基础性服务外，还充分利用剩余资金，稳健的开展投资业务，提高组织的收益。贷款业务包括商业贷款、农业经营改善资金和灾难应急资金，JA 组织内部的销售、物流型企业运作状况不佳或资金短缺时，商业贷款可为其提供必要的资金保障。

第三节 日本冷库行业

一、日本冷库行业概述

2012年，日本食品综合自给率只有40%。其中，蔬菜、水产、肉类自给率较高，分别为84%、62%、58%；而谷物类、水果自给率较低，分别只有30%、41%。随着日本生活水平的提高及饮食习惯的改变，水产品、肉食、面食、水果的消费量逐渐增加。但是日本的这些食品自给率较低，大部分都依赖于进口。由于生鲜食品、冷藏冷冻食品业需求的增加，促进了日本冷链物流管理和技术的创新，同时也推动了日本冷库行业的快速发展。

二、日本冷库行业的发展

日本冷库，按使用性质划分，可分为营业冷库和自营冷库，冷链物流企业自营仓库占有的比例较小，大部分为营业用的公共仓库。

20世纪60年代以来，随着日本经济的发展和冷冻食品消费的增加，推进了日本冷库建设速度。1950年日本冷库能力只有59万吨，1960年增长为147万吨，1970年增长为340万吨，在这20年里，平均每年增长14万吨。到1980年，发展为754万吨。从1970年至1980年，平均每年增长41万吨，年增长率为7%。2013年，日本全国共有冷库数量为3046座、冷库容积3063万立方米（1225万吨）。其中，自营冷库1489座（同上49%）、冷库容积500万立方米（200万吨、同上16%）；营业冷库1557座（同上51%）、冷库容积2563万立方米（1025万吨、同上84%）。2013年与1985年相比，营业用冷库容积增加了1083万立方米（433万吨），冷库数量却减少了530家。由于日本冷库的规模化与社会化程度很高，近30年冷库企业减少了24%，但冷库容积增加了35%（如图5－7、图5－8所示）。

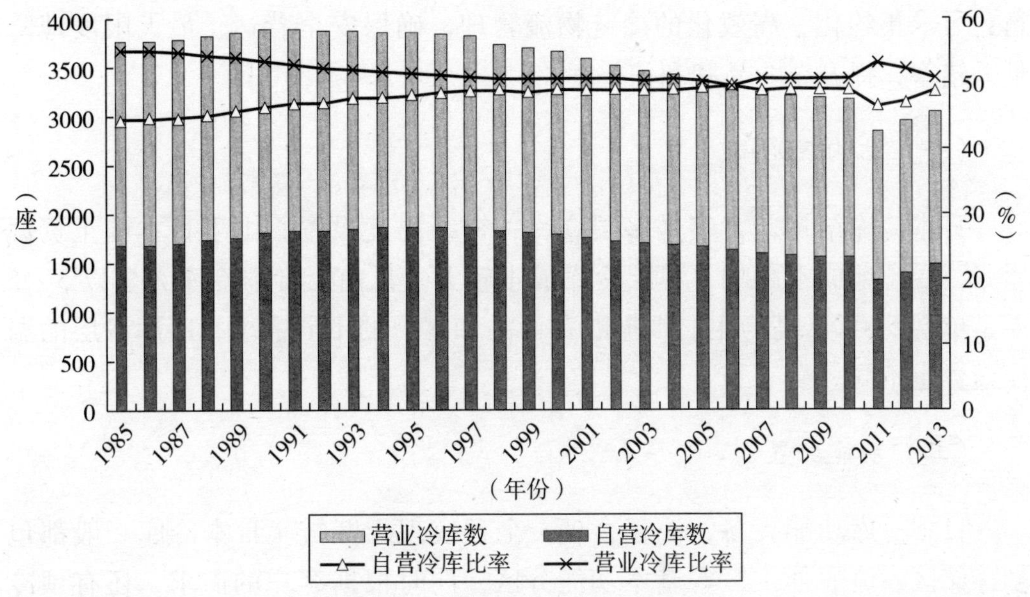

图5－7　日本冷库数量的变化

数据来源：日本国土交通省《仓库统计年报》。

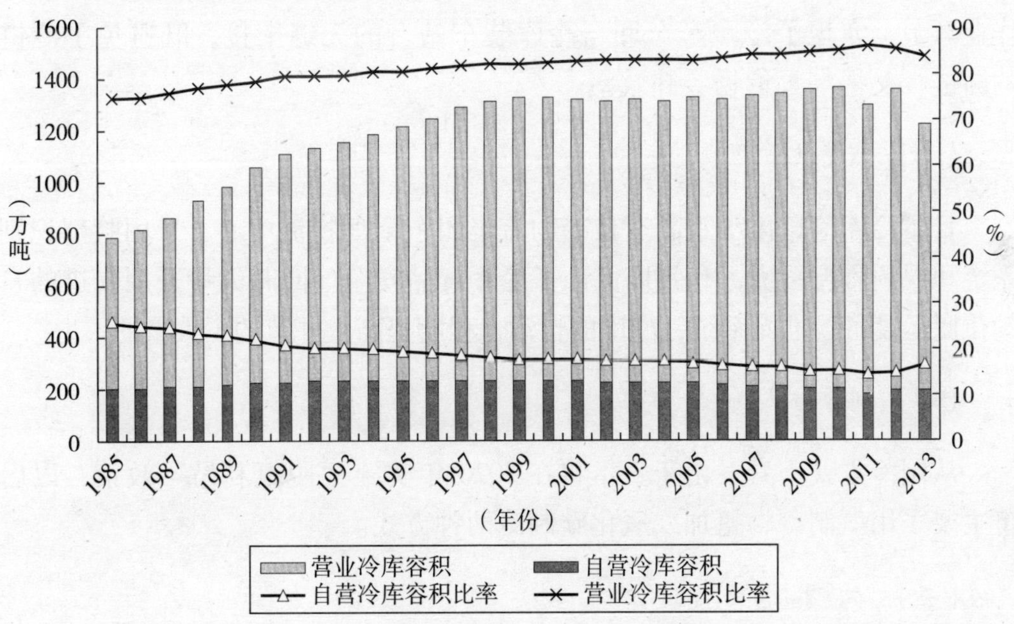

图5－8　日本冷库容积的变化

数据来源：日本国土交通省《仓库统计年报》。

三、日本冷库运行特点

日本冷库除了有较高水平的技术和设施以外，同时也非常注重内部运行，寻求集约化、高效化的冷链物流管理，确保安全营运，最大限度地降低差错率，提升企业品牌和信誉度。

（一）结构概况

日本冷库结构，大多是多层仓库，梯级温度设置。由于日本国土资源紧张，受土地成本影响，单层冷库成本较大。目前，日本冷库大多以3～5层、单层5～7米高为主。根据贮存商品和客户的不同需求，冷库各层的温度设置也不同。

（二）功能配置

日本冷库功能齐备，流程合理，全程实现无断链。日本冷库一般都包括存储区、流通加工区等基本功能分区，同时根据客户的需求，还有预冷区、解冻区等特殊功能分区。在流程设计上，充分考虑冷链作业环节的连续性和合理性。实行全程无缝式冷链管理，尤其是在容易出现断链的冷库作业环节，实现了冷藏车车厢与冷库装车站台的无缝衔接，既避免了冷链的断链，又提高了货物装卸效率。

（三）信息化管理

日本冷库信息化水平高。日冷物流集团东扇岛物流中心，采用脸部识别系统和视频监控系统，有效地保证了冷库食品安全。同时大量采用先进的自动化搬运设备、堆垛系统，冷库的自动化程度提高，并节约了大量的人力。

（四）制冷方式

从制冷方式上看，由于日本将在2020年实施“脱氟利昂”政策，以后将主要采用氨制冷、氨加二氧化碳制冷两种方式。

（五）防震措施

受2008年“3·11”地震影响，日本在冷库设计上特别注意防震性。目前，一些冷链物流中心采用了全新的抗震技术，抗震性能大幅提高。

（六）节能方法

日本冷库制冷所耗能量大部分是电，再加上日本能源不足电费较高，日本冷库的节能任务非常重要。目前，日本通过减小冷风机的功率、推广新型保温材料的利用、使用计算机实行自动控制冷库温度，使得冷库温度可以控制在合理范围内等一些方法，达到了节能的目的，冷库耗电费所占比例出现逐年下降的趋势。

（七）日本品牌冷库企业

日本最大的冷链物流企业为日冷物流集团，目前，世界排名第6。公司现有79个冷库，总库容为130万吨，占日本冷库总库容的10%。在欧洲、中国上海都建有大型冷链物流中心。日冷物流集团先进的冷链物流技术体系、精细化的管理水平和自动化程度，在日本都处于领先地位（如表5-4所示）。

表5-4　日本主要冷库企业的比较

排名	企业名	冷库数量（座）	存储能力（吨）	容积情况			占日本冷库比率（%）
				总容积（立方米）	F级比率（%）	C级比率（%）	
1	株式会社日冷物流集团	79	1299960	3249901	88.6	11.4	9.5
2	横滨冷冻株式会社	42	704214	1760536	84.2	15.8	5.2
3	株式会社大洋渔业物流	36	577955	1444888	95.5	4.5	4.2
4	东洋水产株式会社	17	347332	868330	93.0	7.0	2.5
5	日本水产物流株式会社	16	325426	813564	92.5	7.5	2.4
6	五十岚冷藏株式会社	9	214748	536870	90.7	9.3	1.6
7	株式会社农林协同仓库	13	210176	525440	96.4	3.6	1.5
8	株式会社松冈	6	160413	401033	87.3	12.7	1.2
9	鸿池运输株式会社	13	146791	366977	51.4	48.6	1.1
10	株式会社丘寿流通系统	23	137861	344652	66.3	33.7	1.0

资料来源：日本冷库协会《冷库的诸统计》。

四、日本冷库投资运营模式

目前，日本投资建设冷库的主要有3类。第1类，食品生产流通企业投资建设的自营冷库或冷库法人企业，另外有原来食品经营企业转型的冷链物流企业；第2类，专业化的物流企业或冷链物流企业；第3类，各级政府与政策性银行以及大型商社等。为保障食品安全、为了有效利用资源、节约社会成本，日本各级政府不同程度地参与了许多大型仓库设施的投资、或提供土地、资金、投资组建企业，日本政府投资的冷库设施是出租给私人企业经营。

目前，日本冷库运营模式大体上分为2种。一种是冷库自营模式；另一种是冷库地产模式。投资冷库地产的还有一些没有经营经验但有投资实力的大型商社。政府投资公共仓储业，一方面，有利于有效利用社会资源、节约社会成本，避免在土地等稀缺资源方面的恶性竞争；另一方面，可解决企业一次性投资较大的难题，更好地满足市场需要。同时，政府只投资建库、不具体经营，也维护了正常的市场秩序。

（一）冷库自营模式

该模式由冷链物流企业负责从冷库规划、设计、建设到冷库投产后运营的管理模式。这种模式的关键是要具备冷库运营管理的行业经验，能够根据入库企业的不同物流需求，提供全程可靠的物流服务。

（二）冷库地产模式

该模式由日本政府、投资银行、物流企业等多方投资，共同设立合资公司，公司以资产租赁和日常管理为主营业务，采用物流地产模式，向社会公开租赁。并在确定租赁客户后，按照客户需求，采用量身定制的模式，为客户提供冷库地产服务。同时，为吸引企业入驻冷链物流中心，日本政府可以指定相关优惠政策，给予入驻企业优先使用港口集装箱集散站等政策。另外，冷链物流中心租赁期有长期和短期，租金水平可以依据当地经济发展和土地价格等情况确定。

五、日本储存型冷库与流通型冷库

多年以来，日本存在两种冷库，即储存型冷库与流通型冷库。近年，一些储存型冷库开始向流通型冷库转变。但是目前，一些为食品生产企业服务的食品原材料冷库，仍然作为储存型冷库，发挥其作用（如表 5 -5、表 5 -6 所示）。

表 5 -5　　流通型冷库

对系统的要求		系统的对应
面向各种客户柔软对应		立体仓库和平仓库组合的复合系统
出入 库、分拣速度提升		高速起重机、高速输送机、自动分拣机的采用
节省劳动力	⇨	立体自动仓库、叉车、自动分拣机的采用
正确、迅速的管理		在库管理、作业支援、操作的电脑化
避免在寒冷环境中的作业		无库内作业、自动化
操作简单化		作业流程化、电脑支援

表 5 -6　　存储型冷库

对系统的要求		系统的对应
面向各种客户柔软对应		立体仓库和平仓库组合的复合系统
高密度管理		高层化、盲区的缩小
出入库、分拣速度提升		高速起重机、高速垂直输送机的采用
节省劳动力	⇨	立体自动仓库、叉车、自动输送机的采用
正确、迅速的管理		在库管理、作业支援、操作的电脑化
节能		减少叉车台数、防热开口面积缩小
避免在寒冷环境中的作业		无库内作业、自动化

（一）流通型冷库

日本的流通型冷库具有库存周转率高、多品种少批量的特点，具备 365 天 24 小时可以不间断运转功能的冷链系统。在加强货物处理能力、管理能力的同时，可以节省劳动力、降低物流运行成本。

（二）存储型冷库

日本的存储型冷库，主要保管进出口冷链物流的商品，保管费用作为主要的收入来源。通过发挥其高效率的保管，降低物流成本。

第四节　日本冷链技术

日本冷链物流以冷冻工艺学为基础，以人工制冷技术为手段，以生产流通为衔接，以达到保持食品质量完好与安全的一个系统工程。

一、日本蓄冷式运输技术

蓄冷式运输起源于发达国家，起初是为了解决连锁专卖店、超市等的货物配送问题。这种运输模式的核心内容是，使用冷链保温箱技术，将冷冻货物和冷藏货物分别装于使用不同蓄冷剂来保持不同低温的冷链保温箱中，之后与普通货物混装，通过使用优质的隔热材料以及不同温度蓄冷板，就可以实现使用一般货车混合运输不同温度带的货物。

这一物流技术从20世纪80年代初期逐渐发展完善，由日本的宅急便和日通货运两家公司最早投入实际应用。冷链保温箱技术不仅能充分保证冷冻冷藏货物的配送质量，而且有效利用了普通货车的配送能力，同时还大大减少了冷藏车的购进量，充分降低了配送成本，与传统冷藏车运输模式相比，在灵活性、环保性、经济性、安全性和可控性方面都具有突出的优势（如表5-7所示）。

表5-7　冷藏车与蓄冷箱性能比较

	蓄冷箱	冷藏车
灵活性	1. 可以在室内操作，甚至可以在生产线下端直接完成包装、装箱工作 2. 货品运达后可直接拆箱上架 3. 可以实现一车配送多个点	1. 需要在冷藏库提货，装卸环节温度断链 2. 货品运到后需要二次倒板，期间温度很难恒定 3. 配送多点反复开门，温度难以保证
环保性	无源蓄冷方式，一次蓄冷可以保证温度长达72小时以上	有源蓄冷方式，耗费大量燃油
经济性	可以使用普通车辆多温度带运作，运作成本低	车厢类很难实现多温度带运作，需要包车运作，成本高

续　表

	蓄冷箱	冷藏车
安全性	可以确保物品品质、安全系数高，防盗窃	多种物品混装、易串味，影响品质，安全性差
可控性	每件产品都可以实现温度与位置的跟踪服务	智能监控车辆及车内温度，对单一产品无法实现跟踪

二、日本冰温技术

冰温温度带，指的是零度到生物体冻结点之间的温度区间。在此温度区间贮藏、后熟、干燥和流通的食品被称为冰温食品，它在保持食品鲜度和风味等方面具有独特优势。冰温贮藏是继冷藏、冻结后的一种新兴的贮藏方法，越来越得到广泛的重视。冰温技术的开发具有现实的意义，传统的冷藏贮藏期短，冻结贮藏时间虽长，但食品品质下降较为严重，为了寻找更好的贮藏方法，日本首先提出了“冰温”的概念，并在冰温技术的发展事业上做出了巨大的贡献。

1973 年，日本《朝日新闻》第一次提出了冰温贮藏的机理，标志着冰温技术的诞生，主要包含以下内容。

第一，将食品的温度控制在冰温带内可以维持其细胞的活体状态。

第二，当食品的冰点较高时，可以人为加入一些有机或无机物质，使其冰点降低，扩大其冰温带。

目前，日本冰温技术应用在各个环节，已经产生冰温贮藏、冰温后熟与冰温发酵、冰温干燥、冰温浓缩、冰温流通等。冰温库、冰温集装箱、冰温运输车、冰温陈列柜、冰温冰箱和采购食品时的冰温菜篮等设备，在日本已经形成了一条完整的冰温冷藏链，让食品从产地至消费者家庭的流通过程，各个环节都保持冰温温度，把新鲜美味的食品送到人们的餐桌上。

第五节　日本冷链与食品安全管理

作为食品进口大国，日本一直重视食品安全监管法律制度建设。2003

年日本再次对食品安全管理体制进行改革时，大幅度修改《食品卫生法》，并于2003年7月1日起施行了《食品安全基本法》（2003年第48号法律）。根据该法规定，同年7月日本内阁府设立食品安全委员会，行使有效的食品安全检测制度。从而结束了日本厚生劳动省和农林水产省在食品安全管理上各自为政的局面，实现了食品安全一元化领导的体制。2011年3月11日日本大地震导致福岛核电站发生泄漏事故后，日本食品安全委员会迅速做出反应，针对福岛及周边地区的蔬菜、鲜奶、鱼贝类等展开健康影响评估。日本的食品安全法律体系分为3个层次（如图5－9所示）。

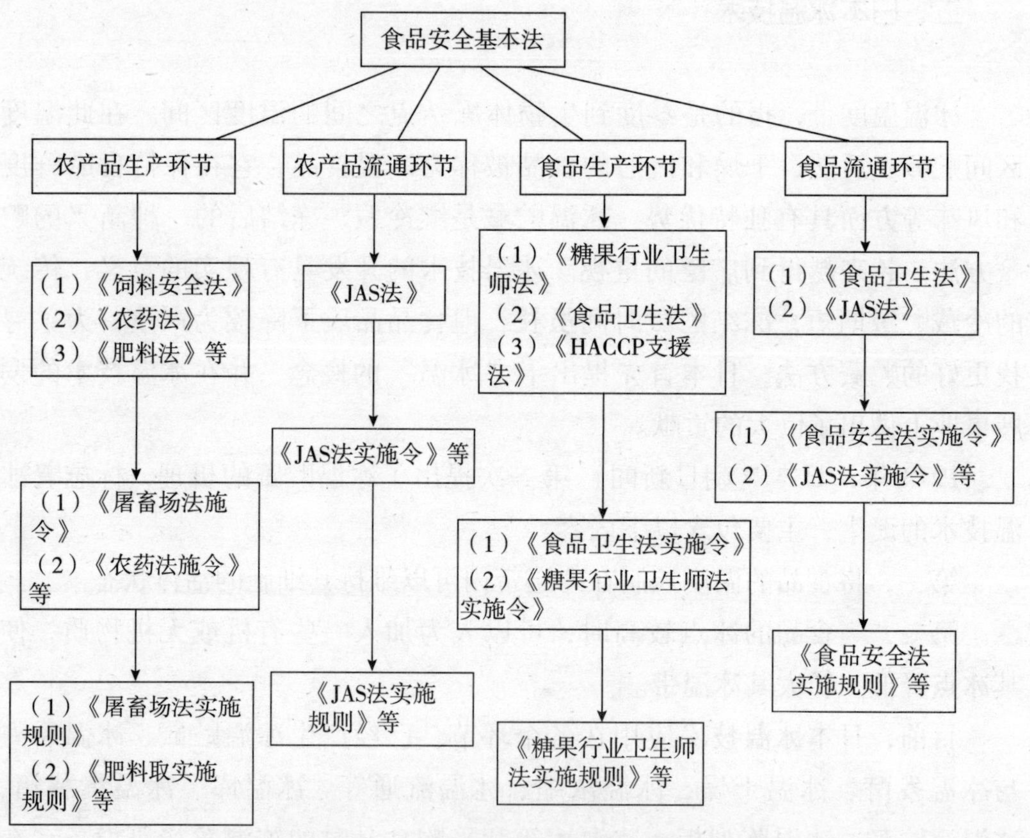

图5－9　日本食品安全法律体系框架

第一，《食品卫生法》《JAS法》《农药取缔法》等一系列针对食品链各环节的法律，法律效力最高。

第二，《食品安全委员会令》《JAS法实施令》等政令，是根据法律制定并由内阁批准通过。

第三，《食品卫生法实施规则》《关于乳和乳制品的成分标准省令》等省令，是根据法律和政令，由日本各省制定的法律性文件。

目前，日本已经形成了高效、科学、灵活的食品安全监督管理体系。主要包括 ISO 22000 食品安全管理体系、HACCP 食品安全管理方法、优良农产品认证制度、食品标签管理等。

一、ISO 22000 食品安全管理体系

构筑 ISO 22000 食品安全管理体系，推行 HACCP 管理，已经成为日本食品行业企业的管理取向。因为日本是一个市场成熟度较高的国家，质量管理的意识和管理能力较强，企业对质量及食品安全管理的自觉性较强。企业如果放松了质量管理、食品安全管理而导致出现食品安全事故，企业信誉将会受到严重影响并将遭遇市场的淘汰。而构筑 ISO 22000 食品安全管理体系并取得认证，推行 HACCP 管理，一方面可以提高企业食品安全管理的可靠性，另一方面可以强化风险管理和日本全社会对相关法律法规的遵守。

ISO 22000 适合于所有食品加工企业，它是通过对食品链中任何组织在生产（经营）过程中可能出现的危害（指产品）进行分析，确定关键控制点将危害降低到消费者可以接受的水平。ISO 22000 采用了 ISO 9000 标准体系结构，在食品危害风险识别、确认以及系统管理方面，参照了食品法典委员会颁布的《食品卫生通则》中有关 HACCP 体系和应用指南部分。ISO 22000 的使用范围覆盖了食品链全过程，即种植、养殖、初级加工、生产制造、分销一直到消费者使用，其中也包括餐饮。另外与食品生产密切相关的行业也可以采用这个标准建立食品安全管理体系，如杀虫剂、兽药、食品添加剂、储运、食品设备、食品清洁服务、食品包装材料等。

日本企业严格实施 ISO 22000 食品安全管理，从原材料控制开始，到生产过程，一直到上柜后的消费期限，均在规范有效的控制之内，即生产领域、流通领域的控制均严格遵守《食品卫生法》，建立食物中毒的预防体制，确保了食品安全。

二、HACCP 食品安全管理方法

HACCP 是目前世界上应用最广泛的解决食品安全问题的管理体系。

HACCP（Hazard Analysis Critical Control Point）即危害分析和关键控制点，由食品危害分析（Hazard Analysis）和关键控制点（Critical Control Point）两部分组成。对原料、生产工序和影响产品安全的人为因素进行分析，确定加工过程中的关键环节，建立、完善监控程序和监控标准，采取规范的纠正措施，目的是将可能发生的食品安全的危害消除在生产过程中，而不是以往那样靠事后检验来保证食品的安全。日本HACCP食品质量管理，主要包括以下内容（如图5－10所示）。

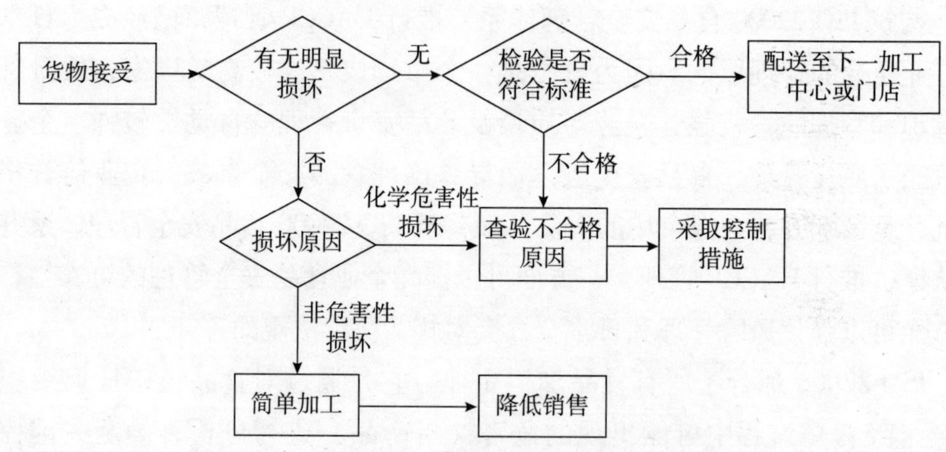

图5－10　日本HACCP的冷链食品安全管理框架

第一，进行危害分析（HA）。明确预防措施鉴别有害物质或引起产品腐败的致病菌，掌握产生危害的机理，根据危害特征将食品分类，确定风险程度，制定出减少食品在生产和批发过程引起危险的相关措施。危害是相对的，对不同消费群体、不同企业来说，危害标准不同。在HACCP控制体系中必须对危害有明确统一的认识和规定，才能有效识别和鉴定危害的来源，否则无法取得一致的危害分析结果。

第二，确定关键控制点（CCP）。根据所控制危害的风险与严重性，分析影响食品质量的关键因素，从而确定质量控制的关键点。

第三，制定每个关键控制点的临界指标。确定了关键控制点后，从被加工产品的内在因素和外部加工工序两方面，制定某生产工序上的一个或多个化学、物理或生物属性的安全限定指标。关键点的控制在于确定安全与不安全产品的界限，只要所有的关键控制点控制在各自的临界范围，产品将是安全的。

第四，建立每个关键控制点的监测措施和纠偏措施，建立档案并进行审核。

三、优良农产品认证制度

日本对大米和牛肉实行身份证制度，农林水产省从2003 年起在日本全国推行大米身份证制度：大米生产者要在米袋的条形码上标明生产者姓名、栽培经过、米的种类、认证号码和产地等；加工者要标明是否是精米、加工批量及号码；销售者要在商店提供产地信息备查号码。之后，日本政府在检讨应对疯牛病问题失误中，吸取教训，实行“牛肉身份证”制度，对牛肉的生产和流通的全过程进行监督。

继大米和牛肉之后，日本农林水产省决定将身份证制度原则上推广到所有农产品。申请“身份”认证的农产品，必须正确地表明该产品的生产者、产地、收获和上市日期，以及使用农药和化肥的名称、数量和日期等。计划由民间设立专门从事农产品“身份”认证的机构，负责接受农产品生产者和流通企业的认证申请，授予认证标志。

四、食品标签管理

日本的食品标签内容越来越广，要求越来越严。根据日本《食品卫生法》《日本农林物资规格化和质量表示标准法规》（JAS）等有关法律法规的规定，在日本市场上销售的各类蔬菜、水果、肉类和水产品等食品都必须加贴标签，对产品的名称、原材料、生产日期、食用期限、保管方法、原产地等内容进行明确的标识。同时，对进口食品也同样必须按日本的要求加贴标签。

第六节 日本冷链物流企业

一、以3温带推进批发市场冷链物流发展

横滨物流的横滨生鲜中心，是一家以蔬菜水果为主要商品提供冷链服务的物流企业。把日本全国各产地生产的各种蔬菜水果进行高效的不断集

货，并批发到零售业企业、加工业企业、餐饮企业的模式非常重要。为此，横滨物流的横滨生鲜中心，以各地的中心批发市场为核心，建立批发市场流通体系，在多年的运行中，发挥了重要的作用。但是，由于近年日本消费者饮食文化、生活方式的改变，这种定位开始变化。随着流通模式的多样化、效率化，蔬菜水果从产地开始，“跳过”批发市场，流向店铺。目前，在日本这种“市场外流通”得到了发展。

2004 年，日本以《批发市场的交易规则的活性化》为概念的批发市场法修订完成。同时，也推进了这一趋势进一步激化。现在，批发市场的周围环境正迎来重大转机。其中，经销蔬菜水果大型企业横滨丸中青果（株）、经销商以及运输企业共同出资创立了横滨物流（株）。2006 年，在被称为横滨市民的厨房的横滨中央批发市场的南部市场成立了“横滨生鲜中心”。“横滨生鲜中心”除了经营蔬菜水果，还提供冷冻、冷藏商品的物流服务。作为 3 温带对应加工配送中心，积极应对并满足客户要求，同时扩大餐饮等产业的货主企业。

1. 夺回流向市场外的商流与物流

《改革批发市场法》是对现在的流通需求、环境变化进行追认的法律完备工作的一环。目的是形成安全、安心、高效的流通体系，包含了放宽批发市场的交易规则的内容。规则的放宽、采购集货的自由化、第三方交易、直接提货的禁止规定等对策，正在顺次实施。

随着流通上游的生产企业、货主企业（农业协会、产地）规模扩大，下游的超市及大型连锁商店的需求增加，造成批发市场的外部环境急剧变化，迫使需要形成比较公正的交易和价格机制。农产品的市场销售率的降低，引起市场交易量的减少，导致使市场手续费的减少，从而造成批发业企业的经营压力。为了提高经营效率，批发市场不得不进入产地，扩大第三方交易和预约当面交易。结果。“拍卖、招标制度”和“委托集货制度”等市场交易的原则进一步被架空，市场流通问题更加严重。在这一背景下，需要对批发市场制度进行彻底改革。2000 年，横滨市中央批发市场、横滨市南部市场以及藤泽市中央批发市场的企业，组织了以“物流的高效化”为主题的协会。协会商定了高效化计划，推进“生鲜产品流通物流构筑模范事业”，并获得采用。

另外，物流高效化的关键是“信息系统化及其连接”。2001 年，“食品例题高度化项目事业”，推进了以数据中心为核心，进行市场机能重组，开发新的批发市场的流通模式。通过这一模式，各种批发市场相互合作，达成了进一步发挥各自特色的结论。

2. 以3温带应对获得餐饮业的业务

为了在横滨市中央批发市场、南部市场确立物流节点的功能，2004年设立了横滨物流横滨生鲜中心。中心由蔬菜水果大型批发商横滨丸中青果出资51%，由物流企业的共同出资成立的JCN关东（10家公司）出资39%，横滨南部市场青果批发联合工会（10家公司）出资10%。通过共同出资，以构筑经由批发市场的新型食品流通模式为目的，三方合作成立的物流事业体。公司的所在地是设置在同市场内的“横滨生鲜中心（南部市场加工配送中心）”。投资总额为15亿日元，2006年4月正式营业，配备了常温、冷藏、冷冻这3温带的相关设备，完全按照HACCP、ISO的相关要求来进行冷链物流的品质管理。

横滨生鲜中心，以“市级中心批发市场内的民间物流中心”为市场定位。最初的构想，只是成为拥有蔬菜水果专用的冷藏设备的TC中心。但是，仅靠蔬菜和水果，业务量和业务金额都将有限，不可能将在市场外流通的商流吸引回来。为此，2010年经营着从日杂领域到餐饮业的宽广领域的物流运输业的JCN关东加入了此项业务。

JCN（日本冷链协议会），是从事低温物流业的各地从业者的自由结合团体，JCN关东是以会员企业的安全运送为中心，由TOWARD物流、石井商事运输、TRANCOM等共同出资经营的事业公司。

新构想是将3温带的设备进一步完备，提供冷冻、冷藏商品共同配送的服务。同时，作为食品连锁店、量贩店，并配合原来的市场批发功能，形成规模效应。但是，批发市场在生鲜产品、水产品方面有充足的集货能力。相反，满足零售业、餐饮产业需要的高频率少量配送服务功能并不具备。为此，在产地商品开发等批发市场本来功能上，加上保证安全、安心的原料管理、信息提供等机能、并进行管理品质。目前，各出资方发挥各自优势领域，构建了需求调整功能、配送品质管理、少量配送的“现场直接联系型”物流网络系统。

3. 以配送、温度履历管理系统实现高端服务

虽然横滨生鲜中心的使用率为60%，但是在南部市场整体上形成了

"横滨物流效应"，商流年营业额超过 100 亿日元。中心兼备 TC 功能和 DC 功能，商品总数约 8000 种。其中，50% 以上为食堂，餐饮业。

为了物流现场作业的高效化，输送管理（TMS）采用 TOWARD 物流的"TRU－SAM"系统。中心配送车辆的现在位置以及车辆库内的温度管理信息，可以实时把握、指示。为了从入库到送达的全过程中配送，商品状况信息实现追溯可能，万一发生紧急事态时也可以将温度履历明确地向货主方报告。为此，创新模式是以中央批发为起点，这一模式也正在向其他的市场展开。以批发企业为中心，物流企业也可以组成联合体，提高市场整体的活力。

4. 入库—出库作业流程

（1）入库设定。冷藏区域，设定温度为 5℃，各层平面面积都为 2400 平方米。在入货平台对收到的商品进行检查、入库设定。用无线手持终端 2（CASIO DT870M）读取纸箱上的条码，标签打印机将打印入货标签，将这贴在每个外箱上。手持终端在出货，入货都可以使用，更小型的 SHAPP 的无线 PDA4（RZ1502）购入 20 台，主要在出入库时使用。

（2）常温区。将来货的商品从 1 楼用电梯货升降机运到指定区域。设定温度为 20℃。面向餐饮产业的商品，按在库型进行处理，杂货类/食用油，保鲜膜/饮料类在此保管，啤酒桶也是常温保管品。物流台车上装载终端和打印机作为移动终端使用，根据作业设定打印拣货表。

（3）冷藏货物区分场。冷藏区设定温度为 5℃，各物理台车按配送粉的不同将商品区分。在这里边看清单边作业。

（4）冷冻库。设置了 2 处温度是－25℃的出货等冷冻库。从冷冻自动仓库挑选出来的商品在这里进行临时保管、分类。配送车一到即可迅速入库。

（5）冷藏、冷冻自动仓库。冷冻冷藏两用的 IHI 制冷冻仓库"RACK PACK"有 3 台堆垛机，高 21.735 米，可以用来保管冷藏专用 1400 托盘、冷冻冷藏两用 700 托盘。

（6）蔬菜水果的分拣作业。对各地运来的蔬菜水果、果实类进行整理作业。装入销售袋中并按各分店来区分好。有的商品在各分店的仓库进行装袋。

（7）垂直运送机。各楼层的准备好出货的货车还有中拍到的空物流台车等，用垂直运送机（HOKUSHO 制“自动升降机”）送到 1 楼。

（8）进出货平台。挑选、区分、装载完了的商品从这里装上货车。

（9）货台舱位棚。这个舱位棚从外面看起来就是这个样子。高位平台并排在一起，7 个基台中的 4 个装有防护棚。遮蔽幕布作为窗帘式，既能保证功能又能降低成本。

5. 服务器机房以及监控系统

（1）服务器机房的管理终端。是中心内部信息系统的心脏部位。通过管理设置在全楼层的 16 台监控摄像头，可以对各作业区域进行实时集中管理，包括各仓库的出入库状况，温度变化状况的监控等。

（2）监控摄像头拍到的画面。作业场的监控画面，可任意选择 1～16 个画面，对详细状况进行确认。

（3）监控摄像头拍到的画面。通过将现在温度与设定温度进行比较，实时监控，以防万一。对应生鲜食品的本中心的生命线可以说是设备，要监控好设备的情况来确保商品的安全、放心。可以用图表形式来确认温度履历，一目了然。

6. 信息管理系统（WMS/TMS）

（1）WMS“DC－SAM”。作为对上述仓库内作业进行综合管理的工具，导入了 TOWARD 物流的 WMS（仓库管理系统）DCSAM。向作业者的手持终端 PDA 发送从来货到纳入自动仓库、拣选、最后到出货一系列的作业指示。物流中心看起来就像一个工厂，对每个作业者、作业区域的作业状况、生产效率都可以进行实时的集中管理。

（2）TRU－SAM（TMS）。配送业务虽然委托给了 JCN 关东的各公司，但在配送车辆管理方面，导入了由 TOWARD 物流开发的货车信息网络系统“TRU－SAM”，实现了管理的高度化。货车的驾驶座旁安装了 GPS 卡对应的带液晶显示屏的车载电脑。它与燃料使用量计测装置、车厢内温度传感器等相连接，针对货车的运行状态和位置信息，与运输公司的“TRU－SAM 专用服务器”交换信息。将配送完了等信息用司机携带的 PDA 进行收集，通过 DOPA 通信网络进行收集和统一管理。例如，通过流量计“计算并显示消费”的功能，司机可经常确认瞬间燃料费，与设定目标进行比较，从而自觉体验、学习节省燃料的驾驶方式。另外，管理者可根据运行记录进行“分析波浪形驾驶的安全驾驶指导”。频繁变换速度的波浪形驾驶，会导致车间距不足，是很危险的。特别选定进行了波浪形驾驶的地点，进行指导，同时算出波浪形驾驶的比例数值化后的指数，督促进行削减。不仅确保运送品质的提高、安全、省油驾驶，还对车厢内温度变化信息进行把握，从而提供高度可追溯的管理服务。这是一个强项。横滨物流的新业务模型可称为批发市场的未来业务模型，受到了货主的高度评价，订单不断增加。

二、日本农林协同仓库的 TC · DC · PC 功能合一复合型冷链物流中心

日本株式会社农林协同仓库是以冷链配送为中心开展业务的物流企业。冷冻冷藏食品配送业务在日本有着广阔的市场。2006 年 4 月，日本生协事业联合公司开始与株式会社农林协同仓库开展合作。生协事业联合公司是一家食品销售商。其本部位于埼玉县市南区，其销货网络覆盖东京、埼玉、千叶、茨城、枥木、群马、长野等一都六县。受生协委托，农林协同仓库承担了日配食品（冷藏及冷冻品）的中转（通过型 TC））物流业务。在承担此项业务后，农林协同仓库公司在埼玉县越谷市投资 70 亿日元建设了集 TC、DC、PC 功能于一体的复合型低温物流中心“关东第二支店”。

TC 即是快速分拨中心，DC 为冷冻品储存中心，PC 为流通加工中心，集此三种功能于一体，大大丰富了该物流中心的业务空间。新的物流中心为三层楼结构。各楼层的功能相对独立，一楼为生协的日配食品 TC 楼层，二楼为日本生活协同组合联合会（日生协）的冷冻品 DC 楼层，三楼为 PC 楼层，进行冷冻品的拆零包装作业等。

该复合型低温物流中心，整合了以前在农林协同仓库其他冷链物流中心处理的日本生活协同组合联合会（生协）的冷冻品库存（DC）以及流通加工（PC）功能。通过向生协各店铺混装配送，从而减少了卡车运输并缩短了交接商品的时间，进而降低了物流费用。而且减少配车数量可大幅削减二氧化碳的排放，因此作为环保型物流中心，日本农林协同仓库的设施首次被日本国土交通省认定为“特定流通设施的物流综合效率化事业”。

1. 接受生协的物流业务委托也整合了日生协商品的保管、分拣作业

在此以前生协在埼玉县内配置了两处物流节点，负责各店铺销售的日配食品的物流业务。但由于店铺与超市间的竞争激烈，对物流服务质量和能力的要求不断提高，这就决定了生协不可避免地要进一步削减物流成本。

为了降低成本，生协想到了物流的外包。生协首先关闭了原来的旧的节点，同时将业务转交、统合到农林协同仓库。而对于农林协同仓库来说，企业原来就是日本生活协同组合联合会的进货点，即日生协的关东、甲信越地区的冷冻品物流以前就是由农林协同仓库的支店负责配送的，有了与生协的合作，原先对日生协的库存和流通加工功能也一起整合到了新的物流中心。

通过启用关东第二支店，实现了向生协店铺混装配送冷冻、冷藏食品，缩短了在各店铺交接时所需要的时间，提高了包括店方在内的业务效率。关东第二支店低温物流中心与各个需要配送的店铺形成了非常好的默契关系，物流中心根据订单送货到商店后，省却了店铺的验收程序。当然，这种重要环节的节省是以双方业已形成的牢固的关系作支撑，是以双方的诚信做基础的。另外，由于从其他支店向旧中心补充冷冻品的卡车运输也不需要了，仅此每年便可减少 615 吨二氧化碳的排放量。因此，基于“关于促进流通业务综合化及效率化的法律（《物流综合效率化法》）”，国土交通省认定该低温物流中心为模范企业。另外，由于引进了节能型冷媒设备的设施，该物流中心也得到了环境省的表彰，认为其对防止全球变暖做出了积极的贡献。

TC：每月快速准确地分拣 1800 万件商品，并将其配送到 187 家店铺一楼 TC 楼层的处理数量每月约为 1800 万件，其中，冷冻品约有 340 万件(约 20 万箱)，配送到除长野县之外的 187 家店铺。物流中心的运作情况大概是这样，每天的 13 点到 20 点是从供应商那里进货的时间；冷藏品物流流程因商品、件数的不同，其专用容器或箱子也有差异。专用容器从入库区域那里开始，经高速自动分拣装置“滑块分拣机（JSUS）”分类后，被临时保管在自动仓库。根据出货指示按不同店铺出库。箱子则通过无线便携式中枢（RFT）按店铺分类，这两类商品都是在 22 点至次日凌晨 5 点被装上物流台车出货。

DC：储存 1 万个托盘的托盘式自动仓库和移动式货架二楼冷冻品 DC 楼层的处理数量每月约为 120 万箱。入库作业时间为每天的 8 点到 14 点，出货作业时间为每天的 8 点至 22 点。从厂商那里以箱子为单位进货的商品堆积在托盘上，根据特性分别收纳到托盘自动仓库“小型自动仓库（CS）”以及“移动式货架（IDR）”上。出库时，从托盘上分拣出被指示的个数后转移到其他托盘上。配送到生协的商品移至 1 楼的专用分类区域，与箱子商品一样使用 RFT 进行处理。配送到日生协的商品则搬运到二楼的出货区域，重新倒装到卡车上后进行配送。

2. 未来的发展空间

新中心 TC 楼层的处理能力为 230 家店铺，DC 楼层的处理能力最多能处理 180 万箱的量。TC、DC 楼层每年的销售额共计 24 亿日元，加上 PC 楼层启用后预计能达到 36 亿日元左右。分拣误差率达到十万分之三以下。

附录一　2014 年冷链物流领域企业案例

沱沱工社："生鲜冷链宅配"供应链[①]

一、企业介绍

（一）企业简介

2010 年 4 月，九城集团倾力推出国内首家专业提供新鲜食品的网上超市——沱沱工社。整合新鲜食品生产、加工、B2C 网络化销售全产业链各相关环节，并依托"透明供应链"产品质量透明管理体系在食品行业供应链上的独特应用，将"新鲜日配"这一 B2C 领域难以逾越的梦想变成现实。从商品组织、供应商评估、物流配送，沱沱工社确保每一件送达客户手中的正规商品均经过层层把关。自建专业的冷链物流配送队伍，采用冷链物流到家的配送运作模式，在北京市区内设立十几个区域分站点，辐射 CBD（Central Business District）核心区，中关村商务区及北部别墅区等，实现覆盖北京六环内的配送网络，并使用专业冷藏车和冷链设备车的配送，承诺将最新鲜的食品精准交付给广大消费者。

（二）企业资源

沱沱有机农场主要种植作物为各种有机农产品，包括有机杂粮、有机蔬菜，总计 80 多个品种。近百座温室大棚，用于反季节有机蔬菜的种植，包括有机果菜类、有机叶菜类、有机根茎类、有机香料类、有机特菜类及

① 本书作者为沱沱工社供应链中心总经理刘宇、沱沱工社物流总监侯筱玲。

有机浆果类作物。散养的纯种苏太黑猪，散养鸡，完全以农场自产有机农产品为主要饲料原料，肉质鲜美。沱沱工社为保证生鲜商品在生产、贮藏、运输、销售，到消费前的各个环节始终处于规定的低温环境中，保证食品质量，减少食品损耗，不得不在前期投入大量资金打造了现在的全程冷链宅配体系，购入冷冻冷藏设备，建成集冷藏库、冷冻库和恒温加工车间为一体的“温度要求更高，环境要求更为复杂”的现代化仓储配送物流中心，使整个供应链中心、不止仓储和物流是全程冷链，连产品的加工、分拣和包装等流程也处于全程冷链状态。同时建立了百余人的配送队伍，采用自建 SDC（Site District Center）区域站点模式，在北京市区内设立二十余个区域分站点，包括门店和小型社区房，每一个站点都配备了保鲜柜、冰柜等冷藏设备，由站点用；冷链设备车解决最后一公里的点对点的配送。从产品到消费者手中的所有环节，都进行适当的温度控制和质量管理，从而保持生鲜食品的新鲜度，降低产品因运输、温度变化造成品质变化。

二、“生鲜冷链宅配”供应链建立背景

（一）生鲜食品的现状及发展趋势

近段时间电商争先涉足生鲜领域，大型电商更把生鲜电商作为战略热点进行布局，让生鲜电商的话题又一次热起来。这与电商竞争的白热化不无关系，无论平台电商还是垂直电商，在各领域都已经被各类电商“扫街似的”扫了很多遍，早期的“蓝海”已经变成“红海”。

生鲜之所以能成为最后一个电商的“蓝海”，是由其自身的特征决定的。

首先，生鲜食品的价格弹性系数在所有商品中是最小的。所谓价格弹性系数小，反映了生鲜食品是生活必需品，无论价格变化如何，老百姓都是要消费的，因此其消费量特别大。同时，蔬菜和肉类的价格弹性系数又比主食要大，因此，其替代性强：今天，价格贵的蔬菜可以不吃，我吃稍微便宜一点的、应季的。

其次，生鲜食品的供应有很强的地域性，这是由生鲜食品生产周期长、难长途贩运、易腐败霉变所决定的。因此，生鲜食品对供应链和物流的要

求较高。

最后，对于消费者来说，生鲜食品价格透明度特别高。谁家附近还没有个菜市场，蔬菜肉蛋奶的价格都很明确，对于买菜主力的大爷大妈们，网上高出几毛钱的价格与菜市场一比就失去了优势，就算你说这菜多绿色有机无公害也没用。

（二）生鲜电商现状与发展趋势

2010 年以来食品类电子商务更是进入白热化爆发阶段，根据中国电子商务研究协会 B2C 研究中心出具数据显示 2010 年第一个季度食品类产品销售额高达 120 亿元人民币，同比增长 70%。沱沱工社仅北京地区的生鲜业务，2013 年上半年营收同比增 81.5%。而易观国际研究机构预测 2013 年生鲜电商市场规模将达到 57 亿。“生鲜商品”以其高重构率，客户黏性高等特性已然成为众多电商扩张的战略品类。

（三）“生鲜冷链宅配”供应链的建立

生鲜电商并不是什么新鲜概念。近年来，生鲜电商日渐火热，使得生鲜电商市场争夺的战争呈现白热化。而决定这场电商新战争胜败的关键，就是冷链系统，所谓冷链（Cold Chain）是指易腐食品从产地收购或捕捞之后，在产品加工、贮藏、运输、分销和零售、直到消费者手中，其各个环节始终处于产品所必需的低温环境下，以保证食品质量安全，减少损耗，防止污染的特殊供应链系统。

市场现有的供应链模式中，大体可分两大模式体系。一是内链式模式——供应链在企业内部运营不直接面对消费者，而是把农产品加工成成品销售给消费者，消费者去购买。二是外链式模式——供应链在企业内部运营也不直接面对消费者，而是通过第三方物流把农产品或商品配送给消费者。

而作为生鲜电商，是生鲜零售的电子商务化，对冷链的要求就更高，其中最重要的是物流与消费者直接对接，这里面“最后一公里”的冷链又是重中之重。沱沱工社供应链模式是把原生态的农产品通过储存、加工、分拣、包装、站点运输、门户配送自行运营的方式直接配送给消费者，实现直接把生鲜农产品配送到消费者手中的独特的全程冷链供应链模式。

冷链在生鲜食品流通领域并非新鲜概念，也并非生鲜电商所独有。传统冷链物流泛指冷藏冷冻类物品在生产、贮藏运输、销售，到消费前的各个环节中始终处于规定的低温环境下，以保证物品质量和性能的一项系统工程。冷链物流应遵循“3T”原则：产品最终质量取决于载冷链的储藏与流通的时间（Time）、温度（Temperature）和产品耐藏性（Tolerance）。

“3T 原则”指出了冷藏食品品质保持所允许的时间和产品温度之间存在的关系。由于冷藏食品在流通中因时间—温度的经历而引起的品质降低的累积和不可逆性，因此对不同的产品品种和不同的品质要求都有相应的产品控制和储藏时间的技术经济指标，由此生鲜冷链宅配体系浮出水面，也决定了生鲜电商的服务品质。

三、“生鲜冷链宅配”供应链的管理运营

随着电器、服装等传统电商领域的日趋饱和，而目前处于蓝海区域的生鲜网购，因存在较高利润近几年被众多电商大佬“哄抢”，成为业界争锋的焦点，各家都不愿放弃电商领域“最后一块蛋糕”。相较于生鲜在传统零售超市 20% 的销售额比例，农副产品在网络渠道的渗透率仅为 1%。业内人士分析称，生鲜电商是一个尚未被挖掘的大市场。

然而，生鲜产品的诸多特性、国内生鲜市场环境、物流环境等决定了涉足生鲜市场这片“蓝海”领域的不简单。沱沱工社在创办投身这片领域之初，从产品的生产、加工、存储、包装、分拣、到产品配送给客户的各个环节都是一个未经开发的原始地带，无标准、无规范、更无先例可循，这一切都需要自己不断探索、持续改进，通过自我创新并不断完善，使生鲜产品和供应链条逐步走向市场化、规范化、标准化、规模化。沱沱工社始终致力于“有机”农产品的品质保证，推崇高品质生活的经营理念，在这一探索之路上注定要走的更加艰辛。经过多年的探索与创新，沱沱工社生鲜农产品运营领域积累了丰富的经验，走出了一条属于自己的独特的差异化道路。

沱沱工社对“生鲜冷链宅配”供应链的定位：立足有机高品质食品和生活用品，建立一个高质量、高效率、一体化的“生鲜冷链宅配”供应链。从生鲜产品的源头进行把控，保证产地品质；在存储加工过程进行产品品

质监控，来解决存储加工过程的商品品质；以自建配送队伍解决生鲜产品的配送难题，尤其“最后一公里”的配送末端问题。整个供应链的目标是以保质保鲜的产品按需配送到客户手中，这也是沱沱工社在生鲜冷链宅配市场所具备的独特的竞争优势。下面是关于经营“生鲜冷链宅配”供应链的几个关键点描述：

（一）有机产品及其产地直供

随着互联网络和移动网络的飞速发展，B2C 电商业态逐步走向成熟，国民经济的快速发展和人类对自身健康的关注，以及高消费人群的不断增加，食品知识的广泛普及。天然、生态、健康、有机的食品越来越被消费者所推崇。

沱沱工社以“满足消费者更多细微需求，帮助城市白领家庭找到自己偏爱的生活方式”为使命。食品安全金字塔分为四层，包括普通食品、无公害食品、绿色食品、有机食品（如图 1 所示）。沱沱工社始终攀登着位于食品安全金字塔顶层的有机食品这座高峰。

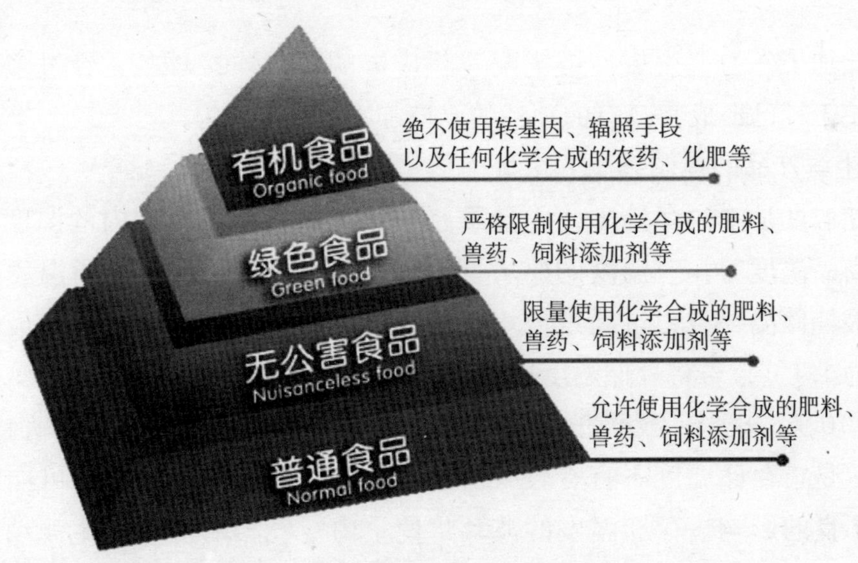

图 1　食品安全金字塔

目前，我国以超市为中心的生鲜产品采购模式主要有 3 种，根据向农产品供应链上游延伸的不同程度分为：第 1 种模式是超市采用供应商供货形式；第 2 种模式是超市直接从批发市场采购；第 3 种模式是超市直接从农产品产地采购。

为保证产品有机化，做好供应链全局把控，沱沱工社作为第 3 种模式的典型代表，亲自做有机农场，控制农产品的生产源头，做到产品的产地直供，并不断探索新模式，最后形成以“自有农场 + 联合农场”为主，其他渠道（主要为进口）有机产品为辅的产品供应模式。

沱沱工社有机农场拥有中国有机认证和欧盟有机认证的双认证资格，以及有机蔬菜供港资格。沱沱工社对自有农场进行全生产环境与全生产过程的监控、监察，对联合农场进行生产环境和生产过程的考察，并进行定期与不定期的抽查。沱沱工社对联合农场生产的产品进行产品订购，联合农场的产品必须符合沱沱工社采购需求。

沱沱工社的有机产品不局限于有机食品，还包含部分非食商品，主要是有机棉和有机洗护用品。同样，沱沱工社的非食商品也以联营的方式拓展，由供应商供货，实现了有机产品的资源整合。

（二）仓储加工体系

仓储加工作为“生鲜冷链宅配”供应链的关键连接环节，经过多年摸索，沱沱工社已形成其自有的独特的仓储加工体系。

1. 生鲜产品的存储

存储温度是生鲜存储工艺中最重要的因素，它包括冷库内的湿度、温度以及商品温度等。对温度的要求是适宜和稳定。所谓适宜是指温度应与商品的最佳储温一致，过高过低均将影响食品的存储质量。如梨的最佳储藏温度为 1.1℃，若将存储温度提高到 4℃并持续 10 天，则其有效储藏期将缩短 7～10 天；若将存储温度降低到 -2.2℃以下，梨就会冻结而不宜食用。所谓稳定是指存储温度不宜有较大的波动，任何的温度变化都有可能对商品造成不良的影响。存储温度的波动将使室内空气相对湿度发生波动，从而使商品表面出现来自空气的凝结水而导致发霉变质，或是商品表面的水分蒸发而引起干耗。此外，有些食品对储藏温度特别敏感，如果温度高于或低于其临界存储温度，常出现冷藏病害。如柑橘的存储温度较高时，会出现果皮斑点病，低于临界温度时发生褐痂病和烂湿病；存储温度低于 13℃时香蕉会出现皮伤等。

冷库内空气的相对湿度对食品的耐储性有直接影响，其要求是适宜和稳定。当相对湿度过高时，低温的食品表面就会有水分凝结，若凝结水过多，不仅在通常存储温度下食品会发霉，而且在温度变化时食品还会腐烂；当相对湿度过低时，食品中的水分就会迅速蒸发并出现萎缩。冷藏时大多数水果的适宜相对湿度为 85% ~90%；绿叶蔬菜、根类蔬菜以及脆质蔬菜的适宜湿度可高至 90% ~95%；其他植物性食品以 85% ~90% 为宜；坚果类只有储藏在 70% 的湿度下才较安全。

冷库内空气的流速也十分重要。空气流速增大时，水分的损耗也增大，特别在低湿度时，其干缩更严重。只有在相对湿度较高而流速较低时，才会使水分的损耗最少。但过高的相对湿度对商品品质并不利，如冷藏的肉类会长霉或发黏。为了及时将产生的热量如生化反应热或呼吸热和从外界传入的热量带走，并保证库内温度的均匀，冷藏库内应保持最低的空气循环。

当冷藏食品覆有保护层或用不透气的包装材料包装时，室内的相对湿度和空气流速将不再成为影响因素。

基于生鲜产品品类的复杂性，其存储工艺要求的严格性，要想严格做好每种生鲜产品的存储，无疑是非常困难的，各生鲜经营者只能从缩短产品存储周期、归类存储临界温度等方面寻找适宜生鲜电商的产品经营的同时实现生鲜产品的多品种、多批量存储。沱沱工社经过多年的探索总结，对每种生鲜产品都做了繁复的存储实验，寻找其最佳匹配的存储周期与存储环境，最终形成现有的四温区存储模型，且生鲜 SKU 保持在 1000 左右。

四温区分别是指常温区、恒温区、冷藏区、冷冻区，如图 2 所示。各区域内又根据仓储管理原则结合生鲜产品的特点对库内环境、产品出入库标准、流程、产品存储维护、产品存储周期以及存储环境监控等方面对存储的产品进行分类管理。

（1）常温区：温控 0℃ ~25℃，主要存储预包装商品、生活用品等对温度要求不高的产品。

（2）恒温区：温控在 5℃ ~10℃，主要用于存储周期较短的商品，如蛋类等；温度变化易导致商品状态改变，且无法恢复的商品存储，如巧克力等；具有吸附力强的商品，如有机面粉等。

（3）冷藏区：温控在 0℃ ~4℃，主要用于存储果蔬、冷鲜肉类产品，

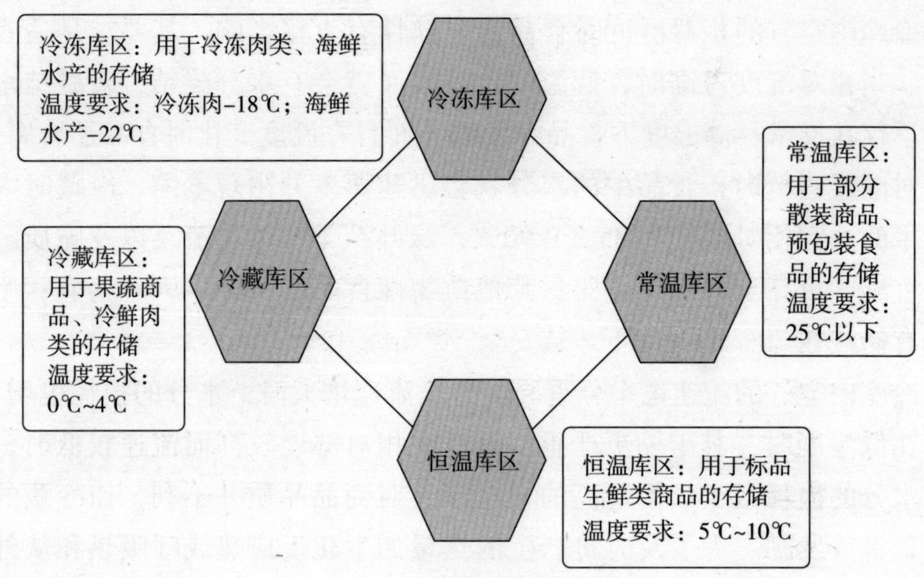
冷冻库区：用于冷冻肉类、海鲜水产的存储
温度要求：冷冻肉-18℃；海鲜水产-22℃
冷冻库区
常温库区：用于部分散装商品、预包装食品的存储
温度要求：25℃以下
冷藏库区：用于果蔬商品、冷鲜肉类的存储
温度要求：0℃~4℃
冷藏库区
常温库区
恒温库区
恒温库区：用于标品生鲜类商品的存储
温度要求：5℃~10℃

图 2　四温区存储模型

需分开独立存储。

（4）冷冻区：温控在 -23℃ ~ -18℃，主要用于存储冷冻肉类、冷冻海鲜水产等。

2. 生鲜产品加工

在目前生鲜产品市场的大环境下，生鲜产品是高度非标准化的产品，销售方式也多种多样，这样对生鲜电商的经营造成了相当高的复杂度。

生鲜产品供应方式和供应标准形式多样，如蔬菜类、肉类多以重量供应，水果类则以箱、托盘、重量等供应。供应的产品品相、品质又因地域性、季节性等因素受影响而不同，导致供应产品规格的复杂；又因生鲜商品本身存在着大小、畸形、口感等不同程度的差异，导致了产品本身的非标准性。客户对生鲜产品的购买也存在多种多样的需求，如同一种商品，有的客户需要按斤购买，有的需要按份购买，还有的客户想按照数量购买，如果完全满足所有客户的不同需求，势必会导致同种商品的多种规格，不利于加工效率的提升。

因此，生鲜产品的加工需要做的工作既复杂多样，又无例可循，同时还需与市场环境要求相契合。沱沱工社经过多年的经验积累，总结出了适合其产品销售的加工工艺标准和流程，对生鲜商品的标准化、市场化起到了巨大的推动作用。

为确保整个供应链条均处于冷链状态下，沱沱工社果蔬加工间、肉类加工间始终保持在恒温（5℃～10℃）环境下进行作业。对加工人员有严格的管理制度和规范的操作流程。从而保证了生鲜产品的品质以及加工环节的不断链，如图 3 所示。

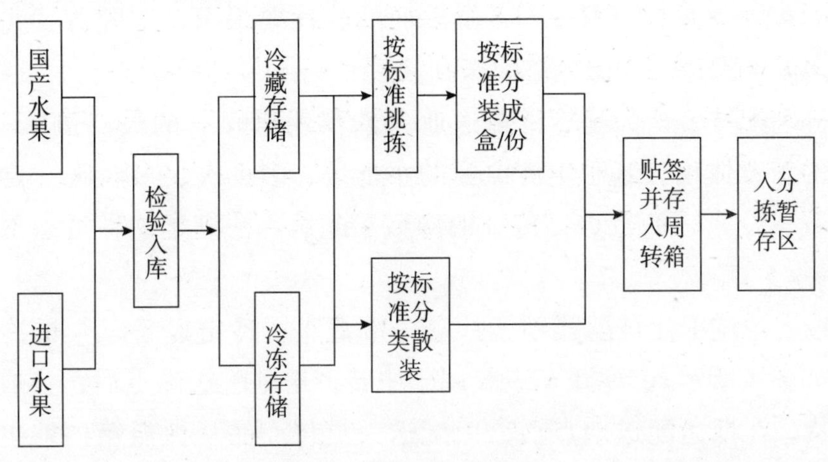

图 3　水果加工流程

（三）冷链宅配体系

因生鲜产品对物流配送要求极高，其配送方式—冷链宅配，被国际物流行业称之为该领域的“珠穆朗玛峰”。

冷链宅配的显著特点是区域化配送。宅配，顾名思义，就是配送到家，能做到这一点的物流公司很多，但是生鲜产品对配送的要求绝不仅如此，它还对配送条件有严格的要求，其配送过程必须保证是在冷链状态下不断链，温度的反复变化会对生鲜产品造成严重性的损害。而国内，即使是发达的一线城市内，能做到这样要求的物流公司比较少，即使能做到冷链宅配，同时能保证配送量、配送时效、产品品质，能满足沱沱工社差异化配送服务要求的公司更是没有。因此，沱沱工社在建立初期不得不自己组建一支符合生鲜商品配送需求的、高效率、高标准、高服务水平的冷链宅配队伍。

冷链宅配的关键点包含：配送网络、配送方式与技术以及配送服务。

（1）配送深网络——覆盖无盲区，直配到终端：网络为王，谁拥有大而深的网络，谁就能在最后一公里市场站住脚。

沱沱工社依据其在北京城内的客户商圈（如白领集中区、别墅区等）、目标人群集中程度、订单密集分布程度等因素，进行合理的配送站点分布，并由专员进行站点的选址考察。目前，沱沱工社已在北京六环内建立了二十余个辐射带动力强的配送站点，实现了北京六环内物流服务无重叠、无盲区的全网络覆盖。

（2）配送方式与技术——生鲜电商的特性要求下，宅配方式与技术的创新：多温区配送，全程冷链配送到家。

冷链宅配被公认为是冷链配送业“珠穆朗玛峰”的最“高峰”，是多因素下的综合体现。基于生鲜电商的小批量、多批次、多温区（常温、保鲜、冷藏、冷冻）的特点，传统的冷藏车配送无法满足这种特点下的配送需求。

所以，沱沱工社自己开创了一套“冷藏车 + 冷链设备车”的冷链宅配模式（如图4所示），冷藏车主要用于中转，送到配送站点后，换成冷链设备车送货，在抵达配送地点后，由配送人员将商品从保温箱内取出，放入统一的配送包内送达客户。保温箱根据不同的保温效果分为冷冻温箱、冷藏温箱和常温箱，分别用黄、绿、蓝三种颜色进行区分。所有的冷藏设备能保持4 ~6 小时的最佳保温状态。这种配送方式有两点优势，一是成本低；二是灵活机动，尤其到北京二环内胡同送货的时候更为明显。此种创新的配送模式有效支撑了沱沱工社“生鲜冷链宅配”供应链的需求。

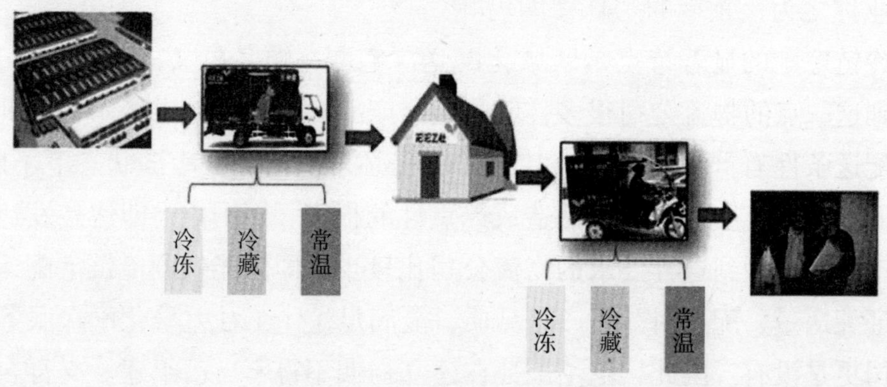

图4　沱沱工社冷链宅配模式

沱沱工社随着业务量的提升，规模的扩大及其生鲜产品标准化的推动，对其冷链宅配模式内的配送方式进行了革新。

业务订单量以及生鲜产品的多温区特性是造成冷链宅配难的一个重要

因素，众所周知，成批量的、稳定的、标准化包装的订单配送较之于批量不稳定、包装多样化的订单配送要容易，因此，沱沱工社在业务量提升、规模化后积极推动配送包装以及冷链设备车的改进优化。

首先是对配送包装的改进优化（如图5所示）。采用新型保温材料，配以箱内蓄冷剂，并用纸箱外包。根据冷链设备车内空间进行包装规格设计。这种包装的优点可总结如下：

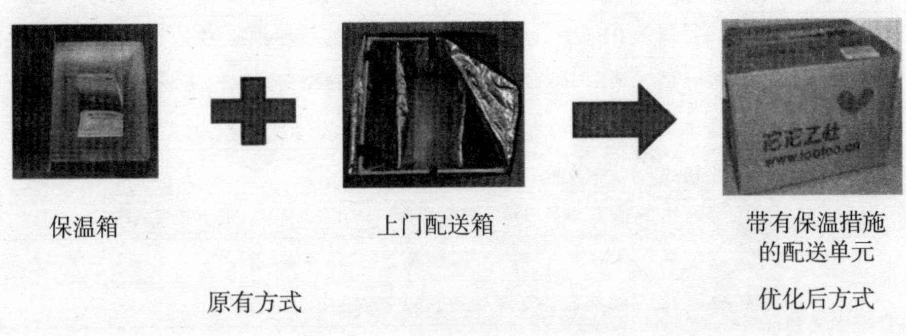

图5 沱沱工社配送包装

①灵活性高，可以针对外环境温度以及产品温度需求调节箱内蓄冷剂量，以达到温度控制的目的。

②简单轻便，易于中转配送，降低了对配送的要求，利于业务规模化发展。

③高效性，利于企业的规范化管理，以及员工作业的效率的提升以及标准化。

④包材可回收利用，降低供应链成本的同时又环保。

（3）配送服务——时效配送与星级配送服务。

生鲜产品特性决定了其对配送服务的独特需求。沱沱工社承诺：

①精准配送：客户可自选上门配送日期并选择3小时的收货时间段；

②次日达：网站当日24点前下订单，次日配送到家；

③当面验收：产品配送到家，请客户当面验收。

这个承诺体现了沱沱工社“生鲜冷链宅配”供应链高效率的配送以及对产品品质的高度负责。

沱沱工社的配送员不仅是完成产品的配送工作，他们还对客户进行与产品相关的其他服务，比如：向客户介绍生鲜商品的知识、存储要求、营养价值，甚至包括食用方法。另外，还会接收客户对产品以及网站等方面的反馈，实现与客户的线下互动。

因此，沱沱工社对其配送员有严格的培训考核制度，在2013年，沱沱工社在对配送员的管理中又新增一种星级配送员评选制度，制定配送服务标准（如图6所示），由客户对为其服务的配送员进行打分，既是对配送员的一种激励，又是客户参与的体现，让客户实现完善的购物体验。

服务项	标准点	描述说明
自营配送人员	任职资格	具有高中以上学历，经过严格的背景调查，并通过驾驶、安全、配送服务等培训
	区域熟悉度	熟悉并深入了解所负责配送区域内的地理位置分布情况，如指定配送区域+小区+楼号
	形象	干净整洁、朴实大方、亲切自然
	精神面貌	礼貌、热情、自信、专业、诚信
	仪容仪表	头发、面容、口腔、手部、耳部、体味等各方面均应清洁干净、无特殊味道
	着装要求	深着公司统一制服，服装、鞋帽整齐清洁，佩戴工牌
	工作姿势	保持正确的坐、立、行等工作姿势，避免不良工作行为
	服务态度	尊重、体谅、主动
	服务用语	招呼用语、应答用语、辞谢用语、接打电话的服务用语等用词礼貌、规范
	行为举止	到达客户处前、在客户处、递送订单时、离开客户处等环节均应有规范得体的行为举止
	异常处理	配送时若遇到客户不在或客户拒收商品等异常时，应及时周到地处理所遇到问题
	生鲜知识	熟练掌握生鲜商品的说具有的特性、存储方法、码放方式、营养价值、食用方法等
	冷链操作标准	熟练掌握产品不同温区的存储方法，具备商品的冷链操作标准知识
	商品码放	按照商品码放标准可独立完成操作

图6　星级配送员服务标准

（四）全面质量管理体系

质量对于现代社会经济发展有着重要作用，是关系到企业能否在激烈的竞争中全面胜出的关键因素，但目前大部分企业都面临以下质量难题：

（1）质量意识淡薄，质量观念落后；

（2）客户投诉事件纠纷不断导致企业信誉度受损；

（3）退换货频繁发生，严重影响成本控制；

（4）过程质量控制缺乏，损失严重，事故频繁；

（5）质量标准执行力度不到位。

全面质量管理是一个组织以质量为中心，以全员参与为基础，目的在于通过顾客满意和本组织所有成员及社会受益而达到长期成功的途径。在供应链环境下，产品的生产、销售、售后服务需要由供应链企业共同完成，产品质量客观上是由供应链全体成员共同保证和实现的，但产品质量的形成和实现过程实际上分布在整个供应链范围内。构建一个完整有效的供应链质量保证体系，确保供应链具有持续而稳定的质量保证能力，能对用户和市场的需求快速响应，并提供优质的产品和服务，是供应链质量管理的主要内容。

沱沱工社作为生鲜冷链宅配领域的探路先锋，果断引入全面质量管理体系，结合自身运营特点，对全面质量中的“产品质量”与“服务质量”两个方面进行系统管理。

产品质量管理包括：

（1）对生鲜商品进行严格的到货验收管理；

（2）分温区存储商品的实时监控；

（3）加工流程设置关键控制点对各个环节的有效监管，6S 管理，操作标准化管理等；

（4）配送流程中商品在途状态即时监控；

（5）宅配商品到货拆包验收。

服务质量管理包括：

（1）对员工进行质量、技能以及产品知识等方面的常规性知识培训，并考核评分，实行考核上岗制；

（2）对配送员除常规性知识以外，还要进行服务意识、服务标准、话术技巧、生鲜知识、冷链操作标准等方面的培训，并考核评分，实行考核上岗制；

（3）定期对配送员进行稽查考核，不合格者将停职再培训；

（4）客户需求信息采集与反馈；

（5）上下级实行“内部顾客”的服务理念。

通过有效的监管机制、培训机制以及激励机制等措施，沱沱工社供应链体系在全面质量管理方面突破了传统质量管理职能范围，将质量管理描述为全过程、全企业、全员的管理。注重对过程中员工和服务的管理，强化各部门的职责，并强调生产各环节之间和部门之间以“内部顾客”的概念和形式进行衔接，如图 7 所示。

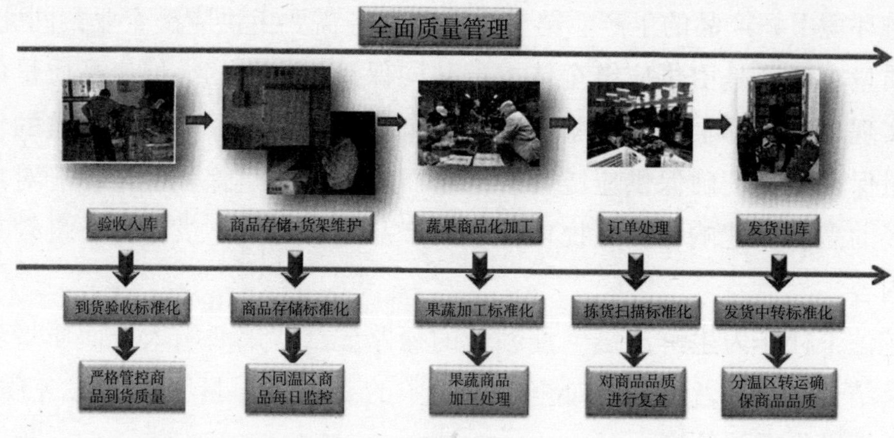

图7　全面质量管理

四、生鲜冷链宅配供应链体系解析

（一）两个平衡点

作为生鲜电商来讲，所销售的是关乎国民生计的农、林、牧、渔四大行业甚至更多细分行业的产品，这些产品都有同一个共性，即产品本身不规则，存储条件要求高，难以储运，从而导致加工和配送成本极高，生鲜产品损耗率通常高达10%～30%，而其他非食商品的损耗不到1%。如何实现低成本下的产品运营？这便是我们要寻求的第一个平衡点，即生产成本与顾客满意之间的平衡点。在保证商品品质的前提下，以最低的生产成本来满足顾客的需求，从而推动企业供给与客户需求的平衡。为了实现这一平衡，就要以优质的配送服务来弥补生鲜产品所存在的天然缺陷。客户可以接受自己从商超亲自挑选的生鲜商品所存在的任何缺陷，却无法忍受生鲜电商配送上门的商品所存在的一点点瑕疵。如何消除产品给客户所带来的不满？这便需要附加的服务来实现，通过与客户进行沟通，增加顾客对生鲜商品特性的认知程度，以及将配送服务做到极致，让客户获得优质的购物体验。那么，配送服务的极致所需要的是服务成本的提高，以至整体运营成本也随之增加。因此，我们需要寻找第二个平衡点，即服务成本与服务水平之间的平衡点。从某种意义上来讲，优质的服务对客户来讲是附加的、是免费的，对于企业来讲却是高额的成本支出以及人才的培养，实现这一平衡也是降低成本的重要举措。

生鲜电商要长足发展，就要始终以客户为中心，以两大平衡点理论为基础，打造一条属于生鲜冷链宅配供应链体系的差异化道路，如图 8 所示。

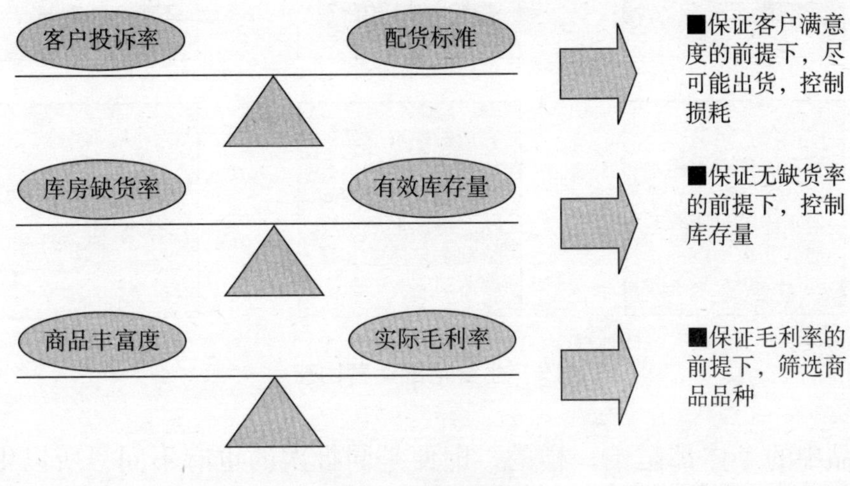

图 8 平衡点理论

（二）生鲜运营密码

在沱沱工社的一张订单中，客户按照自己所需订购了不同温区的产品，同时要求在一定的时间内送达，这样势必出现大部分生鲜电商普遍存在的问题。总结下来大概以下面六点为主：

（1）出库品质良好，配送全程冷链，客户还是要投诉，抱怨收到的生鲜商品“不好”“不满意”“与网站上的图片不一样”等。

（2）客户按照艺术品的标准要求生鲜产品，如大小、颜色、外形是否规整，稍有不满即退货、拒收。

（3）同样品质的产品，客户在超市自选时可以接受，配送上门时却不满意。

（4）同一种产品注定不能满足所有客户的要求。

（5）客户对生鲜商品的认知以及存储知识的了解有限，收货后因存储不当、食用方法不对等原因导致问题的出现，形成误解，从而影响客户的最终体验和口碑营销。

（6）生鲜商品的损耗控制问题，如图 9 所示。

产生以上问题的根源有两点。第一，生鲜商品的高度非标准化。每种

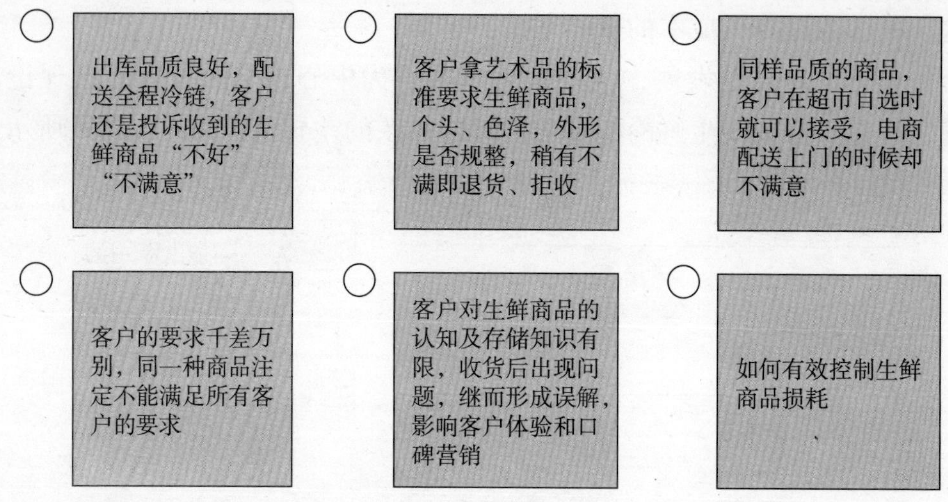

图9　生鲜宅配运营困惑

生鲜商品中的个体都是不一样的，即便是同批次的也有不同，所以很难做到高度标准化商品；第二，剥夺了客户对商品选择的权利。对客户来说，他们选择的不是商品，而是选择以网站上的图片为基准的生鲜产品，往往由于电商的这种宣传影响了客户的预期，致使他们对商品的要求非常高。如何化解客户与产品之间的矛盾？沱沱工社通过多年实践，不断积累总结出了生鲜运营密码，即：

（1）生鲜客户的特点：对产品期望值高、存在认知差异以及对生鲜产品特性的不了解；

（2）生鲜产品的特点：产品高度非标准化、质量动态变化快以及生鲜产品的多样性；

根据客户和产品的不同特点，以保证产品的新鲜度，采用冷链物流进行硬件支持，实现两者之间的对接。除此之外，还有两点核心，即冷链物流的上游—产品加工和冷链物流的下游—宅配。很多时候，这两个环节是被忽略的，所以才会产生客户很多的不满。

（1）加工环节：因为生鲜产品的高度非标准，而加工环节的作用就是要实现生鲜产品的标准化。大多生鲜电商都是将加工环节倒推给供应商或农场，做地不够精细，很难掌握客户满意度和损耗之间的平衡点，如果平衡点掌握不好，损耗就是成本。

（2）宅配环节：实现的是服务意识的标准化。在商品交付的过程中，与客户逐一拆包商品，进行当面验收服务。而且沱沱工社配送员不只是单纯的配送员，还是生鲜商品知识普及者。他们对生鲜商品的特性、存储方式等熟记在心，在上门配送的同时为客户讲解商品知识。这样既可以消除客户的误解，同时也给予客户一定范围内的选择权，更重要的是增加了客户体验，如图 10 所示。

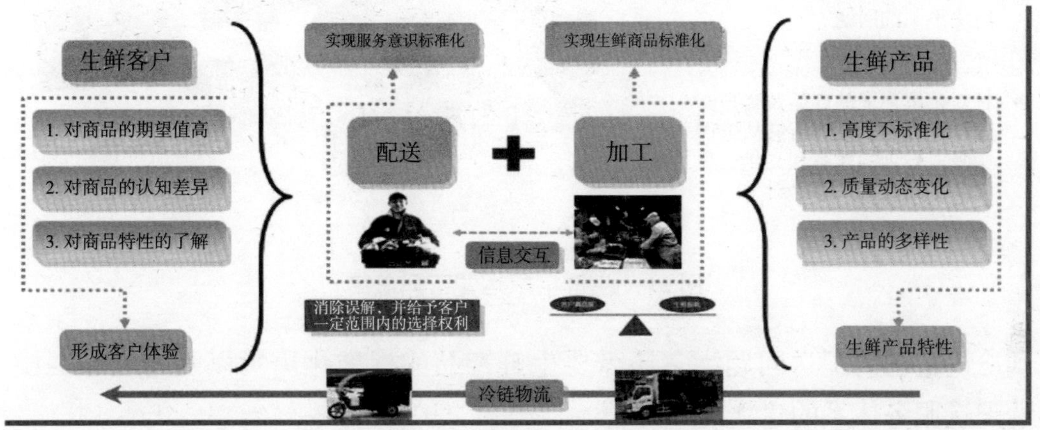

图 10　生鲜运营密码

沱沱工社采用加工与宅配两个核心点构建起客户需求与产品特点之间的桥梁，再辅以商品信息的交换。再从客户反馈的信息中提取顾客的共性需求，反馈给加工环节，加工环节再根据客户反馈不断调整产品标准，以满足客户需求。与此同时，加工环节也要把更新的信息传递给配送环节，从而不断提高配送员对生鲜商品的了解。在加工—宅配—客户三者之间形成一个信息传递的闭环，在冷链物流基础上实现这两个核心点与顾客对接，形成良好的客户体验，生鲜冷链宅配便会实现质的飞跃。

沱沱工社勇于实践，大胆尝试，逐步提炼出生鲜冷链宅配运营密码（如图 11 所示），其精髓在于：

（1）执行团队的形态意识标准化 + 产品标准化出货——生鲜业务核心；

（2）宅配的生鲜产品价值取决于产品 + 服务——用服务弥补生鲜产品天然特性的不足所带来的缺憾，用服务弥补冷链解决不了的问题。

（3）针对生鲜冷链宅配的产品及客户的特殊性——发展能够从失误中吸取教训的体系和文化，建立不断完善的商品手册。

总而言之，生鲜冷链宅配供应链体系的建立不仅仅只是解决全程冷链

- 执行团队的形态意识"标准"化+产品标准化出货——生鲜业务的核心
- 宅配的生鲜商品价值取决于"产品+服务"——用服务弥补因为商品天然特性的不足所带来的缺憾；用服务弥补冷链解决不了的问题
- 针对生鲜宅配的产品及客户的特殊性——发展能够从失误中吸取教训的体系和文化，建立并不断完善商品手册

图11　生鲜宅配运营密码总结

到冷链宅配的配送问题，它还需要生鲜产品的标准化出货以及与之相匹配的配送服务体系的建立。

五、绩效分析

沱沱工社是一家有机农业电商全产业链企业。从供应链的总体来看，这里面存在一个闭环物流，顺向产品物流从有机产品自农场土地中生长、采摘、入库、存储、加工、分拣、包装、出库、配送到家、签收；逆向产品物流从客户退货开始，经配送、入库、退货损耗品以及库房加工损耗品、出库、运输到农场，由农场消化处理。这个逆向物流的存在是沱沱工社的独特之处，因为它的存在，沱沱工社"生鲜冷链宅配"供应链中的生鲜产品损耗保持在全年平均5%以内，这样的损耗在业内被普遍认为是较低的，业内生鲜产品的平均损耗是在10%～20%左右，而有的企业果蔬生鲜产品的损耗甚至高达40%，这也是生鲜产品难做的一个明显体现。

此逆向物流不仅经济，同时又很环保。经济上讲，它将企业产生的减值损耗合理利用，达到了为企业减负的效果；环保上讲，它将企业产生的损耗回收利用，净化了社会环境；同时，这种回收利用又与沱沱工社主打的"环保"理念相契合。

另外，沱沱工社的产品配送包装也采用回收制，这样既节约了成本，

又体现环保理念。

在沱沱工社的“生鲜冷链宅配”供应链中，处处都可看到“环保”的思想体现，这也是沱沱工社始终坚持的信念。

“生鲜冷链宅配”供应链的运营对沱沱工社绩效的影响包含产品质量、客户服务、经济价值几大方面。

（一）产品质量

沱沱工社有机农场拥有中国有机认证和欧盟有机认证的双认证资格，以及有机蔬菜供港资格。所以，产品质量是沱沱工社的根本，为保证产品到达客户手中，能让客户满意，沱沱工社不断总结革新产品质量标准，设定了几十种产品质量评价指标，并对供应链的每个环节进行监控，实现供应链全面质量管理。

（二）客户服务

供应链经营的好坏对客户服务质量有直接的影响。用来衡量客户服务绩效的评价指标主要包括市场份额、订单完成总周期、客户保有率、客户满意度等。

（1）市场份额。评价沱沱工社的市场份额占有率，采用客户渗透率、客户忠诚度、客户选择度、价格选择度等指标。从市场反馈的情况看，沱沱工社市场份额逐年增加。

（2）订单完成总周期。订单完成总周期是用来反映供应链对客户订单的总体反应时间，作为客户服务的重要指标，订单完成总周期短，反映沱沱工社供应链运营顺畅。

（3）客户保有率及客户满意度。供应链利润持久的来源是客户群体，整个供应链尤其是仓储加工体系和冷链宅配体系，通过优秀的服务满足客户的需求。沱沱工社会员数、客户满意度逐年上升，沱沱工社知名度和美誉度逐年提高。

（三）财务效益

2012年，沱沱工社总体销售同比增长超过181%，2013年上半年营收同比增长81.5%。良好的财务指标背后，沱沱工社“生鲜冷链宅配”供应链居功至伟。

“生鲜冷链宅配”供应链的运营，降低了产品的总成本，实现了产品质量的全面管控，减少了供应与需求的不确定性，降低了安全库存，从而减少由于供应和需求发生意想不到的变化而增加采购及运营成本的现象。在内部管理上，供应链内部主要指标有：

（1）采购供应指标。在产地直供与采购方面，沱沱工社采购指数绩优，采购质量得到保证，且战略采购资金得到优化。

（2）仓储加工绩效指标。在仓储加工方面，加工中心生产效率同比稳步上升，仓储中心作业效率稳步提升；加工及存储损耗同比下降；质量实现全程管控；仓储加工中心实现自盈利。

（3）物流绩效指标。在物流配送方面，沱沱工社配送中心重视配送效率的同时更着重客户服务的满意度，这两项是配送中心绩效的关键性指标，且已实现自盈利。

六、未来展望

（一）透明供应链的打造

当今社会，是以信息化为主宰的时代，越来越多的企业开始倾向于透明化管理。尤其在涉及百姓健康的食品供应链上，呼唤建立智能化管控和透明供应链，掌握食品供应链的每个环节，是否按照标准化操作。作为有机食品的倡导者，沱沱工社将逐步为客户开放生鲜农产品从源头到末端的整个链条中运营管控信息。例如，生鲜农产品种植信息透明，为客户提供所购买商品的播种时间、培育过程、施肥种类、除虫方式、采收运输等相关记录数据；生鲜产品存储状态、即时温度监控记录、加工处理过程等相关信息；产品配送的在途状态、温度实时监控信息、车辆的卫星定位等。客户通过访问相应的网站即可浏览查询。从而消除客户对生鲜冷链宅配供应链运营过程中所存在的信息空白缺失。对企业来讲，也是更加有效地实现对各个环节的监管力度。

（二）农产品社区平台拓展

沱沱工社之所以始终致力于垂直电商平台战略，是因为其已经具备了生鲜产品从源头到末端的整个供应链条的整合，拥有自建农场和联合农场，自建仓储加工中心，以及自建的冷链物流配送队伍，可以完全实现生鲜农产品从源头到餐桌的整个链条的标准化运营不断链，将产品和服务做到极致，以满足客户的不同需求。沱沱工社下一步的发展战略将是致力于将自身业务进行不断拓展，开放生鲜平台，以第三方平台商铺的形式整合国内中小食品商家，从而实现对国内生鲜农产品的线上整合，为顾客提供更加丰富、优质的产品。

（三）生鲜产品标准化推进

目前，很多大的电商企业或者网站都开始竞相进驻生鲜电商市场，原由其前景是非常大的，且市场较广阔。但从生鲜目前的一个市场来说，标准化和品牌化是生鲜企业市场的需求。对于图书、服装、日化等垂直电商产品，国家都有比较成型的一些规定或者标准化的东西。而生鲜尤其蔬果其本身是一个特殊的商品（非标准商品），还没有国家或行业的一个完善的标准。生鲜商品的描述也无法很清晰地定义，这也决定了它是一个需要运用标准的流程去规范统一非标准化的产品。沱沱工社通过多年来不断积累，优化流程，规范加工人员对生鲜商品的加工工艺，从无数次的失败中逐步总结出了针对生鲜农产品各个品类乃至单一品种的标准化加工作业规范，并整理制定针对生鲜果蔬商品的标准以及加工手册。

另外，生鲜商品与其储存条件、配送环境、甚至配送时间段都有直接关联。生鲜商品本身形态随时间在不停地变化，加上有季节因素，有些产品成熟期非常短，可能就几天时间。从生产基地到消费者这个链条，是非常需要有时效的操作。沱沱工社拥有千亩有机农场，并采用联合农场的形式实现商品的产地直供，摒弃中间商转运环节，缩短商品采收时间；自建多温区仓储基地，实现了到货商品的即时存储加工；自建冷链宅配配送队伍，保证了商品的在途冷链运输。从商品采收的第一公里到冷链宅配的最后一公里，商品始终处于冷链状态下运营，在保证商品品质的同时缩短配送时间，提高配送时效，从而在整个运营链条之间的数据要求实现标准化。

沱沱工社以自身独特的运营模式，在生鲜商品标准化与供应链条标准化两个方向不断开拓创新，始终在探索生鲜冷链宅配领域的标准化道路。

鲜易温控供应链的探索与实践

一、企业介绍

河南鲜易供应链股份有限公司（以下简称鲜易股份）是中国温控供应链标杆性企业之一，公司依托网络化温控仓储及冷链运输配送系统两大基石，以物联网技术、供应链金融为核心服务手段，围绕供应链优化，开展国内外贸易、流通加工、温控仓储、展示交易、干线运输、城市配送、终端连锁、网络营销等业务，引领整合产业资源，帮助客户实现商流、物流、信息流及资金流同步，打造统一、安全、高效、协同的温控供应链系统。

鲜易股份先后获得“中国供应链管理示范企业”“中国食品物流示范企业”“中国冷链管理示范企业”“中物联常务理事单位”“中物联冷链委理事长单位”“河南物流行业诚信企业”“河南物流最具社会责任奖”“AAAA级物流企业”等资质荣誉，是“河南省温控供应链工程研究中心”承建单位。

角色定位：中国温控供应链集成服务商。

价值主张：超越冷链、领鲜生活。

发展愿景：世界温控供应链产业典范。

企业使命：集成全球智慧，引领行业进步。

文化理念：整合、协同、创新、共享。

服务理念：依托“云温控供应链管理系统”，为客户提供一条龙、一站式全程可视化供应链集成优化服务，帮助客户专注于自身核心业务，将非核心业务外包给鲜易股份完成，实现省时、省力、省心、省钱，从而提高供应链效率及自身竞争力。

二、鲜易股份实施温控供应链管理的背景

移动互联网的迅猛发展催生了O2O、C2B、P2P（个人对个人）等新业态，全球传统产业开始受到冲击，流通业、制造业、金融业等领域的供应

链管理与服务体系受互联网思维与互联网、大数据、云计算等技术深度影响出现变革，宣告全球互联网供应链时代降临。

中国经济目前正处于从高速增长阶段向中高速增长阶段转换的关键时期，在“新常态”下，城市化、信息化、可持续发展成为时代主题，产业结构、流通方式及交易模式正在发生重大变革，物流业的战略性基础地位日益凸显。

2013 年，我国社会物流总费用达到 10.2 万亿元，占 GDP 的 18%，物流成本过高依然是制约国民经济转型升级的重要因素之一。我国制造业的流通费用率为 9.2%，日本是 4.9%；我国工业库存率为 9.4%，发达国家普遍小于 5%；我国制造业物流外包比例只有 61%，而发达国家大于 70%。中国制造业发展必须突破物流瓶颈的挑战。

互联网浪潮席卷全球，中国互联网用户、网购水平、网购规模居世界首位，大发展推动互联网供应链大升级，电子商务引发物流与供应链服务业爆发性增长，但跨境电商、生鲜电商、电商下乡等新兴业务拓展均不同程度遭到物流瓶颈的制约。

目前，我国冷链物流发展水平，与欧美日等发达国家相比差距明显。以果蔬产品为例，目前我国果蔬冷链流通率仅为 10% 左右，而果蔬损耗率则高达 30%，如果将果蔬损耗率从当前的 30% 降低到 5%，那么每年可节约 1000 多亿元，或者可节省 1 亿亩耕地，提供 1.8 亿人一年的口粮，这是一个非常惊人的数字。我国冷链物流产业的发展任重而道远，具体问题表现如下。

（一）冷链基础设施和技术相对落后，装备条件不足

目前，我国冷藏保温车辆约有 8 万辆，而美国拥有 20 多万辆，我国冷藏保温汽车占货运汽车的比例仅为 0.3% 左右；中国冷库总量为 3320 万吨，人均冷库容量不足 25 千克。当前我国冷库设施设备陈旧、发展分布不均衡、结构不尽合理，导致功能失衡，比如肉类冷库多果蔬类冷库少，冷冻库多保鲜库少，城市冷库多农村冷库少，经营性冷库多加工类冷库少，土建式冷库多装配式冷库少，东部冷库多中西部冷库少等现象明显。尽管我国冷链物流基础设施在国家相关部门的大力扶持下已有较大的改善，但与我国经济以及冷链物流产业的发展要求相比仍存在着较大的差距，冷冻运输装备和技术手段

落后，物流信息技术应用滞后，这也直接影响着冷链物流效率的提高。

（二）完整独立的冷链物流体系尚未形成

从整体冷链体系而言，我国的冷链还未形成体系，目前大约90%的肉类、80%水产品、大量牛奶和豆制品基本上还是在没有冷链保证的情况下运输、销售，冷链物流发展的滞后在相当程度上影响着我国农业及食品产业的发展。目前我国尚未建立起一套完整的能监控保障食品从生产、包装、储存运输和销售（即从农田到餐桌）的全过程质量状况管理体系，缺乏相关的温度立法，食品卫生法规执行不力，致使易腐食品在整个冷链物流过程中的质量状况无法得到保证。

（三）冷链物流缺乏上下游的整体规划和整合

由于我国农业产业化程度和产供销一体化水平不高，虽然产销量很大，但在易腐产品温控供应链上，既缺乏冷链物流的综合性专业人才，也缺乏温控供应链上下游之间的整体规划与协调，在一些局部发展中存在一些失衡和无法配套的现象，整体发展规划的欠缺，严重影响了易腐产品冷链物流的资源整合以及行业进步。

（四）冷链物流市场不成熟，供求不平衡，外包程度低

目前，国内专业化冷链物流服务的方式有限，手段原始且单一，缺乏竞争实力，服务网络和信息系统不够健全。能提供综合性、全过程、集成化的现代冷链物流服务的专业企业不多，服务菜单还简单停留在货物代理、仓储、库存管理、搬运和定向性运输上。多数从事冷链物流服务的企业缺乏必要的服务规范和内部管理规程，经营管理粗放，很难提供规范化的冷链物流服务，服务质量较低。

（五）信息技术应用水平较低

我国冷链物流行业信息系统建设滞后，企业内部物流信息管理和技术手段都还比较落后，如条码技术、全球卫星定位系统、物资采购管理和企业资源管理等物流管理软件的应用水平较低；此外公共物流信息交流平台极度缺乏，目前以互联网、物联网等为基础的物流信息系统在我国还没有

得到广泛的应用。

（六）冷链物流标准不完善

据统计我国冷链相关标准已经超过 200 项，但所有这些标准都是推荐性标准，标准的可操作性不强。现行标准中，国际标准采用比例较低，标准之间协调性差，存在重复和交叉现象，未能覆盖冷链物流全过程冷链物流过程涉及原料获取、冷冻加工、冷藏、冷藏运输和配送、销售等诸多环节，任何一个环节上的疏忽都有可能带来服务“断链”，影响食品品质，甚至给消费者健康带来损害。

（七）冷链物流专业人才缺乏

目前，我国从事冷链物流研究的大学和专业研究机构还不多，企业层面的研究和投入更是微乎其微，物流人才严重匮乏，缺乏既懂管理又懂技术的高素质复合型人才，这严重制约着冷链物流的发展。

为保障食品安全、降低运营成本，实现可持续发展，必须构建统一、安全、高效、协同的温控供应链体系，建立从源头到终端的食品质量保障体系和全程可追溯体系，用全程冷链物流服务保证产品安全和品质，降低损耗，提升整个产业链的运营效率及盈利能力。

国家不断加强对冷链行业的支持和监管力度，大力推动行业资源的整合与优化配置。单个企业、区域市场、局部运作的模式将失去竞争力，自成体系的封闭式运作将面临资源约束的瓶颈。纯粹以单一的温控仓储或冷链运输服务的传统商业模式，已不能有效保障食品安全和满足客户需求。

以温控仓储和冷链运输服务为基石，以物联网技术、供应链金融服务为核心，为客户提供系统的一体化、一条龙温控供应链优化服务方案，提升企业运营效率、降低客户成本、保障食品安全，推动冷链物流服务向温控供应链管理的转型升级已经成为冷链物流行业发展的必然趋势。

以冷链物流基地为核心构建温控供应链体系，能够有效推进冷链食品与冷链物流的联动发展，能够有效推进全程的食品安全体系建设，能够实现三农、食品加工制造业、现代服务业和民生的和谐发展，是实现三化协调、科学发展、保障食品安全的有效措施之一，是创新经济发展方式突破口之一。

在政府、社会、媒体、行业、消费者、资本的互动中，温控供应链服务业态备受关注。在价值链的前提下，实现产业链、供应链的协同和升级，已成为时代命题。

三、鲜易温控供应链的探索与实践

冷链作为对资金、管理和技术都有很高要求的产业，在中国的发展正面临瓶颈。当前我国的食品物流成本约占食品总成本的70%，易腐食品的损耗率超过10%，而美国农产品冷链完成从采摘到家庭的全过程，食品的损耗率仅有2%。与世界先进水平的规模落差、科技落差和效益落差的背后，无疑是观念与系统的落差。要改变这一现实，必须从观念层面率先实现突破——超越传统冷链业态，超越现行商业模式。

鲜易股份首创“云温控供应链系统”，构建链接生产、仓储、运输、加工、集采、交易、配送的一体化温控供应链，以多元化的地面服务能力、网络化的供求信息管理和全球化的贸易运作能力，为中国现代食品产业提供超越传统冷链的系统化服务，为中国冷链产业模式创新探索转型之路。

（一）两大基石

1. 温控仓储

鲜易股份在全国主要区域拥有18个温控供应链基地，分布在大中原、华东、华北、东北、西北、华南等区域，涵盖全国重要的物流节点城市，宽温度带仓储总容积达到180万立方米。所有仓储均配置有信息化WMS系统与各类先进的仓储设备，能够为客户提供优质、高效库存管理服务。

2. 冷链运输

鲜易股份围绕三纵三横交通干线、7大区域、21个全国性物流节点城市、17个区域性节点城市，布局干线运输及区域分拨网络，形成“群、链、网”结合的服务优势。依托冷链运输信息平台，集成冷链运输核心资源，实现冷链干线运输、区域分拨、城际零担等功能。拥有冷藏运输车辆1000余辆，自有与调动社会车辆3000余辆。所有车辆均配备TMS、GPS/GIS等物流信息系统。现已在30个城市设立服务网络，开通大中原—珠三角—长三角—环渤海—大中原温控零担业务。

（二）两大中心

1. 生鲜加工中心

鲜易股份通过 HACCP、GMP、SSOP 等体系认证打造流通加工平台，为连锁零售业、连锁餐饮业、团膳等上下游客户提供 OEM 贴牌生产，ODM 设计代工及分拣、贴标、包装等的生鲜产品流通加工服务。

2. 生鲜配送中心

鲜易股份依托网络化温控仓储及冷链运输系统两大基石，以 B2B、B2R 为主要模式，在郑州、天津、长春、沈阳、武汉、合肥等多个城市建设生鲜配送中心，为连锁零售业、连锁餐饮业、食品加工企业、贸易分销商等开展共同配送业务。

（三）两大平台

1. 集采分销平台

动物蛋白等大宗农产品“买全球、卖中国”已渐成趋势，鲜易股份基于广泛的市场需求，依托专业化的采购执行平台，为上下游客户提供生鲜农产品、冷链包装食品专业的全球采购服务，实现城乡联动、内外贸联动。目前，已经构建了稳定的进出口渠道，为客户提供丰富的产品整合和专业的采购执行，进行一条龙的供应链集采服务。拥有欧洲、北美、南美、澳洲/新西兰、东南亚、香港 6 个海外集采中心，覆盖全球主要供给市场。与 19 个国家和地区 100 余家厂商形成稳定的进口渠道，开展进口贸易。拥有 9 个出口资质，产品目前已经出口至 26 个国家和地区。

鲜易股份拥有专业的市场营销队伍、成熟的品牌推广经验、健全的渠道网络布局，通过多样的业务合作方式，在 150 个重点消费城市，构建贸易分销平台，帮助企业或客户搭建高效的产品分销网络，实现产品快速销售。分销品类涵盖猪肉、禽肉、牛羊肉、水产品、乳制品、速冻食品及红酒等冷链食品。运作经销商、工业、团膳、餐饮、终端、特通等复合型渠道。

2. 电子商务平台

鲜易股份积极试水电子商务，创建“鲜易网”，打造生鲜食材 B2B 电商交易平台，致力于为中国生鲜食品企业用户提供信息发布、品牌传播、网络营销、担保交易、金融服务、仓储物流等多方位、全流程电子商务服务。

创建“冷链马甲”，打造面向全国的冷链物流线上综合性公共服务交易平台，为“车、货、库”等物流资源和能力提供信息发布、交易撮合、物流在线支付、供应链金融等系统服务。

推出O2O新型终端——“日日鲜社区生鲜大厨房”，通过线上线下无缝对接，打造“产品品牌展示中心、客户体验中心、生鲜加工配送中心、社区便民服务中心、电商集货提货中心”。

（四）两大市场

农产品批发市场、冷冻产品批发市场是我国冷链产品商流的主要发起地，鲜易股份充分利用自身系统化服务优势，通过与全国性及区域性布局的大型农产品批发市场、冷冻产品市场开展战略联盟合作，实现与两大市场的深度融合。为两大市场中的高端客户群体提供温控仓储+冷链运输+集采分销+供应链金融系统化服务。

四、鲜易温控供应链核心竞争力分析

（一）“群、链、网”相结合的服务网络

鲜易股份围绕国内三纵三横交通动线、11个主要商业功能区、38个物流节点城市、70个主要区域市场，在大中原、华东、华北、东北、西北、华南等区域布局18个鲜易温控供应链基地，建设和运营温控供应链上的两种核心设施——网络化冷库和冷链物流运输系统，并配套提供流通加工、集采分销、供应链金融等增值服务，能够为全国型或区域性布局大客户提供全国统一标准端到端、全程透明、集成优化的温控供应链集成服务，形成“群、链、网”相结合的网络化服务优势。

（二）系统集成服务能力

鲜易股份依托网络化温控仓储及冷链运输配送系统两大基石，以物联网技术、供应链金融为核心服务手段，围绕供应链优化，开展国内外贸易、

流通加工、温控仓储、展示交易、干线运输、城市配送、终端连锁、网络营销等业务，帮助客户实现商流、物流、信息流及资金流同步，打造统一、安全、高效、协同的温控供应链系统。致力于为客户提供一条龙、一站式温控供应链集成优化服务，帮助合作伙伴专注于自身核心业务，将非核心业务外包给鲜易股份完成，实现省时、省力、省心、省钱，从而提高供应链效率及自身竞争力。

（三）多样化的供应链金融服务

随着全球生产经营组织模式转变和我国经济转型期背景下，中小企业受外部环境影响而导致经营存在很多不确定性，使银行金融机构无法对中小企业信用状况做出客观评估，因而中小企业很难长期、持续解决融资难题。鲜易联手金融机构推出系统增值的线上、线下供应链金融服务方案，可以帮助中小企业有效缓解资金压力，助力其进一步做大做强。

在产地，鲜易股份依托产地布局优势，为农产品加工企业及贸易商提供原料代采 + 流通加工 + 温控仓储 + 冷链运输 + 产品分销执行 + 供应链金融的系统化服务，帮助企业或贸易商有效缓解因农产品“季产年销”带来的资金压力。

在销地，鲜易股份充分发挥销地温控供应链基地网络化优势，为品牌企业或其经销商提供“温控仓储 + 干线运输 + 区域分拨 + 城市配送 + 采购及分销执行 + 供应链金融”等系统集成服务，帮助品牌企业或其经销商提升供应链运营效率。

围绕中小型冷链食品加工企业融资难、融资高的难题，鲜易股份通过原料定金代采 + 温控仓储 + 冷链运输 + 产品分销 + 供应链金融的系统化服务，帮助他们缓解资金压力，提升市场分销能力。

针对 KA（关键客户）商超供应商因结款账期长带来的资金压力，鲜易股份以其现有或未来一段时间所有的应收账款作为质押物，根据应收账款池中余额情况，为 KA 商超供应商提供流动资金贷款或有偿授信等金融服务。

打造全国 B2B 生鲜食材电子商务交易平台——鲜易网，鲜易股份与中信银行、广发银行、平安银行等多家商业银行合作，为客户提供线上展示及交易、在线质押、在线出账、在线赎货、在线还款等一体化线上供应链金融服务。

（四）开放性的科研创新平台

鲜易股份立足于冷链物流产业，以突破温控物流内产品开发、冷链、物联网、车联网等产业关键技术制约为目标，成立了河南省温控供应链工程研究中心，推进温控供应链工程化基础平台和冷链物流公共服务创新平台建设。开展冷链技术、装备技术、工程技术、物联网应用技术、车联网技术、冷链管理技术等产业核心研究技术，推动冷链物流相关知识体系，标准体系建设，提升温控物流产业自主创新能力。

（五）强大的资源整合能力

“供应链的核心是整合，整合的路径是协同，协同的关键是文化”，鲜易股份定位为中国温控供应链集成服务商，强大的资源整合能力是实现这一定位的核心所在。

在物联网、云计算、大数据的框架下，鲜易股份并不仅仅是以庞大的冷链物流网络和延伸出来的附加值业务，来满足各种类型客户的需求，而是要通过信息集成，掌握冷链所有环节的数据，来对客户需求做出洞察和预测，从而创造需求。

在掌握大量需求信息的基础上，通过对行业资源、社会资源的有效整合，才能够使社会上碎片化的库、车资源集成在一起，实现对社会资源的有效管理，并衍生出附加值更高的业务，进而提升供应链整体运行效率和运行价值。通过供应链集成整合，鲜易股份与同行业企业从传统的竞争关系发展成为竞合关系，与同行业企业“不再是一个此消彼长的关系，而是一个相互促进的关系”。

（六）供应链绩效评估

鲜易股份依托强大的服务网络、先进的储运设施、领先的在线管理系统、专业的服务团队及现代化的温控供应链基地，联动标准、信息、金融层面的合作伙伴，先后与上游肉类、水产品、乳制品、速冻食品、农产品等冷链产品加工制造企业以及下游的连锁零售、餐饮团膳、电子商务等渠道终端客户，围绕温控供应链的不同环节展开了深度合作，初步实现了平台与平台、系统与系统、供应链与供应链的有效链接，帮助客户提升整体供应链的运行效率与质量，帮助客户做大做强。而鲜易股份也通过这种长期战略性的合作，获取与合作伙伴共同成长的收益。

当今世界已进入全球互联网供应链时代，面对新的经济环境和政策机遇，发展中的鲜易将秉承一贯的开放性、创新性、学习性、成长性，在产业链、供应链上谋求与国内外企业的联盟合作，与合作伙伴共同发现价值、设计价值、创造价值、分享价值。以创新的方法，再创新的优势，加快发展温控供应链产业，打造行业典范。

郑明现代物流：RFID 冷链物流实时监控解决方案

一、RFID 技术是冷链物流质量监管的核心武器

冷链物流的运输过程中，温度、湿度应该严格地控制在特定的范围内。若利用传统温湿度监测手段，只能监测端到端的节点温湿度，即使节点测量温湿度正常，并不能保证运输过程中的温湿度始终正常，而利用 RFID 技术和无线通信技术进行结合，可以了解冷链物流在运输过程中是否发生了温湿度变化以及可能由此引起的质量变化。从而对冷链物流运输的产品品质进行细致的、实时的管理。

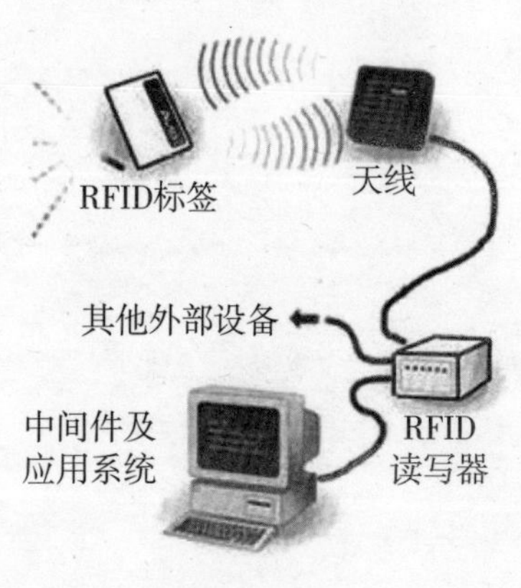

二、建立冷链物流温湿度实时监控系统

系统对冷链的全过程进行实时监控，把温湿度及地理位置等信息进行采集并处理，通过 GPRS 数据分组的方式无线传输数据到服务器；建立预警机制，设定监控温湿度上下限，超过设定值，进行报警，规避风险。同时也可以通过互联网或手机实时监控物品的状态，方便用户随时随地地查看运输途中物品的环境参数，以减小经济损失。

三、运输车辆全过程监控，避免贵重物品人为偷盗，掉包防伪等

冷链运输过程中，价值较大的重要货物可以在包装箱或单个贵重货物上粘贴防拆卸电子标签，电子标签在货物运输过程中处于实时发送信息状态，读写器实时将电子标签信息（编码、防拆卸状态等）实时采集并通过 GPRS 模块将信息传递到后台监控中心，当电子标签被强行拆卸或者粘着电子标签物品被搬离运输车厢时，后台会弹出报警框，启动报警。

四、监控行车路线和防止疲劳驾驶

车辆装有 GPS 定位系统，可以根据预先设置的行车路线结合 GIS 地理信息系统对车辆行车路线进行监控，如果偏离，软件会报警，同时根据行车的时间间隔规范好司机安全驾驶，防止长距离疲劳驾驶。

（一）强大的软件应用功能及查询功能

系统软件通过监控实现权限设定、定位监管、日志功能、统计分析、温湿度告警功能和系统设置功能，可实时查询冷链车辆的位置、状态、移动轨迹及事件显示。中间件软件与系统中的温湿度读写器进行通信、监测

读写器设备的状态并通过读写器读取标签数据，根据配置的业务逻辑规则，产生各种类型的事件信息以及查询报表。

基础报表

里程报表	停车报表
里程报表	停车汇总表
区域报表	停车明细表
区域进出统计区域汇总	行驶统计报表
区域进出统计车辆汇总	行驶统计汇总
区域进出统计明细	行驶统计明细
区域间行驶明细	速度分析

扩展报表

温度报表	开关门报表	LCD明细	指令明细
温度动态明细	开关门汇总	LCD明细	指令明细
超温汇总	开关门明细		操作日志
超温明细			操作日志
冷机汇总			
冷机明细			

报警管理

常用报警设置　短信邮件查询

区域报警设置

线路报警设置

报警处理

报警统计汇总

报警统计明细

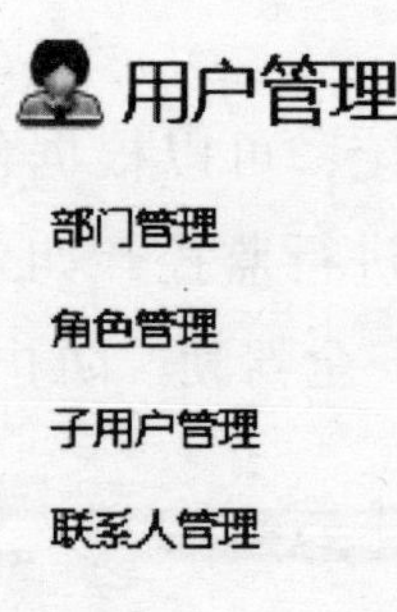

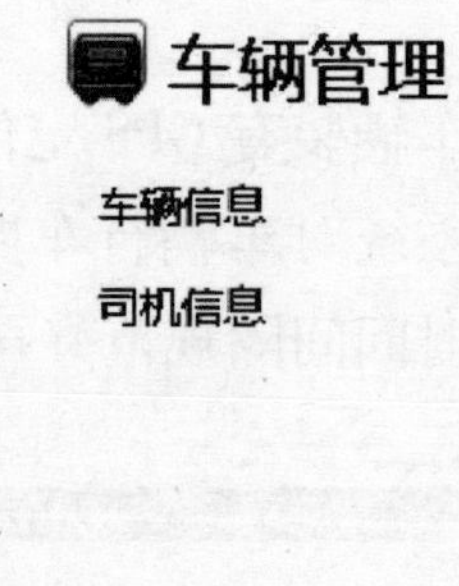

（二）强大的软件扩展性与兼容性

基于B/S架构的软件和嵌入式硬件都具有很好的扩展性和兼容性，可以与其他系统接口（比如GIS、仓储、资产等其他系统）实现灵活对接，为企业提供方便快捷的服务。还可通过二次开发能够跟企业原有的硬件实现对接，跟原有的其他管理软件实现对接。节约企业成本，同时实现系统渐进性改造，完成顺利过渡。

（三）符合国际W3C标准网页端软件云平台

基于B/S架构设计，Web浏览器网页版访问方式，更加开拓了系统的实用性。支持互联网访问方式，从中小型企业到大型连锁型企业均可使用此管理系统。只要分配出相应的管理账户和密码，各个部门和管理人员，均可通过自己唯一的账户和密码，登录网页，读取服务器内的、本人权限内的数据。

（四）无论何时何地都能实时查看数据报表

数据采集终端采用主动式发送数据的方式，依靠通信网络的发达，数据能实时上传到总服务器，无论何时何地，只要能打开网页，点击即可看到想要的报表。

RFID 技术的发展，市场应用得到不断扩大，在物流行业、银行运钞车监控与报警、贵重物品运输监控，有生命物体的物流以及医药运输等。

浙江高翔：张家港市青草巷农副产品批发市场冷库系统改造项目案例

一、背景介绍

当前，中国消费者正逐渐迈入现代化的生活方式，民众的消费结构也在发生潜移默化的变化。人们冷藏、冷冻食品的消费需求在逐渐增加，对肉制品、海鲜、新鲜蔬果、乳制品等易腐变质食品的消费比重不断增加，食品安全问题正逐渐上升为消费者们最为担忧的问题，这也对整个食品及冷链行业的发展提出了更高的要求。同时，随着中国城镇化进程的不断加速，作为冷链流通中至关重要的一环，规模化、现代化的农批冷链市场也不断发展，其背后需要更加节能、智能的储运和冷藏技术作为支撑。

二、案例项目介绍

张家港市青草巷农副产品批发市场始建于1995年，是全市唯一一家农副产品批发市场，建筑面积达58000平方米，设有冷冻品、水产、蔬菜、家禽、鲜肉、副食、粮油、水果、日用百货等丰富的交易区。2012年，由于原批发市场交易区位紧张，设备设施落后，存在安全隐患等原因，市委市

政府和市场管理单位决定新建批发市场。新建的青草巷农副产品批发市场投资 6 个亿，总占地面积约 307 亩，总建筑面积 15 万平方米左右，整个新市场分为交易区、办公区、商业区和冷库区。设置摊位 1000 多个，比老市场增加了 50%。

根据《艾默生环境优化技术中国冷链研究》白皮书中建议，不同食品有不同的储存温度，且只能在一定范围内波动。例如，冷鲜肉的储藏温度是 2℃，冷冻肉和冷冻海产品为 -18℃。因此，整体搬迁后市场的新冷库制冷系统需要能够满足不同食品的冷藏温度需求，在更节能、高效、稳定的基础上保证食品更安全。

三、项目介绍及成果展示

该冷库项目制冷机组系统全部由浙江高翔工贸有限公司（以下简称浙江高翔）提供，浙江高翔是艾默生环境优化技术授权的 OEM 工厂，也是长期战略合作伙伴，主要生产与销售高翔牌冷风机、冷凝器及制冷机组，年生产量突破 20 万套，产品具有外形美观、高效节能环保等特点。

由于冷冻市场在中国的发展尚处于起步阶段，该农贸市场之前的冷库系统多采用一些半封闭活塞压缩机组装的机组，设备质量标准不一、良莠不齐，振动和易损率均较高，直接影响到冷库的正常使用。针对这些问题，浙江高翔为该系统提供了 70 多套艾默生环境优化技术的涡旋压缩机组，其

中中高温系统采用 ZB 系列，低温系统采用 ZF 系列。与之前传统的半封闭压缩机组相比，艾默生涡旋压缩机组能精确冷库温度控制、紧凑高效、低振动，同时还大大节省了运行费用。

四、新冷库制冷系统介绍

浙江高翔为新冷库系统配套的是单套艾默生 ZF 涡旋低温压缩机组，具有半封闭压缩机组无法比拟的特点，相同功率体积和重量只是半封闭压缩机组的三分之一，涡旋压缩机相邻的月牙形空间的压差小、泄漏少、阻力小，具有较高的容积效率，高环境温度时的冷量损失更小。在同样制冷量情况下，涡旋压缩机的绝热效率比往复式约高 10%。相较传统活塞机，涡旋压缩机只有三个运动部件，损坏概率减少了 80%。噪声方面艾默生的涡旋压缩机也表现卓越，在压缩过程中没有脉冲，大大降低了对周边环境的噪声污染。低振动减少了管路泄漏可能，还节省了机组结构材料。

五、工程商负责人心声

江苏地区的农批市场在全国起步早，发展也快，每年均有 20% 左右的增长，但低端设备存在的情况比较多。近几年，随着业主的要求提高，对更好技术的需求也日益迫切。艾默生 ZB、ZF 系列涡旋压缩机安装方便，易于自控，运行安全、平稳、可靠、节能。ZF 系列还特别采用了喷液设计技

术，对低温区可靠性有极大保证。艾默生该系列压缩机具有广泛运用的潜力和价值，我们非常有信心进一步扩大和提升该机组在市场上的份额。

六、农贸市场管理人员心声

农贸市场搬迁之前，由于旧制冷系统无法满足大市场的需求，之前一直使用半封闭活塞压缩机，我们总担心泄漏，需要维修。每天闭市时都会发现有很多腐烂变质的肉、海鲜、蔬菜等食物被丢弃，商户们的损失较大。但搬迁后，农贸市场采用了装载艾默生涡旋系列压缩机的新冷库系统，机组运行平稳，制冷效果非常好，农副产品得到了更好的保鲜，噪声和振动的干扰也减小了，商户经营更加高效，且市场整体环境得到提升。而且让人惊讶的是，耗电量也显著减少，值得在其他的农贸市场加以应用。艾默生 ZB 中温涡旋压缩机我们已使用多年，这次 ZF 低温涡旋压缩机能够推出，让我们对冻肉库应用的安全性更有信心。

七、案例总结

艾默生生产的谷轮™中温涡旋 ZB 系列和低温涡旋 ZF 系列压缩机性能优异，节能效果更佳，使市场方面节省了运营成本，降低了食品损坏率，机组噪声低，为消费者营造了更舒适的购物环境，而更好的制冷效果也保证了消费者的食品安全，有效避免了不必要的浪费，为冷链环节中超市、农批市场中冷库制冷系统的改善提供良好的借鉴。

国家农产品现代物流工程技术研究中心案例

一、“一体两翼”产学研平台组织构架及功能定位

（一）组织构架（如图1所示）

国家农产品现代物流工程技术研究中心创新性地提出“一体两翼”的运行机制，中心根据顶层构架基础，结合工程中心、重点实验室、公司三个主体发展需求，进行人员优化配备，进一步提升科研水平。明确岗位职责，完善管理运营制度和任务目标，实现人尽其才、物尽其用，充分发挥山东省商业集团产学研模式潜在的优势，整合各类优势资源，在“科学、技术、工程化和产业化”四个层次上突破，最终实现行业引领、国内一流、国际知名的工程中心总体发展目标。

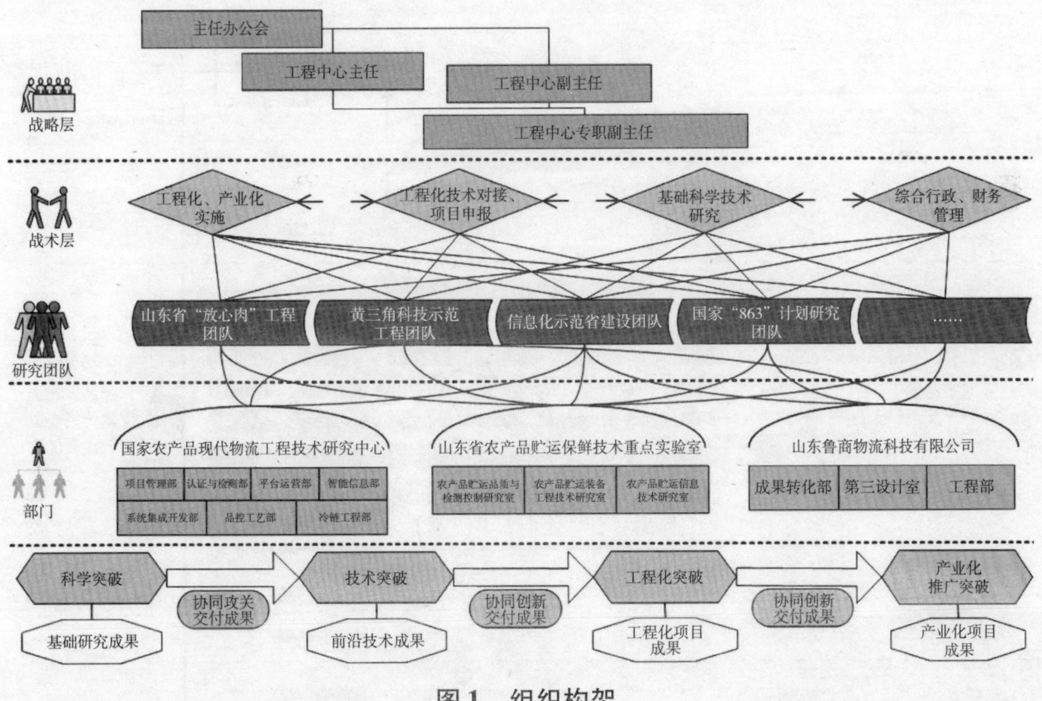

图1 组织构架

（二）功能定位（如图2所示）

（1）山东省农产品贮运保鲜技术重点实验室作为国家农产品现代物流工程技术研究中心“一体两翼”产学研平台的一个重要组成部分，研究具有不同生物学属性的五大农产品，主要包括粮食、果蔬、畜产、水产和低温食品等，在物流环节中的“3T”原则［时间（Time）、温度（Temperature）和品质（Tolerance）相关关系］及其调控技术；在生产、加工环节以及物流环节中的安全检测、监控和溯源技术，从而保障农产品质量安全。

（2）国家农产品现代物流工程技术研究中心基于农产品温控物流技术集成（“魔方”）理论体系指导，以分类农产品为对象，研究其在特定的时空目标环境下，所需的温控装备工程、品质安全工艺和智能信息化技术的关联以及供应链管理的优化（“三硬一软”），使技术路径走通，形成技术规程，从而保障农产品质量安全和价格安全。

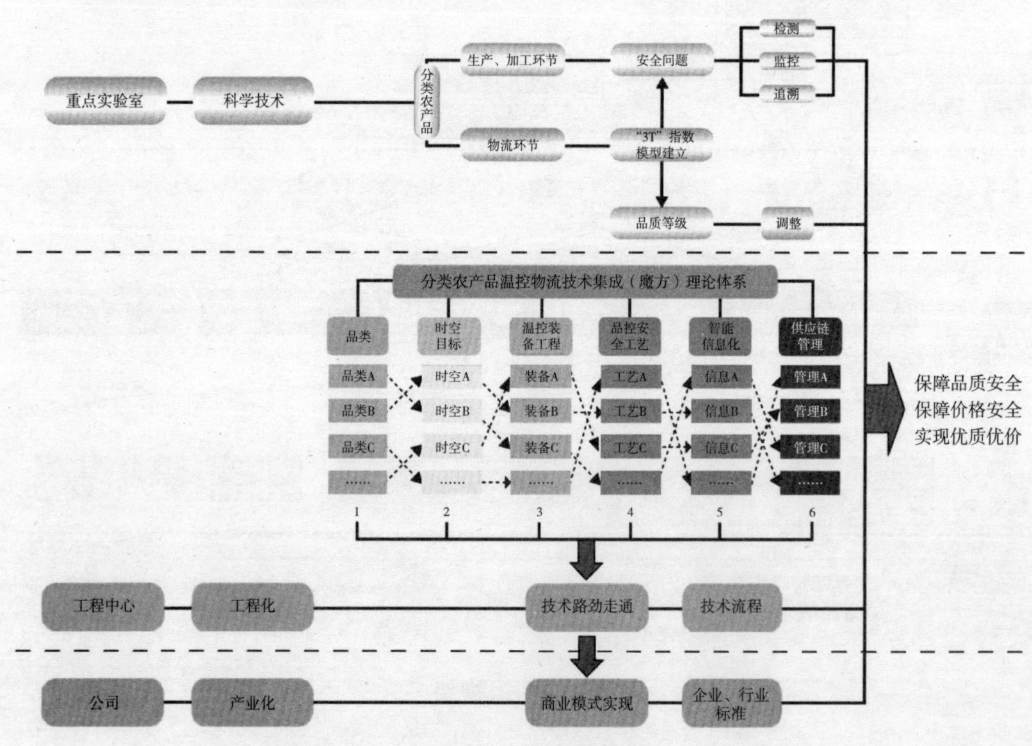

图2　“一体两翼”产学研平台功能定位

（3）山东鲁商物流科技有限公司在产业化示范推广中，在“消化”物流过程中各项成本的基础上，实现分类农产品温控物流可盈利的商业模式运作，形成企业和行业标准。

二、成果与技术服务介绍

农产品品控物流技术及装备介绍如下。

1. 无水活鱼运输技术（如图 3 所示）

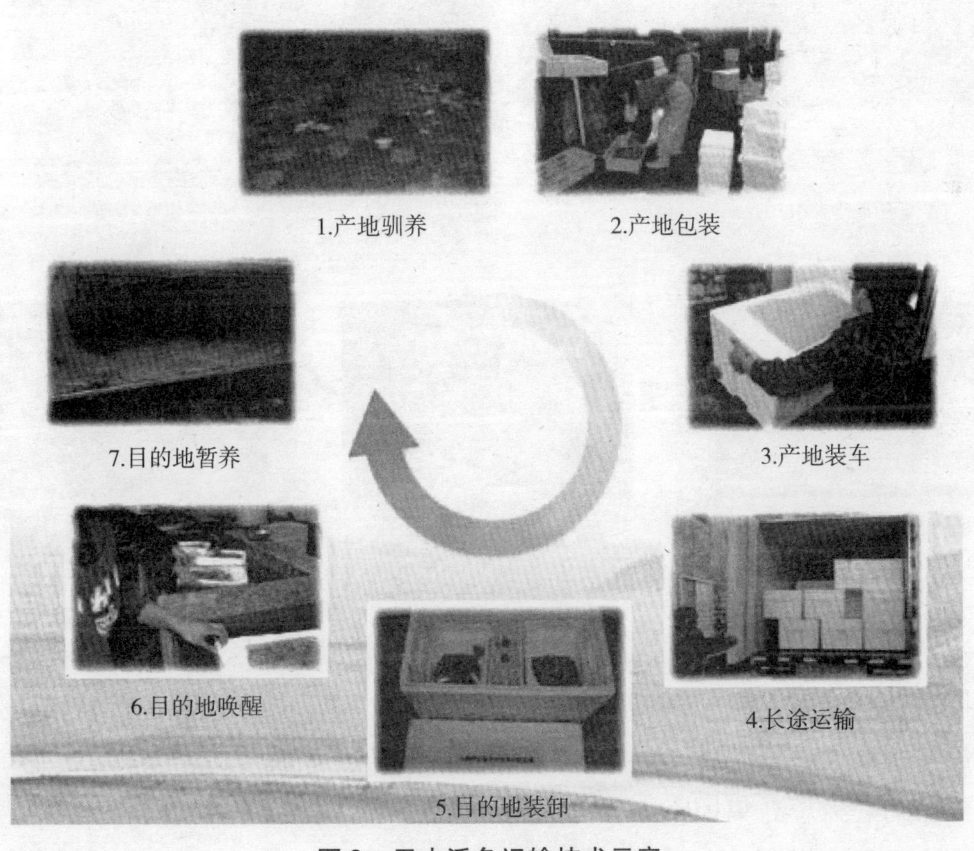

图 3　无水活鱼运输技术示意

围绕“冷驯化”活鱼，使其休眠；储运中保持活鱼“休眠”以及在目的地“唤醒”活鱼，解除休眠三方面的关键技术及其配套设备，进行攻关，围绕新型电商模式下大菱鲆、半滑舌鳎、牙鲆、黄颡鱼、鲫鱼、鲤鱼、乌鳢、黑鲷、泥鳅、波士顿龙虾等不同水产品干线物流与同城配送等流通模式对其展开无水保活运输研究（如图 4 所示）。攻克了水产品无水活运三大技术瓶颈，即“冷驯化”调控、冰温设备精准控制和“唤醒”程序。获得了不同水产品无水保活运输最佳工艺，并开发出各种配套装备，如：智能化低温驯化设备、绿色包装材料、同城配送箱、冰温蓄冷材料、智能化无水活运车。期间，共申请国家专利24项，专利授权16项；研发产品5项；制定标准3项；获奖3项。《The New York Times Magazine》（纽约时报杂志）以“中国低温业十个里程碑”（Ten Landmarks of the Chinese Cryosphere）为标题报道了该技术。新华网以“我国活鱼运输有望进入无水时代”为题给予了报道。科技日报以“72小时活鱼无水运输成为现实”为题在头版进行报道。

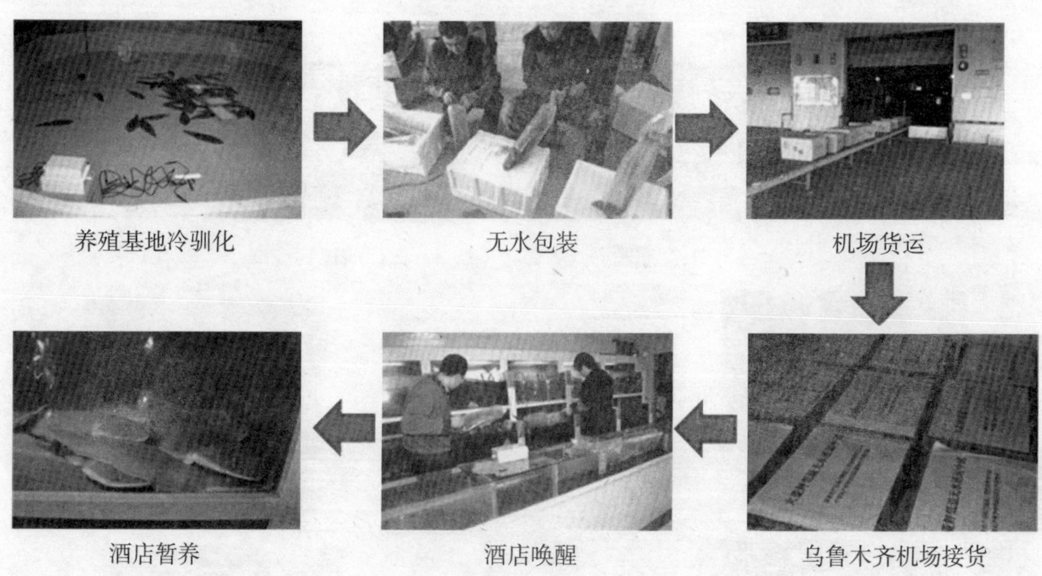

图4　山东至新疆无水活鱼空运中试

实验室水产科研团队以水产品“有水物流技术优化，无水物流技术革新”为指导方针，在前期试验基础上，与安徽六安华润养殖有限公司、獐子岛集团锦通冷链物流公司、荣成大瀛海水养殖有限公司、莱州明波水产有限公司、獐子岛集团上海大洋食品有限公司等水产企业共同合作研发并展开水产品无水物流技术推广应用。同时，实验室分别于2013年6月15日，11月13日，2014年12月16日与烟台开发区天源水产有限公司、青岛通用水产养殖有限公司、昌邑个体养殖户对大菱鲆、半滑舌鳎展开了无水保活陆运与陆空联运中试试验，成活率100%，并取得圆满成功。

2. 水产品低温驯化/唤醒箱的研制

水产品无水保活运输是一种新型的、高成活率、高效率、低成本、绿色安全的运输方法。其原理是通过物理降温的方式使水产品进入休眠状态后再进行无水保活运输，到销地后采用程序升温的方法，将其“唤醒”。本产品是水产品低温驯化和唤醒过程中用于精确调控水环境温度，保持恒温，保持水质清洁，提高充足溶氧量的全自动专用水产品低温驯化/唤醒设备。

本产品方便移动运输，且带有冷源，可以移动降温/升温。水箱分两层，每层都充注少量淡水或海水，且两层温度分开控制，温度精度为 ±0.5 ℃。控制箱带手控触摸屏，用户可通过触摸屏，选择“设定温度”或者“选择品种”，系统可自动识别需要的温度，并自动执行降温或加热程序，方便快捷。本产品通过循环水泵将降温或升温的循环水注入水箱中，使水箱达到指定温度，不伤害水中水产品，能够起到低温驯化或唤醒作用，促进无水保活效果的达到最佳状态。本产品既适合于进行低温驯化或唤醒水产品，还适合于有水保活运输，用于实验室，设备运行独立不需要另外购置辅助器材，适用范围广泛。(如图 5 所示)

图 5　唤醒箱

3. 鱼类无水配送及快递托盘

适用于同城配送，尤其是电商模式下的配送；也可以作为礼品包装配送或快递（如图 6 所示）。目前，该技术主要适用于鲆鲽鱼类。使用该技术可以完全无水运输，节省了一定的成本。鲆鲽鱼类包括大菱鲆、牙鲆、半

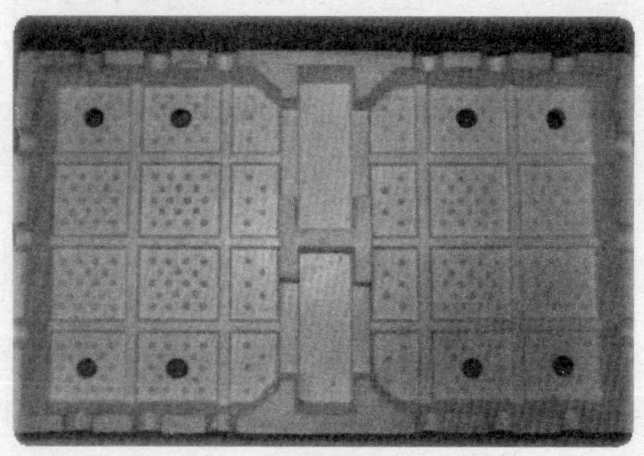

图6　无水保活运输盒

滑舌鳎等。

4. 高精度移动式冷库

该冷库按照冷藏车厢标准设计，既能用于食品的低温存储，又能用于低温运输，实现低温贮藏运输一体化。设备采用双变频制冷机组和高精度温度控制系统，对冷库内的风道进行了特殊设计，使冷库的温控精度可以达到±0.2℃，可大大延长农产品的贮藏期。根据用户的需要可加装加湿、乙烯脱除和换气设备。

5. 纳米气调储藏保鲜袋及N－MAP保鲜技术

纳米气调储藏保鲜袋（Nanometer Modified Atmosphere Storage Package，N－MAP）的设计是根据果蔬呼吸——薄膜渗气在一定条件下达到动态平衡的原理，利用不同果蔬的呼吸特点和适宜气体组成等参数，在大量试验数据的基础上，用计算机多元线性回归的方法，设计出适用于果蔬长期储藏的N－MAP。由于在保鲜袋内添加了具有特殊功能的纳米材料，具有保鲜、杀菌、气调、催化氧化有害气体的功能。N－MAP和冷藏保鲜技术可实现冷藏库中基本达到气调库的储藏效果。适用于梨、苹果、樱桃、蒜薹、韭菜、番茄等果蔬的储藏保鲜，具有储藏期长、保鲜效果好、使用方便的显著特点。能使黄金梨的储藏期达到270天，丰水梨的储藏期达到210天，商品率都在95%以上。（如图7所示）

6. 纳米二氧化钛光催化保鲜设备

该设备是一种专门用于冷风库和国际海运冷藏集装箱上的果蔬花卉产品的保鲜设备，本专利设备首先将复合纳米二氧化钛光催化空气洁净技术应用到冷风库和国际海运集装箱保鲜运输当中，设备具有净化效率高、净

图 7　纳米气调储藏保鲜袋

化彻底、广谱杀菌效果好和寿命长的特点。（如图 8 所示）

图 8　纳米二氧化钛光催化保鲜设备

该设备主要用途：一是用于清除冷风库和海运冷藏集装箱内空气中的严重影响果蔬储藏品质的乙烯气体和其他各种有害有机挥发物；二是用于杀灭冷藏集装箱内空气中的病原体（细菌、病毒、花粉螨、霉菌、芽孢和真菌等），以达到储藏库内和冷藏集装箱内果蔬花卉保鲜的目的。

该产品独特的填埋光源结构设计极大地提高了光催化氧化和杀菌效率。该设计中紫外线光路短、光强度大、光照均匀、催化剂表面积大、与紫外线灯管直接接触、载体透光性好，并全部采用波长 254 纳米的紫外线杀菌灯管以加强净化和广谱杀菌作用，使二氧化钛光催化剂的效率极高，冷风库和冷藏集装箱储运保鲜技术水平达到国内领先水平。设备故障率极低、维修保养异常方便。

纳米二氧化钛作为光催化剂，基本上没有消耗，寿命长达十几年，是完全环保型的产品。设备采用扁平化、全不锈钢设计，专门适用于冷风库和国际海运集装箱的高湿度、高震动和高盐度的环境下使用。

7. 冷链物流模拟实验平台（定制开发）

冷链物流模拟实验平台由制冷系统、气调系统（可选）、通风换气系统（可选）、加湿除湿系统（可选）、环境信息采集系统、视频监控系统、集中管理控制系统等多个系统组成。具有温度控制、气体环境控制、湿度控制、环境信息自动采集、视频监控、数据远程采集与分析、系统全自动控制等功能。各系统采用模块化设计，可根据用户的需要定制开发以实现不同功能，如气调系统、通风换气系统、加湿除湿系统可根据实际研究需要选择安装或不安装，环境信息采集系统可根据用户实际研究需要选择采集信息的类别（如温度、湿度、氧气、氮气、二氧化碳、硫化氢、二氧化硫、氨气、乙烯、光照度、风速等）和传感器数量。

制冷系统可变频风机和特殊风道设计，可实现环境温度的高精度控制。气调系统可实现氮气、氧气、二氧化碳三种气体组分的高精度调节，为客户提供一个可靠的气体贮藏环境；气调系统分为整体调节系统和小型实验系统两种，整体调节可为库内环境进行调节，小型实验系统用于小型专用气调实验箱的调节，方便用户开展多种环境的研究和测试。加湿除湿系统通过超声波加湿装置与温度系统联动控制，实现库内湿度的调节与控制。环境信息采集系统通过多种传感器和信息处理装置实现库内温湿度信息、气体组分信息的实施采集，并可以实现数据的远程访问，便于工作人员实时掌握各种数据。视频监控系统用于对平台内视频环境的实时监控，便于人员管理。集中管理与控制系统可实现整个平台内多个系统的集中管理与自动化控制，通过计算机可实现远程控制。（如图 9 所示）

8. 模拟冷藏运输振动实验台（定制开发）

该设备可模拟冷藏车辆运输过程中的振动情况，用于研究在低温运输状态下振动对产品的影响，也可用于实际工况考核和产品结构强度等指标的测试。

设备采用进口传动马达，数字化控制与显示，使设备工作更为稳定可靠。控制参数实时同步显示，无须人工干预。回转式振动（俗称跑马式），符合欧美 ISTA 运输标准。内嵌式振幅预测程序及调幅容易，四点同步激振，台面振动均匀。增加抗干扰电路，解决因强电磁场对控制电路的干扰。噪声极低，同步静噪皮带传动，直流马达缓恒启动。操作方便，独特的结构设计，无须辅助工作即可操作，简便安全。机台底座采用中性钢材配减震

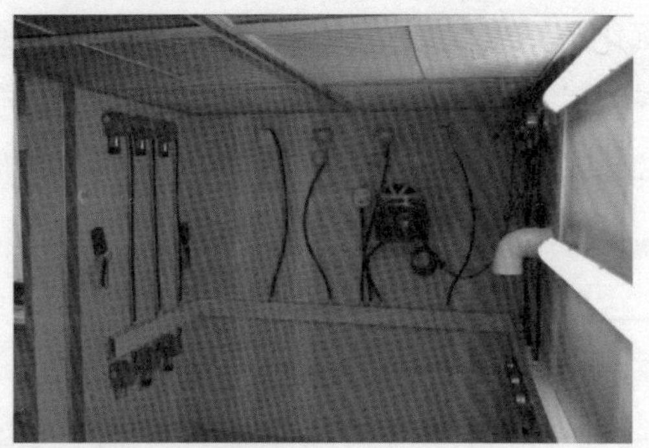

图 9 冷链物流模拟实验平台

胶垫，安装方便，运行平稳。可模拟三级（或三级以上）公路汽车运输振动，三级路面 35 千米；中级，次高级路面 50～60 千米。冷藏箱体可根据用户需要确定箱体尺寸，制冷系统采用风冷式制冷机组，220V 供电。厢体采用全塑全封闭复合材料板块组合机构，内外蒙皮为玻璃钢，中间材料为 50 毫米厚聚氨酯挤塑板保温层，四侧用高强度胶将玻璃钢板与聚氨酯材料结合在一起，形成一种封闭性板块，在拼装成厢体时用高强度胶粘接在一起，并用内埋高强度螺钉进行紧固。厢体表面光洁平整，强度高，寿命长，保温性能达到国家 A 级标准。

9. 气调试验系统

该系统是气调参数试验的专用系统，可完全模拟气调库的运行模式。系统由气体检测控制系统、氮气瓶、气调试验箱、乙烯测试仪构成。外接 PC 机和打印机可实现存储、打印氧气及二氧化碳气体浓度的检测值功能。

气调试验箱放于小型冷库内，用氮气瓶将气调试验箱内氧浓度降至所需氧浓度值。由于果蔬的呼吸作用，气调试验箱内的氧浓度将逐渐降低，同时二氧化碳浓度逐渐升高。气体检测控制系统可实时地监测各箱内的氧气和二氧化碳浓度情况，并对气调试验箱内的气体进行增氧和二氧化碳脱除处理。气调试验箱内的乙烯浓度情况通过乙烯测试仪进行手动检测，用户根据果蔬的试验情况，手动（远程或本地）启动气调试验箱的乙烯脱除功能。

气调试验系统主要功能有：

（1）充氮降氧功能：用氮气瓶手动分别充入气调试验箱进行充氮降氧至所需氧含量。

（2）自动检测和控制氧气和二氧化碳浓度：在线自动（或手动）巡回检测各气调箱的氧气和二氧化碳浓度，当氧气浓度低于或二氧化碳浓度高于设定值时，自动（或手动）调节氧气或二氧化碳的含量。

（3）参数设定功能：可分别设定各气调试验箱的二氧化碳浓度控制值、氧气浓度控制值、增氧时间、乙烯脱除时间。

（4）“自动/手动”转换功能：可通过“自动/手动”转换键使氧气和二氧化碳的检测和控制分别处于自动或手动状态。

（5）乙烯检测和脱除功能：手动检测各气调试验箱的乙烯浓度并可自动定时脱除乙烯。

（6）显示、记录、上传氧气及二氧化碳气体浓度的检测值。

气调试验系统主要性能指标，如表1所示。

表1　气调试验系统主要性能指标

测量范围	
氧气	0～21%
二氧化碳	0～10%
乙烯	0～20ppm
测量精度	
氧气	±0.3%
二氧化碳	±0.3%

10. 浮子流量计配气系统

浮子流量计配气系统是果蔬产品气调参数试验的专用设备。由气源、配气仪、配气检测箱、气调试验容器、支撑气调试验容器的钢架装置和阀门、气路等组成，其中气调试验容器、支撑气调试验容器的钢架装置建议由用户自备。

气源由氮气瓶、无油空气压缩机、二氧化碳气瓶和限压阀等构成，其中氮气瓶、二氧化碳气瓶和限压阀建议由用户自备，限压阀出口口径为 12 毫米，出口压力在 2 ~ 5bar。

试验系统安装时，气源、配气仪、气体检测显示系统放于操作室。气调试验容器按组别放于冷库内钢架上，通过管线阀门与配气仪相连接。

氮气、空气和二氧化碳气源经降压后（2 ~ 5bar）进入配气仪，通过人工调节配气装置上的浮子流量计，按比例控制三种气体的流量大小，再经混气后便完成了配气。

配好的气体进入检测装置进行氧及二氧化碳百分比浓度检测。若配气不符合要求，则继续手动调节流量计至浓度符合要求止，再送气给试验容器。

试验中，气体检测系统按设定间隔循环对各组气体取样检测，发现某组气体浓度超出了设定要求，将有超标报警提示试验者。

该系统主要性能指标，如表 2 所示。

表 2　　浮子流量计配气系统主要性能指标

配气出口压力	0.1 ~ 0.2MPa	
配气出口浓度	氮气	80% ~ 99%
	氧气	1% ~ 21%
	二氧化碳	1% ~ 10%
配气出口流量	氮气	0 ~ 1000mL/min
	氧气	0 ~ 500mL/min
	二氧化碳	0 ~ 200mL/min
测量范围	氧气	0.1% ~ 21%
	二氧化碳	0.1% ~ 10%
配气精度	±3%	
分辨率	0.1%	
混气输出路数	单台最多 9 路（含一路空气对照组）	
检测路数	16 路	
供电	220V/50Hz	

主要功能：

（1）手动配气和自动检测功能。

（2）检测采气时间及采气间隔时间设定。

（3）自动循环检测配气的氧气及二氧化碳体积百分比浓度。

（4）氧气及二氧化碳浓度提示值设定，混气浓度超标报警。

（5）能够进行一键式自动标校和传感器失效报警。

（6）具有数据传送和 PC 机数据记录、存储、打印等功能。

11. 质量流量计配气系统

质量流量计配气系统是用于果蔬产品气调参数试验的专用设备。由气源、高精度配气仪、配气检控箱、气调试验容器、支撑气调试验容器的钢架装置和阀门、气路等组成，其中气调试验容器、支撑气调试验容器的钢架装置建议由用户自备。

气源由氮气瓶、空气压缩机、二氧化碳气瓶和限压阀等构成，其中氮气瓶、二氧化碳气瓶和限压阀建议由用户自备，限压阀出口口径为 8 毫米，出口压力在 2 ~ 5bar。

试验系统使用时，气源、高精度配气仪、气体检测显示系统放于操作室。气调试验容器按组别放于冷库内钢架上，通过管线阀门与配气仪相连接。

分别设定好 6 组不同的配气参数后，配气仪依次配出符合要求的气体，并循环输出，向 6 组试验容器充入混合好的气体。

配好的气体进入检测装置进行氧气及二氧化碳百分比浓度检测。若配气不符合要求，配气仪自动调节至浓度符合要求并送气给试验容器。

试验中，气体检测系统按设定间隔循环对各组气体取样检测，发现某组气体浓度超出了设定要求，将有超标报警提示试验者并自动进行调节。

该系统主要性能指标，如表 3 所示。

系统主要功能：

（1）具有气体浓度手动设定，自动配送的功能。

（2）检测采气时间及采气间隔时间设定。

（3）自动循环检测配气的氧气及二氧化碳体积百分比浓度。

（4）氧气及二氧化碳浓度提示值设定，混气浓度超标报警。

（5）能够进行一键式自动标校和传感器失效报警。

表 3　　质量流量计配气系统主要性能指标

配气出口流量（单组分）	氮气	0～5000mL/min
	氧气	0～2000mL/min
	二氧化碳	0～2000mL/min
混气流量	3000mL/min	
配气出口浓度	氧气	1.1%～12.0%
	二氧化碳	1.0%～5.0%
混气输出路数	≤6 路（单台）	
检测路数	18 路	
配气精度	±0.3%	
供电	220V/50Hz	

（6）具有数据传送和 PC 机数据记录、存储、打印等功能。

12. 检测配气 MAP 保鲜系统

该系统主要由检测配气保鲜装置、冷库、MAP 复合气调包装、外部氮气源组成。其中，检测气调装置是 MAP 气调保鲜参数控制调节的核心设备，冷库为普通冷库。

使用时，将果蔬产品按品种分别装入 MAP 复合气调包装袋中，按照要求摆放，依靠冷库使其冷却。通过果蔬产品自身的有氧呼吸运动（也可用外部氮气源），降低袋内氧气浓度和升高 CO_2 浓度，达到调节 O_2 和 CO_2 气体浓度目的。使用中，用检测气调保鲜装置定期对袋内气体成分进行检测，并依据检测结果手动启动设备为不符合要求的保鲜袋进行气体调节，以达到保鲜要求。

该系统主要性能指标，如表 4 所示。

表 4　　检测配气 MAP 保鲜系统主要性能指标

贮存方式	多种类蔬果产品分别气调贮藏	
贮藏空间温度	0℃～14℃	
贮藏空间湿度	80%～95% RH	
气调参数范围	氧气	2%～10%
	二氧化碳	1%～5%

设备功能特性：

（1）具有外部电源和内部电池的供电状态切换功能；

（2）检测和配气状态切换功能；

（3）各种参数的设定、存储、显示、查询、修改以及各种果蔬气调参数自动生成功能；

（4）按照设定参数进行配气、检测、抽气、充气一键式操作运行功能；

（5）保鲜袋内气体检测、显示一键式操作运行功能；

（6）手动阀调节和压力表指示功能；

（7）传感器的手动标校功能。

13. 小型高精度果蔬专用保鲜柜

设备采用加厚不锈钢板和聚氨酯填充物组成的围护结构，采用精确制冷控制技术和新型送风设计，温控精度小于0.5℃。

保鲜柜可配套用于蔬果的冷藏、MA、MAP和CA保鲜工艺贮藏，还可用于其他需要精确温控的贮藏。

设备主要指标：

柜内温度：0～14℃可调；

温控精度：≤±0.5℃；

柜内温差：≤1℃。

14. 果蔬双温保鲜装置

装置由库体、制冷系统、气调处理系统等组成，具有双温度控制、脱除乙烯和杀灭微生物等功能。装置适用于海岛、坑道、山区、车辆等恶劣环境。

设备主要指标：

容积：2×2立方米；

库内温度：0～13℃可调；

外形尺寸：2100毫米×1060毫米×2450毫米；

重量：300千克；

供电要求：220V（±10%）/50Hz/2kW。

15. 快递配送专用泡沫保鲜箱

四周具有凹槽，专门设计存放冰袋，能够有效地维持箱内的低温状态，而普通的泡沫保鲜箱只能维持产品本身的温度，而且保持时间很短。该泡

沫保鲜箱实用于短时间的配送或快递。(如图 10 所示)

图 10　快速配送专用泡沫保鲜箱

16. 便捷快速冷冻小冰袋

便捷快速冷冻小冰袋是由无毒高效复合粉末组成，并采用可渗透性较强的包装材料与 PE 塑料袋结合对粉末进行密封包装而形成的产品。消费者可直接购买产品后，放入水中，数分钟后产品吸水膨胀，待达到饱和时，即可转移至冷冻室内进行冻结。本产品体积小，重量极轻，成本低，运费低，而普通冰袋则是已经注入水的冰袋或冰盒，体积大，重量大，成本高，运费高；受冷均匀，体积小，形状可折叠，而普通冰袋受冷不均匀，体积大，形状不可变，容易压坏产品等。(如图 11 所示)

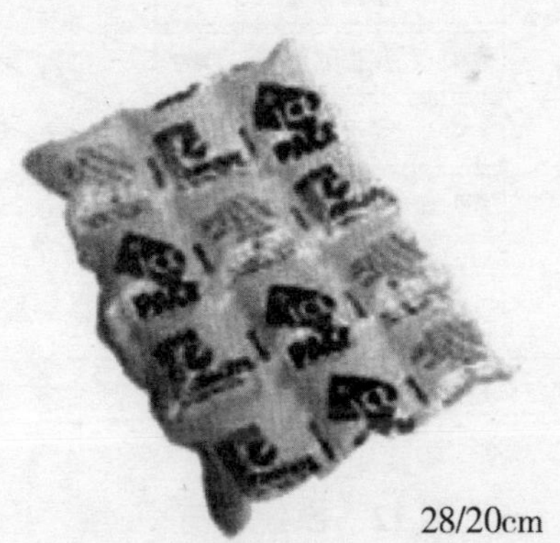

图 11　便捷快速冰冻小冰袋

三、冷链物流信息技术及装备

（一）多温区冷库（气调库、减压库）温湿度环境双路双机监控报警系统

本系统可应用于单个冷库不同温区或多个冷库的温湿度环境监控。采用双主控器的双机双路并行监控。每个主控器都同时监控多个冷库。每个冷库安装 2 个温湿度传感器。系统采用双份数据保存（板载存储卡和上位机），对各个冷库的温湿度进行实时监控，将温湿度数据实时地记录在主控器的板载存储卡上（每分钟一条记录），并将这些温湿度数据实时地经局域网传输给上位机，确保数据存储的安全性。主控器拥有板载 LCD，用于显示各冷库最新的温湿度值，方便现场操作人员管理。

该系统示意，如图 12 所示。

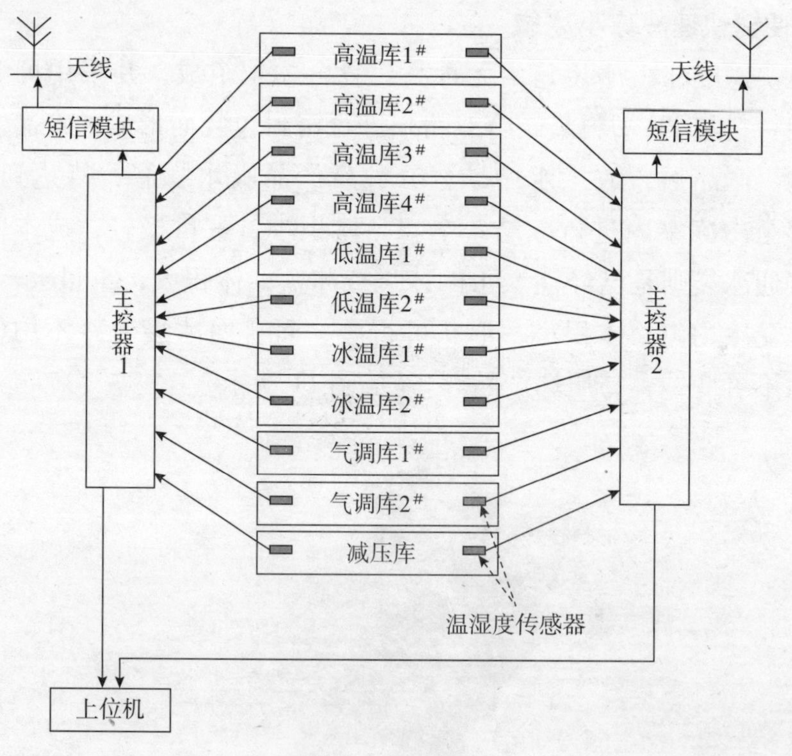

图 12　系统示意

系统具有智能报警功能，可通过手机短信报警及时提醒工作人员处理异常情况：

（1）超温湿度范围报警：在主控器可针对每个冷库设置各自的温湿度阈值。当某个冷库（气调库、减压库）的温湿度超阈值时，即刻向多个指定的手机发出报警短信。

（2）冷库断电报警：主控器配备可充电电池和火电双电源。当火电断电时（即冷库断电时），即刻向多个指定的手机发出报警短信；此时主控器依靠电池供电仍可继续工作 24 小时。

（3）传感器故障报警：当主控器检测到冷库（气调库、减压库）内任意传感器出现故障时，即刻向多个指定的手机发出报警短信。

系统可实现远程数据接收和展示，方便管理人员适时监控冷库运行状况。上位机安装有温湿度数据接收软件和温湿度数据网页展示软件。温湿度数据接收软件负责将接收的数据存入上位机的数据库中。

（二）冷藏车 GPS 和基于 ZigBee 的多蓄冷箱温湿度监控报警系统

该系统示意，如图 13 所示。

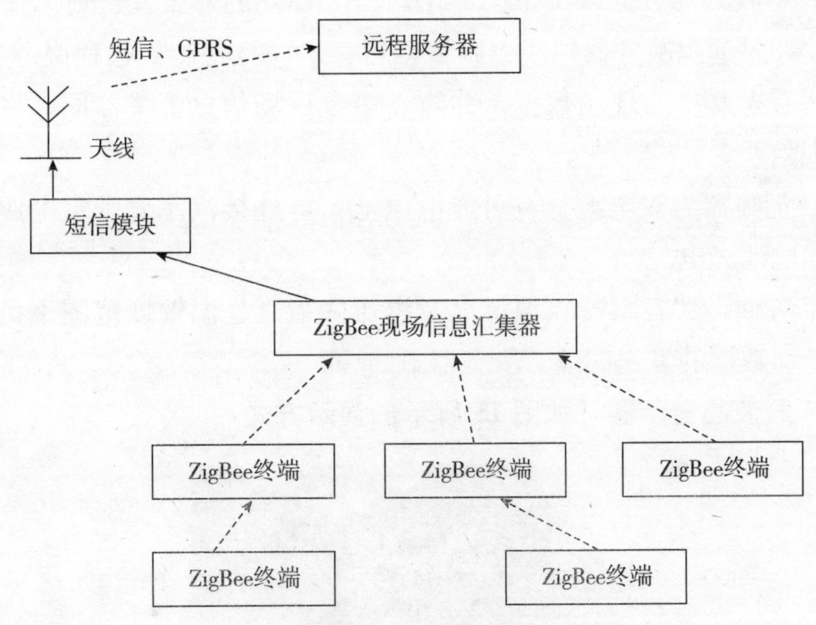

图 13　系统示意

1. ZigBee 现场信息汇集报警器（如图 14 所示）

（1）汇集器放置在汽车驾驶室里（高温），ZigBee 终端贴在冷藏车中的蓄冷箱上（高温、低温），汇集器按指定频率汇集多个 ZigBee 终端传来的蓄

图 14　汇集报警器

冷箱内实时温湿度数据和电池电压数据。

（2）汇集器装有温湿度探头以采集汽车驾驶室里的温湿度。

（3）汇集器有 GPS 接收器，接收美国 GPS 数据，汇集器时间采用 GPS 采集的时间。

（4）外接小显示器，以实时显示各蓄冷箱温湿度数值、电池电压及其是否超阈值。

（5）将收到的数据以 TCP/IP/UDP（GPRS）的形式发送到远程 Internet 服务器。如果远程服务器掉线，则数据暂存；一旦检测到远程服务器上线，将发送所有未发出的现场数据，并防止多台现场信息汇集器同时发送大量数据出现阻塞。

（6）汇集器为双电源，有可充电电池，可外接汽车驾驶室电源给汇集器供电和电池充电。

（7）方便设置各蓄冷箱温湿度及电压阈值，超温湿度范围手机短信报警手机号、数据的发送间隔、服务器 IP 地址。

2. 车载液晶显示器（如图 15 所示）显示方式

图 15　车载液晶显示器

（1）同时显示多个蓄冷箱的温湿度数据、电池电压数据。

（2）多于一屏时，自动翻屏显示下一屏蓄冷箱的温湿度数据、电池电压数据。

（3）某蓄冷箱的温湿度超阈值时或电压低时，红色反显该数值。

（4）有 GPS 卫星个数指示。

（5）当前时间显示。

（6）小显示器可用真空吸力吸在驾驶室的前挡风玻璃上。

3. ZigBee 终端

（1）ZigBee 终端负责按指定频率采集蓄冷箱中的温湿度数据和可电池电压，发送到 ZigBee 现场信息汇集器。

（2）探头在蓄冷箱中，ZigBee 终端在蓄冷箱外，可充电电池供电。

（3）探头、主体、电池三分体设计，可充电电池容易更换。

（4）可充电电池、ZigBee 终端、探头安装后要经得起颠簸、和高温、低温工作环境。

（5）有拨号开关可设置温湿度数据和电压数据的采样间隔。

4. 服务器端数据实时接收软件

（1）Internet 服务器具有公开的 IP 地址，TCP/IP/UDP（GPRS）数据包。数据实时接收软件与“ZigBee 现场信息汇集器”数据通信前，双方互发握手数据，确定对方的真实性有效性。

（2）数据实时接收软件可同时接收多台“新 ZigBee 现场信息汇集器”发来的数据。

（3）网络畅通时，数据实时接收软件实时接收各“新 ZigBee 现场信息汇集器”发来的多现场温湿度数据、GPS 数据，并在自己的程序主窗口流动显示。接收到数据后，向源“新 ZigBee 现场信息汇集器”回送确认信息。

（4）网络不畅时，等待接收各“新 ZigBee 现场信息汇集器”发来的各现场温湿度数据。

（5）将接收到的多现场温湿度数据实时存储到 Internet 服务器的 MySQL 数据库，以便后续的“数据实时展示软件”分现场、分终端的温湿度展示。

（三）车载多蓄冷箱温湿度记录仪

（1）本记录仪可同时并行监控 12 个蓄冷箱的温湿度。板载 LCD 用于显示蓄冷箱的温湿度和蓄冷箱的编号。（如图 16 所示）

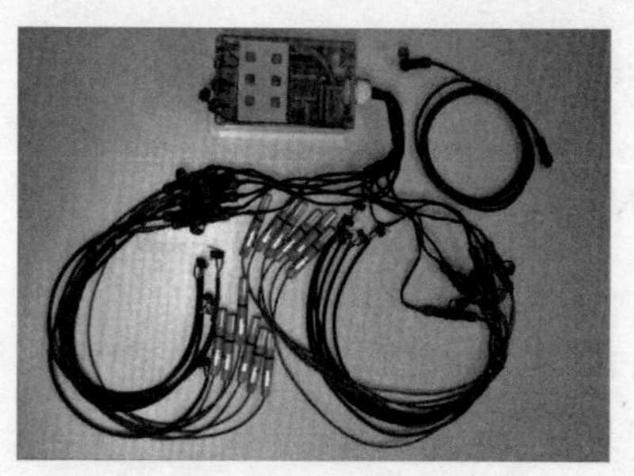

图 16　温湿度记录仪

（2）温湿度传感器安装在各蓄冷箱中，通过固定在蓄冷箱外壳上的接线孔与本记录仪电线连接。这样对蓄冷箱的保温性能影响很小。（如图 17 所示）

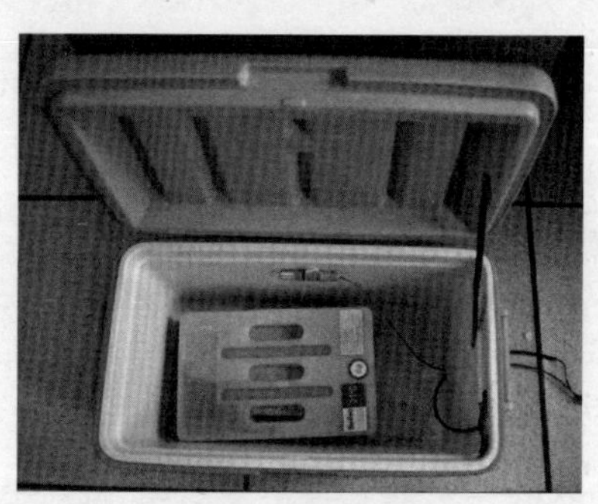

图 17　蓄冷箱

（3）在运输途中，冷藏车中 12 个蓄冷箱的温湿度数据实时的记录在车载记录仪的存储卡上；车辆到达目的地后，将存储卡从车载记录仪上取出，插到计算机上，可将记录的温湿度数据便捷地转存到计算机中。

（4）在运输途中，只有当某个蓄冷箱的温湿度超阈值时，才能一方面向冷藏车制冷系统发出开关量报警信号，另一方面向手机发出报警短信。

（5）记录仪用可充电电池供电，一次充电可运行 72 小时以上。为降低能耗，板载 LCD 可断电。本记录仪可在零下 18℃以上正常工作。

（6）可设定蓄冷箱温湿度阈值、车载记录仪当前时间、温湿度数据储存频率、报警短信发送频率、接受报警短信的手机号等。（如图 18 所示）

五个按键：设置、确定、向上换行 +、向下换行 -、翻页 F2。

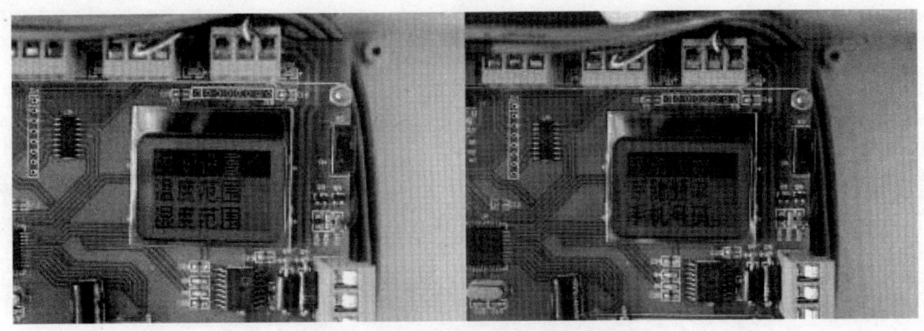

图 18　温湿度记录仪的设置

（7）蓄冷箱演示系统。可显示在任意显示器上，显示各蓄冷箱的温湿度及和开关盖状态。在每个蓄冷箱的显示位置用两类图标分别表示“开着盖的蓄冷箱“和“关着盖的蓄冷箱”，并用其颜色改变（蓝色和红色）表示温湿度是否超阈值。（如图 19 所示）

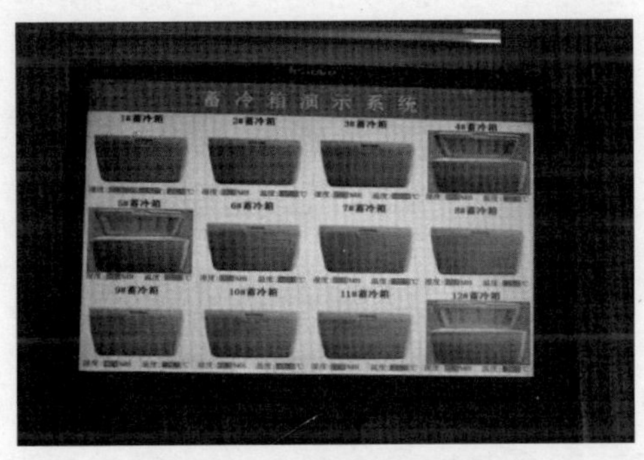

图 19　蓄冷箱演示系统

（四）便携式气调保鲜袋环境检测报警仪

该系统示意，如图 20 所示。

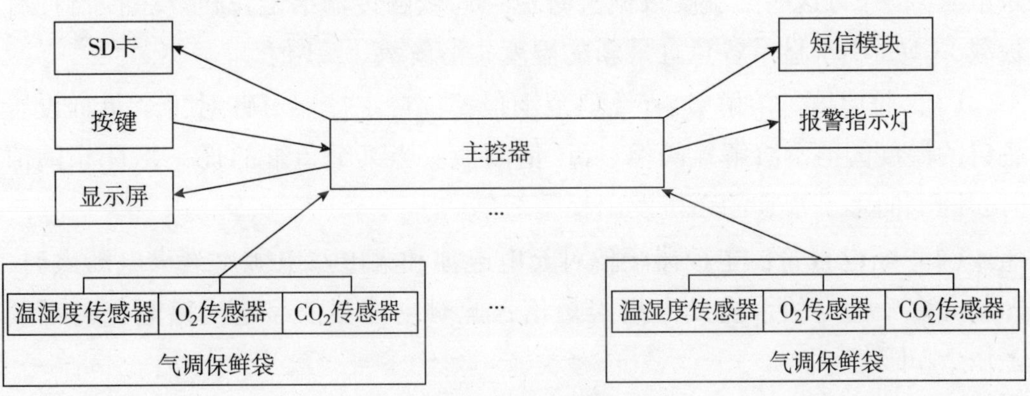

图 20　系统示意

（1）系统主控器可同时监控 4 个气调保鲜袋中的温度、湿度、O_2、CO_2，探头和主控器之间最长为 30 米。

（2）一个温湿度传感器、一个 O_2 传感器和 CO_2 传感器形成一组，安放在各气调袋中，通过一根多芯数据线与主控器连接。用扎带将带口扎住，对气调袋的气调性能影响很小。

（3）系统可对采集的各个气调保鲜袋的温度、湿度、O_2、CO_2 值实时地记录在主控器的板载存储卡上（每分钟一条记录），主控器拥有板载 LCD，用于显示各气调保鲜袋最新的温度、湿度、O_2、CO_2 值。

（4）超范围报警：在主控器可针对每个气调保鲜袋设置各自的温度阈值、湿度阈值、O_2 阈值、CO_2 阈值。当某个鱼缸的任一指标超阈值时，即刻向多个指定的手机发出报警短信，同时板载报警指示灯报警。

（5）此时，主控器依靠电池供电仍可继续工作 96 小时。为降低能耗，板载 LCD 可断电。

（6）传感器故障报警：当主控器检测到某气调保鲜袋内任意传感器出现故障时，即刻向多个指定的手机发出报警短信。

（五）智慧水产养殖微环境监控报警系统

该系统示意，如图 21 所示。

（1）系统主控器可同时监控 4 个鱼缸中水的温度、溶解氧、pH 值，探头和主控器之间最长为 20 米。

（2）双份数据保存（板载存储卡和上位机）：系统可对采集的对各个鱼缸的温度、溶解氧、pH 值实时地记录在主控器的板载存储卡上（每分钟一条记录），并将这些温湿度数据实时地经局域网传输给上位机。主控器拥有板载 LCD，用于显示各鱼缸最新的温度、溶解氧、pH 值。

（3）超温度、溶解氧、pH 值范围报警：在主控器可针对每个鱼缸设置各自的温度阈值、溶解氧阈值、pH 值阈值。当某个鱼缸的任一指标超阈值时，即刻向多个指定的手机发出报警短信。

（4）断电报警：主控器配备可充电电池和火电双电源。当火电断电时，即刻向多个指定的手机发出报警短信；此时主控器依靠电池供电仍可继续工作 24 小时。

（5）传感器故障报警：当主控器检测到某鱼缸内任意传感器出现故障

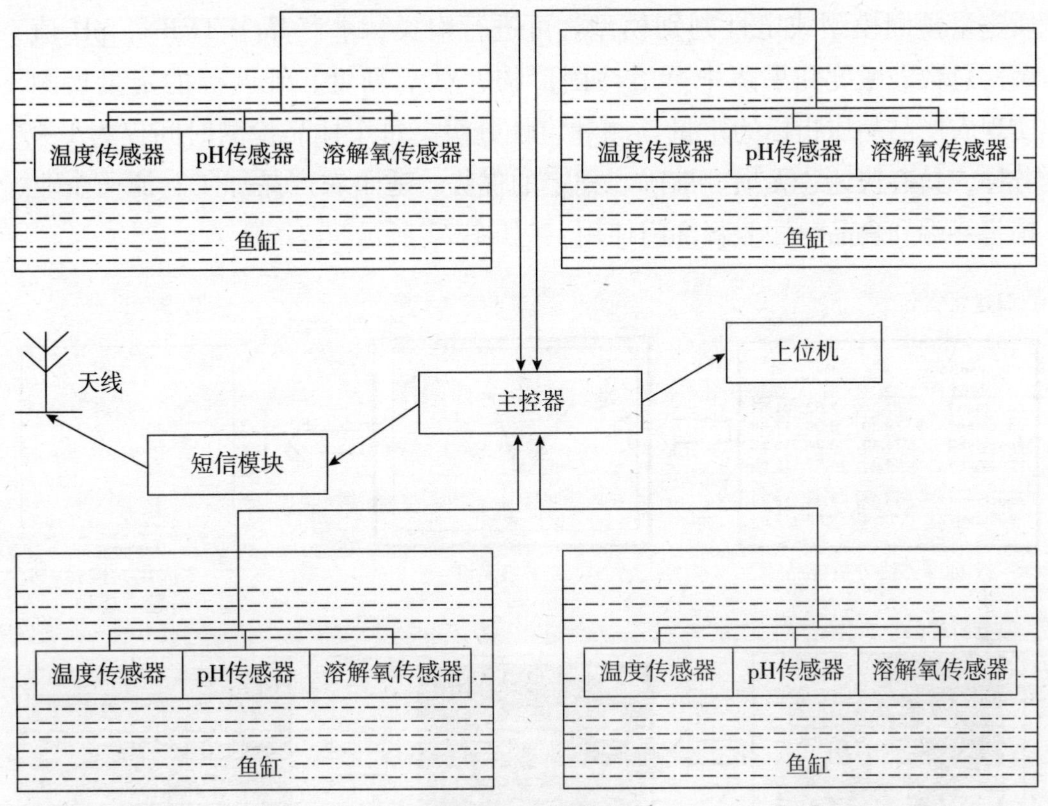

图 21　系统示意

时，即刻向多个指定的手机发出报警短信。

（6）上位机安装有温度、溶解氧、pH 值数据接收软件和温度、溶解氧、pH 值数据网页展示软件。温度、溶解氧、pH 值数据接收软件负责将接收的数据存入上位机的数据库中。

（7）温度、溶解氧、pH 值数据网页展示软件与多温区冷库（气调库、减压库）温湿度环境双路双机监控报警系统的温湿度数据网页展示软件类似，且该软件同时展示各鱼缸的温度、溶解氧、pH 值数据。

四、农产品无损检测技术

（一）农产品品质快速无损检测技术

利用近红外光谱仪、计算机视觉和电子鼻等先进仪器采集不同品质农产品的光谱、图像和气味指纹信息，结合化学计量学方法，建立农产品品质定量预测模型或定性判别模型。可进行肉类、水产品中 TVBN、pH 值、菌落总数、嫩度和果蔬中可溶性固形物、VC、糖度、硬度等的定量检测，实现农产品品质指标的定量预测和定性分级。每个样品检测时间仅为 1～2 分钟，具有快速、无损、准确、稳定的优势，适于农产品加工、流通企业、销售终端和食品执法监督部门使用。（如图 22 所示）

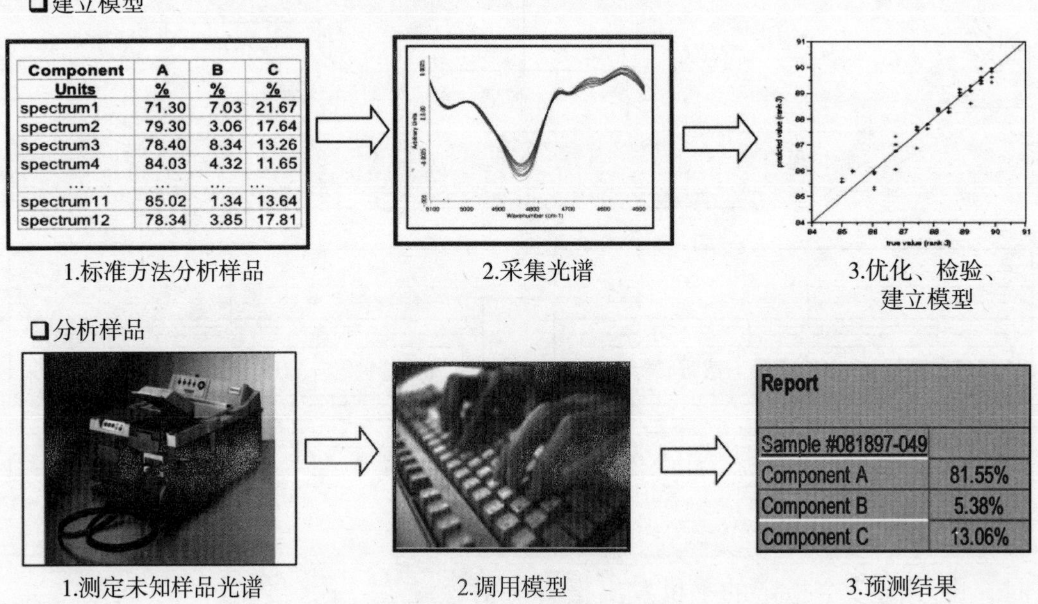

图 22　农产品品质快速无损检测技术

（二）农产品品种鉴别、产地溯源与掺伪识别技术

近年来，“马肉丑闻”“羊肉掺假门”“老鼠肉冒充羊肉”等事件屡屡曝光。以假乱真、以次充好、掺假造假等的现象时常发生，严重危害了消费者的利益和健康，造成了不正当竞争。基于近红外光谱、电子鼻等技术结合模式识别方法，对不同品种、不同产地农产品进行鉴别和分类，对农产品真伪、掺假进行识别，对打击伪劣、保护地理标志产品、提高农产品质量安全检测水平具有重要作用。本技术克服了现有鉴别方法操作烦琐，检测时间长，化学试剂用量多，成本高的缺点，具有快速、无损、准确、稳定的优势。鉴别过程简单，不需要专业人员即可进行，易于在食品行业和食品执法监督部门推广应用。（如图 23 所示）

❑ 建立模型

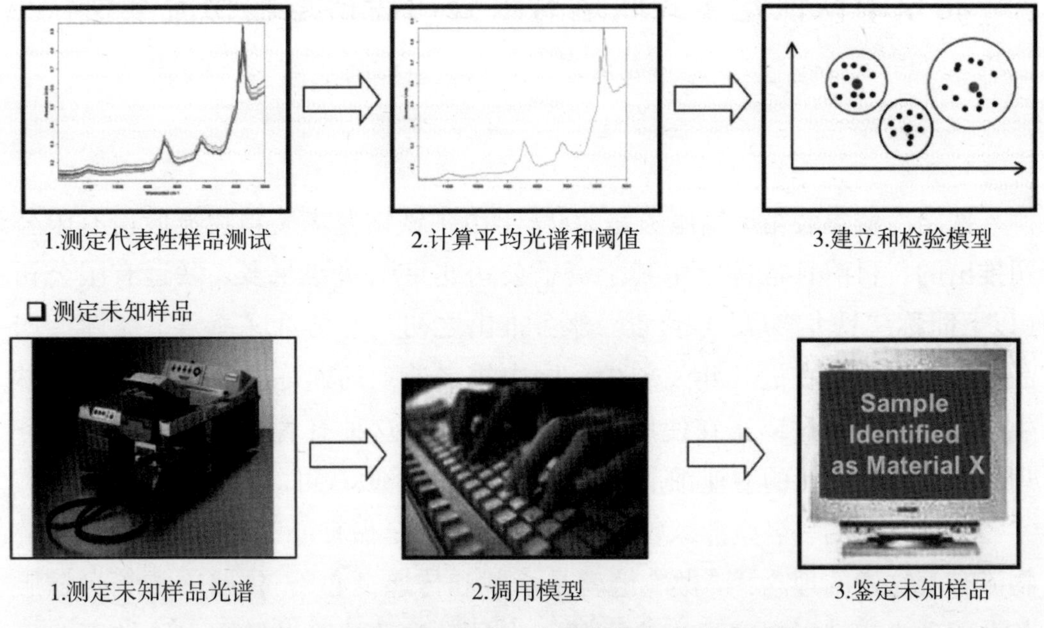
1.测定代表性样品测试
2.计算平均光谱和阈值
3.建立和检验模型
❑ 测定未知样品
Sample
Identified
as Material X
1.测定未知样品光谱
2.调用模型
3.鉴定未知样品

图 23　农产品品种鉴别、产地溯源与掺伪识别技术

五、冷链物流园和冷链物流实验室规划

（一）冷链物流园、低温配送中心规划

该实验室具有一批出色的农产品物流领域的专家团队，在冷链物流工程技术、农产品品质控制技术、食品安全检测技术、物流信息技术等领域开展了大量研究与工程化应用，可为各类农产品物流园区、低温配送中心、冷库开展规划设计与咨询服务。现已为山东、山西等多个物流园区、低温配送中心提供规划设计和咨询服务。欢迎有意向的单位和个人洽谈合作事宜。

（二）冷链物流实验室/实训室规划

该实验室在开展多年冷链物流研究的基础上，针对高校培养冷链物流人才的需求，可为高校提供冷链物流实验室规划、设计与建设的一揽子解决方案，形成以冷链物流信息系统为中枢，以冷链物流装备为框架，以冷链物流技术为支撑的实验室建设方案。中心已为多所高校提供了冷链物流实验室规划咨询服务。

北京中铁铁龙多式联运有限公司冷链运输物流案例

——承载社会责任、打造冷链物流高品质

铁路冷藏集装箱运输服务是2009年由中铁铁龙集装箱物流股份有限公司推出的，目前日常运营由其全资子公司北京中铁铁龙多式联运有限公司（以下简称“铁龙多联”）负责。服务推出之初，市场对这一“革命性”产品尝鲜者极少，在近几年发展中，国内排名前列的速冻食品企业、冰淇淋生产企业均尝试过或正在使用这种方式，都对这种有着全新铁路物流服务理念以及无缝衔接的专业细节服务的产品广泛予以认可。

食品行业的一名企业家曾说过“做食品就是做良心”，铁龙多联对冷链物流有着这样的理念：“做冷链就是承载和传递良心”。铁路冷藏箱运输服务在立项之初就以提高民生为己任，立足于推动铁路以及国内冷链事业发展，定位于为客户提供高品质冷链物流服务。理念不等于市场口碑，铁龙多联在几年时间里，凭着对发展冷链物流的韧劲和执着，实实在在地走出了保证食品运输品质、控制运输安全的全新之路。

一是带“条件”为客户服务，控制风险。

现实操作中，很多企业认为冷藏载运工具就是家庭中冰箱——制冷的作用，而冷藏箱或冷藏车作为载运工具，在冷链环节中实际承担的是保温而非制冷功能，保温原理是通过空气的循环将货物与外界热源隔离，形成保护层，保证货物的温度不会升高。在产品销售旺季，一些生产企业经常是产品达不到货温标准就要求出库运输。为切实降低客户风险，铁龙多联在与每家客户确定合同时，均提出了在货物装箱前进行抽测货温的要求，向客户解释达不到货温标准在运输过程中的风险，并与客户商定详细的测温方案、对内部人员在测温误差的预判、测温结果的记录等方面进行明确要求，力求做到客户运输效益最大化。这样做，有时客户会不理解，但由于严格的装箱前测温、达不到温标拒绝承运的做法使得从未出现一例货损。

二是高科技与严管理相结合，确保品质。

冷藏箱加入了智能化和物联网的设计内容，通过互联网、GPRS、GPS、传感器实现了冷藏箱及箱内货物的信息获取、信息传输、信息处理功能。

充分授权，客户可实时查看货物位置、温控等情况，真正实现冷链运输物流全过程透明化和可追溯性。

由于引入的制冷机组在国内铁路首次运行，为确保万无一失，结合铁路管理特点，建立了24 小时的信息监控服务中心。人员 24 ×7 在线监控运输状态，包括冷藏箱运行位置、冷机制冷状态、出风回风温度、箱中部尾部温度、柴油油位、门开关状态等。尤其当发现冷箱箱内温度异常时，监控人员可及时通过双向通信远程控制功能，第一时间调整冷机制冷状态及冷机设定温度，有效保证了货品运输品质。

三是积累数据、分析规律。

为达到最好的冷藏运输效果，设计之初在冷藏箱内加装了7 个温度传感器，以对冷箱保温效果进行全面掌握。在试运行的第一年中，为测试温度传感器的精度、两种冷机两种箱体四种组合的性能、不同运输品类、不同运输条件、不同运输线路等，通过在箱内各点放置独立测温仪进行全方位的温度测试，在冷藏箱温度最敏感、温度高低限值的几个区域分别放置，如冷藏箱尾部最后一排货物顶部最左边和底部最右端、冷藏箱正中间中部、冷藏箱前端的上部中间和下部中间位置，经过数十次的全程集中系统测试，取得了大量有效分析数据。指导了实践操作，如经过测试发现两款冷机耗油不同，在运输中，将耗油高的冷机调整到短途线路中使用，有效地规避了冷藏箱在途时间长可能耗尽柴油而停机的风险。

四是注重细节管理，力求服务尽善尽美。

铁路冷藏运输不同于公路：全程无人值守，由于铁路运输组织的管理特点，在制冷机组出现故障时大部分情况下无法立即修复。铁龙多联因此提出按类似飞机开行前检查的要求完成冷藏箱每次运输前的检查。力求将停机风险降为零。提出了开机自检以及特需项目检查的工作要求，项目包括：制冷剂液位、防冻液液位、机油油位、空气滤清器、皮带松紧度、吸排气压力、电瓶状态、所有端子及线束固定、螺丝紧固、主要零部件等十五项。通过扎实的自检体系，冷藏箱途中停机率为零，有效保证了货物品质。

基于承载社会责任、提供高品质冷链服务的理念，从 2012 年 12 月，铁龙多联首次接受某军区联勤部委托，使用铁路 45 英尺冷藏集装箱开始运营调往高原部队的冻肉制品。三年来，公司不断克服高原地区气候不利条件、服务资源短缺等困难，在延伸易腐货物铁路运输链条、增加配送地点、实现供给驻藏部队冻肉制品铁路运输全程冷链化等方面，取得了较为显著的成果。

2015 年 1 月，铁龙多联在接到联勤部的货运计划后，分别制定用箱方案、“门到门”运输方案、应急预案等多套方案，并严格落实。在时间紧、任务重、发运车站无军运经验的情况下，顺利完成了冷藏箱检修、加油、部队装货协调、车站发运协调等工作，尤其是在面对油荒等突发情况时，制定了有针对性的应变方案。在经历了青藏线唐古拉山口等地区高海拔、低气温恶劣环境的考验后，伴随着冷机的轰鸣声顺利抵达青藏某火车站。确保了军运冻肉制品能够在 2015 年春节前送至驻藏基层连队官兵的餐桌。

铁路冷藏箱有效地将部队铁路运输保障链条延伸至高海拔、气候恶劣地区。改变了以往供应驻藏部队的冻肉制品必须通过铁路、公路交替运输、分段前送，运输只能在冬季低温时节筹措的模式，省去了汽车短途转运、多次装卸搬运等环节的人力物力时间消耗，大幅降低了供应保障成本，实现了对高原部队生鲜肉禽食品的按需供应、及时补给、快捷送达，提升了供应保障时效，彻底摆脱了季节限制。也为冷藏冷冻食品进藏运输开辟了全新解决方案。

附录二 2014 年冷链行业重要政策、标准文件

关于进一步促进冷链运输物流企业健康发展的指导意见

一、大力提升冷链运输规模化、集约化水平

大力发展第三方冷链物流，鼓励冷链运输物流企业通过参股控股、兼并重组、协作联盟等方式做大做强，加快形成一批经济实力雄厚、经营理念和管理方式先进、核心竞争力强的大型冷链运输物流企业，通过规模化经营提高冷链物流服务的一体化、网络化水平。

二、加强冷链物流基础设施建设

鼓励企业购置节能环保的冷链运输车辆，推广全程温湿度自动监测系统和控制设备，提升企业的冷链运输服务能力。加强温度监控和追溯体系建设，确保冷链食品、药品在生产流通各环节的品质可控性和安全性。引导和支持企业使用各种新型冷链物流装备与技术，完善产地预冷、销地冷藏和保鲜运输、保鲜加工等设施，解决冷链物流运输与其他环节的无缝衔接问题。鼓励和支持各类农产品生产加工、冷链物流、商贸流通企业等改造和建设一批适应现代流通和消费需求的冷冻、冷藏和保鲜仓库。中央和地方财政在各自支出责任范围内，对具有公益性、公共性的冷链物流基础设施建设给予支持。

三、完善冷链运输物流标准化体系

适应新形势下冷链运输物流发展的需要，制定、修订食品冷链配送操

作规范、食品冷链温度控制等冷链基础、冷链管理、冷链设施、冷链技术等层面的标准。加强冷链物流标准的培训宣传和推广应用。进一步加强冷链运输车辆车型及其安全、环保等方面的技术管理，研究制定冷藏保温车辆分类及技术要求，推动冷链运输车辆标准化、专业化。引导和鼓励企业使用托盘、容器、包装等标准化运输工具。研究探索对关系到居民食品安全的肉类、水产品等农产品运输执行强制性标准。加强与国际冷链运输物流标准的对接。

四、积极推进冷链运输物流信息化建设

加强物联网、云计算、大数据、移动互联等先进信息技术在冷链运输物流领域的应用。鼓励和支持企业按照规范化、标准化运作的要求，建设全程温湿度自动监测、控制和记录系统。加强冷链物流公共信息平台建设，引导冷链运输物流企业与生产制造企业、商贸流通企业信息资源的整合，将产地产品信息、车辆信息、销售信息等联结起来，实现对货物和冷链运输车辆的全程监控和信息共享，优化配置资源，提高全社会冷链运输效率。鼓励区域间和行业内的冷链物流平台信息共享，实现互联互通。

五、大力发展共同配送等先进的配送组织模式

积极引导冷链运输物流企业通过统一组织、按需配送、计划运输的方式整合资源，降低物流成本，提升物流效率。适应电子商务和连锁经营发展的需要，鼓励符合国家有关规定的冷链运输物流企业、商贸流通企业等以联盟、共同持股等多种形式在大中城市发展共同配送，促进流通的现代化，扩大居民消费。支持流通末端共同配送点和卸货点建设、改造，鼓励建设集配送、零售和便民服务等多功能于一体的冷链物流配送终端。城市交通较为拥堵的大型城市应结合实际积极推进“分时段配送”“夜间配送”，为有需求的商贸和冷链运输物流企业提供便利。

六、优化城市配送车辆通行管理措施

城市交通运输主管部门要依法加强对城市配送经营的规范化管理，会同公

安等部门定期开展城市配送需求调查，明确城市配送运力投放标准、规模和投放计划，加强城市配送车辆标识管理，完善部门协作机制。城市公安交通管理部门要根据城市中心区道路交通运行情况和城市配送需求，合理确定城市配送车辆的通行区域和时段，按照通行便利、保障急需和控制总量的原则，为冷链运输物流等城市配送车辆发放通行许可，并积极提供必要的通行便利。

七、加强和改善行业监管

交通运输主管部门要依法加强对城市冷链运输物流市场的监督管理，完善冷链运输服务规范，对冷链运输物流企业的安全生产、经营行为、服务质量、管理水平等情况进行考核，提升冷链运输服务质量和水平。加强信用记录建设，及时、准确地记录城市冷链运输物流企业的基础信息和信用记录，并作为监督管理的重要参考依据。公安机关交通管理部门要加强对冷链运输物流车辆通行的监督管理，与城市交通运输主管部门联合开展监督检查和集中整治行动，依法严格查处非法改装、假牌假证、无证运输等严重违法行为。食品药品监督管理部门要依法督促食品药品生产经营者落实主体责任，保障其生产经营的需冷链运输产品的质量安全。鼓励药品生产企业建立从生产到销售各个环节的温度保存档案。

八、加大财税等政策支持力度

切实落实国家已出台的促进冷链运输物流发展的物流业相关税收优惠政策。符合税法规定的小型微利企业条件的，依法享受企业所得税等相关税收减免政策。落实国务院关于清理规范涉企收费的有关规定，减轻企业负担。积极拓展冷链运输物流企业融资渠道，鼓励银行等金融机构与其开展合作，鼓励企业在银行间债券市场注册发行非金融企业债务融资工具筹集资金，支持符合条件的企业上市和发行企业债券。

九、发挥行业协会作用

充分发挥行业协会的桥梁和纽带作用，做好调查研究、技术推广、标准制修订和宣传推广、信息统计、人才培养等方面的工作。积极推动行业规范自律和诚信体系建设，引导冷链运输行业健康发展。各地有关部门要进一步提高认识、转变观念，加强对冷链运输行业的指导、管理和服务，把改善冷链运输物流企业发展环境作为惠民生的一项重要工作抓紧抓好。国务院各有关部门将按照职责分工，密切配合，加强指导检查，确保各项政策措施的贯彻落实。

物流企业冷链服务要求与能力评估指标
(GB/T 31086—2014)

(该标准于2014 年12 月22 日发布，于2015 年7 月1 日起正式实施)

前言

本标准依据 GB/T 1.1—2009 给出的规则起草。

本标准由全国物流标准化技术委员会（SAC/TC 269）提出并归口。

本标准起草单位：国家农产品现代物流工程技术研究中心、中国物流与采购联合会冷链物流专业委员会、山东省物流与采购协会、夏晖物流（北京）有限公司、招商美冷（香港）控股有限公司、山东商业职业技术学院、山东荣庆物流供应链有限公司、上海郑明现代物流有限公司。

本标准主要起草人：王国利、秦玉鸣、林乐杰、杭天、张长峰、范志强、李胜、孔德磊、刘敏、郑全军、丁兆磊、黄郑明。

1　范围

本标准规定了物流企业从事农产品、食品冷链服务所应满足的基本要求以及物流企业冷链服务类型、能力级别划分及评估指标。

本标准适用于物流企业的农产品、食品冷链服务及管理。

2　规范性引用文件

下列文件对于本文件的应用是必不可少的。凡是注日期的引用文件，仅所注日期的版本适用于本文件。凡是不注日期的引用文件，其最新版本（包括所有的修改单）适用于本文件。

GB/T 18354—2006　物流术语

GB/T 19680—2013　物流企业分类与评估指标

GB/T 24616　冷藏食品物流包装、标志、运输和储存

GB/T 24617　冷冻食品物流包装、标志、运输和储存

GB 28009—2011　冷库安全规程

GB 50072　冷库设计规范

QC/T 449　保温车、冷藏车技术条件及试验方法

SBJ 16—2009　气调冷藏库设计规范

3　术语和定义

GB/T 18354—2006 确立的术语和定义以及以下所规定的术语和定义适用于本标准。

3.1　冷链（cold chain）

根据物品特性，为保持其品质而采用的从生产到消费的过程中始终处于低温状态的物流网络。

【GB/T 18354—2006，定义 5.21】

3.2　冷库（cold store）

在人工制冷条件下，贮藏货物及为其配套的建（构）筑物。

注：包括库房、制冷机房、变配电室等。

【GB 28009—2011，定义 3.1】

3.3　气调冷藏库（CA. cold store）

在人工制冷条件下，贮藏货物及为其配套的建（构）筑物。

【SBJ 16—2009，术语 2.0.1】

4　基本要求

4.1　组织

冷链物流服务应满足 GB/T 19680—2013 表 1、表 2、表 3 中所界定的 A 级物流企业的要求。

4.2 设施设备

4.2.1 冷库设计和建设应按 GB50072 执行。农产品、食品冷库应具有完备的检验检疫手续。

4.2.2 作业时，冷库门完全开启时间大于 5 秒的，应设置冷风幕和耐低温透明门帘。

4.2.3 冷藏（冻）车（厢、箱）应符合 QC/T 449 中相关要求。

4.2.4 冷链服务车（厢、箱），应装冷链运输温度监控设备。

4.2.5 冷链各环节所配备的温度测量、记录仪器、运输监控设备应按规定定期检查和校正。

4.3 信息化

4.3.1 应有仓库管理系统或运输管理系统，管理系统应具有与温控相关的功能。

4.3.2 冷库、冷藏（冻）车（厢、箱）内应有必要的、经过计量部门计量检验合格的温度数据采集终端。采集终端应能保证冷链物品在各个环节应有准确、实时的温度数据记录。

4.3.3 服务每个环节应有记录。交接记录应包括但不局限于时间、地点、物品名称、规格、数量、温度数据、发货收货单位等信息。交接记录应能满足物品的温度数据的追溯和查询。温度数据记录应保存不低于 6 个月，且保存完整。

4.3.4 应具备对库区主通道、货物交接区的监控能力，规定时期内影像资料应保存完善可查询。

4.4 人员

4.4.1 业务管理人员结构应满足 GB/T 19680—2013 中人员素质要求。

4.4.2 操作人员应经过上岗专业培训，执证上岗率应达到 100%。

4.4.3 农产品、食品的搬运、装卸等作业人员应持有相关部门发放的健康证明。

4.5 流程管理

4.5.1 应有满足委托方服务需求的冷链服务操作规范。

4.5.2　应建立能源管理体系，有较完善的节能环保措施和制度，落实良好。

4.5.3　作业现场，冷库库容库貌应整洁，标识规范应清晰，堆码应整齐，始发冷藏（冻）车（厢、箱）辆应保持整洁卫生。

4.5.4　库内物品堆放墙距、柱距、管距、风口距、灯距、垛距应满足操作与温控的基本要求。

4.5.5　库位规划合理，通道应满足叉车等机具的作业需求。装卸、运输设备外观整洁，设备操作规范，运行良好，器械摆放整齐。

4.5.6　仓储设施及设备、冷链运输设备、保温设备应具备全程温度管理能力。

4.5.7　应具有完善的冷链保障机制，对在途、在库物品应满足冷链通用流程关键点控制操作规范要求。

4.5.8　冷链物品包装、标志、运输和存储作业应符合 GB/T 24616 和 GB/T 24617的相关规定。

4.5.9　责任人员应做好现场交接记录。

4.6　应急预案

4.6.1　对已出库每批次物品应具备召回及处理能力。

4.6.2　应具有针对在运输、仓储环节中，遭遇灾害（如水灾、火灾等）、突发事件（如设备故障等）时的应急制度和应急预案。

4.7　冷链物流辅助服务功能

可为委托方优化冷链业务流程，制定冷链物流综合解决方案，提供增值服务。

5　物流企业冷链服务类型、能力级别划分及评估指标

5.1　服务类型

冷链物流服务类型宜参照 GB/T 19680—2013 的 5 中对物流企业类型的分类。

5.2　级别划分

对具备冷链服务能力的物流企业，按照其服务能力高低，分为五星、

四星、三星、二星、一星五个等级，五星级最高，依次降低。

5.3　评估指标

5.3.1　运输型冷链服务

运输型冷链服务要求与能力评估指标见表 1。

表 1　　运输型冷链服务要求与能力评估指标

评估指标		级　别				
项目	类别	五星	四星	三星	二星	一星
设施设备	1. 自有冷藏（冻）车数量/辆*（或总载重量/吨）*	≥400（≥2000）	≥200（≥1000）	≥100（≥500）	≥50（≥250）	≥20（≥100）
	2. 租用冷藏（冻）车数量/辆（或总载重量/吨）	≥150（≥750）	≥90（≥450）	≥60（≥300）	≥30（≥150）	≥10（≥50）
	3. 冷藏（冻）车厢（箱）*	干净整洁，符合 QC/T 449 中对冷藏（冻）车厢（箱）的要求				
	4. 数据采集终端*	冷藏（冻）车（厢、箱）内、外有必要的温度数据采集终端，并有定期检查校正记录				
信息化	5. 温度监测系统*	冷藏（冻）车（厢、箱）内测温点分布均匀，温度实时监测并记录		冷藏（冻）车（厢、箱）内测温点分布均匀，温度定时监测、记录		
	6. 温度数据*	自物品交与委托方之日起应保存不低于 6 个月的温度数据，且数据应保存完整，可查询				
	7. 运输管理系统（TMS）*	有运输管理系统及相关温控模块		—		
	8. 货物跟踪*	自有/租用车辆 100% 装有冷链运输跟踪设备				

续 表

<table>
<tr><th colspan="3">评估指标</th><th colspan="5">级　别</th></tr>
<tr><th>项目</th><th colspan="2">类别</th><th>五星</th><th>四星</th><th>三星</th><th>二星</th><th>一星</th></tr>
<tr><td rowspan="8">管理与服务</td><td colspan="2">9. 客户投诉率（或客户满意度）</td><td>≤0.05%（≥98%）</td><td colspan="2">≤0.1%（≥95%）</td><td colspan="2">≤0.5%（≥90%）</td></tr>
<tr><td colspan="2">10. 管理制度*</td><td colspan="5">有健全的物品交接制度、清洁卫生制度、冷链通用流程关键点控制操作规范制度，有效运行</td></tr>
<tr><td colspan="2">11. 应急预案*</td><td colspan="5">包括但不局限于：冷机故障预案，在途车辆故障预案</td></tr>
<tr><td rowspan="4">12. 冷链操作人员</td><td>人员结构*</td><td>60%以上具有中等以上学历或专业资格</td><td colspan="2">50%以上具有中等以上学历或专业资格</td><td colspan="2">30%以上具有中等以上学历或专业资格</td></tr>
<tr><td>培训</td><td colspan="5">全员经过上岗专业培训，有培训计划及定期培训记录</td></tr>
<tr><td>健康要求</td><td colspan="5">农产品、食品的装卸、搬运等作业人员应持有相关部门发放的健康证明</td></tr>
<tr><td>执证上岗率*</td><td colspan="5">制冷工、叉车工、电工、驾驶员等应执证上岗，执证上岗率100%</td></tr>
<tr><td colspan="2">13. 冷链物流辅助服务功能</td><td colspan="3">可为委托方优化冷链业务流程，制定冷链物流综合解决方案，提供增值服务</td><td colspan="2">—</td></tr>
</table>

注：标注*的指标为企业必备指标，其他为参考指标。

5.3.2　仓储型冷链服务

仓储型冷链服务要求与能力评估指标见表2。

表2　　　　　　　仓储型冷链服务要求与能力评估指标

<table>
<tr><th colspan="3">评估指标</th><th colspan="5">级　别</th></tr>
<tr><th>项目</th><th colspan="2">类别</th><th>五星</th><th>四星</th><th>三星</th><th>二星</th><th>一星</th></tr>
<tr><td rowspan="9">设施设备</td><td colspan="2" rowspan="2">1. 自有冷库标准及容积/立方米*</td><td colspan="5">冷库建设应按 GB 50072 执行</td></tr>
<tr><td>≥300000</td><td>≥120000</td><td>≥60000</td><td>≥30000</td><td>≥15000</td></tr>
<tr><td colspan="2">2. 租用冷库标准及容积/立方米</td><td>≥200000</td><td>≥80000</td><td>≥40000</td><td>≥20000</td><td>≥15000</td></tr>
<tr><td colspan="2">3. 冷库功能区*</td><td colspan="4">建有满足物品时空温度要求的功能区，包括但不限于低温穿堂或封闭月台、预冷间或复冻间</td><td>—</td></tr>
<tr><td colspan="2" rowspan="2">4. 冷库门气密性</td><td colspan="3">作业时冷库门完全开启时间大于5秒的应设置冷风幕和耐低温透明门帘</td><td colspan="2">有必要的密封装置</td></tr>
<tr><td colspan="3">配备有与运输车辆对接的密封装置</td><td colspan="2">—</td></tr>
<tr><td colspan="2">5. 搬运装卸设备/台*</td><td>≥15</td><td colspan="2">≥8</td><td colspan="2">≥3</td></tr>
<tr><td colspan="2">6. 数据采集终端*</td><td colspan="5">冷库内、外有必要的温度数据采集终端，并有定期检查校正记录</td></tr>
<tr><td colspan="2">7. 温度监测系统*</td><td colspan="5">冷库内测温点分布均匀，温度实时监测并记录</td></tr>
<tr><td rowspan="3">信息化</td><td colspan="2">8. 温度数据*</td><td colspan="5">自物品交与委托方之日起应保存不低于6个月的温度数据，且数据应保存完整，可查询</td></tr>
<tr><td rowspan="2">9. 仓库管理系统（WMS）*</td><td>系统</td><td colspan="2">有仓库管理系统，冷链业务进销存实现信息化管理，对库内温度数据实时掌握</td><td colspan="3">库内有温度测量装置，温度记录完善</td></tr>
<tr><td>库区监控</td><td colspan="5">具备对库区主通道、货物交接区的监控能力，影像资料保存6个月</td></tr>
</table>

续 表

<table>
<tr><th colspan="3">评估指标</th><th colspan="5">级 别</th></tr>
<tr><th>项目</th><th colspan="2">类别</th><th>五星</th><th>四星</th><th>三星</th><th>二星</th><th>一星</th></tr>
<tr><td rowspan="9">管理与服务</td><td colspan="2">10. 客户投诉率（或客户满意度）</td><td>≤0.05%
（≥98%）</td><td colspan="3">≤0.1%
（≥95%）</td><td>≤0.5%
（≥90%）</td></tr>
<tr><td colspan="2">11. 管理制度*</td><td colspan="5">有健全的物品交接制度、清洁卫生制度、冷链通用流程关键点控制操作规范制度，落实到位</td></tr>
<tr><td colspan="2">12. 节能制度</td><td colspan="5">有节能降耗措施及改进计划，有效运行</td></tr>
<tr><td colspan="2">13. 应急预案*</td><td colspan="5">包括但不局限于：水灾、火灾、虫害、鼠害预案，断电应急预案，冷机故障预案；
凡是用氨制冷的企业，建立液氨突发泄漏的应急预案</td></tr>
<tr><td rowspan="4">14. 冷链操作人员</td><td>人员结构*</td><td>60%以上具有中等以上学历或专业资格</td><td colspan="2">50%以上具有中等以上学历或专业资格</td><td colspan="2">30%以上具有中等以上学历或专业资格</td></tr>
<tr><td>培训</td><td colspan="5">全员经过上岗专业培训，有培训计划及定期培训记录</td></tr>
<tr><td>健康要求</td><td colspan="5">农产品、食品的装卸、搬运等作业人员应持有相关部门发放的健康证明</td></tr>
<tr><td>执证上岗率*</td><td colspan="5">制冷工、叉车工、电工、驾驶员等应执证上岗的，100%执证上岗</td></tr>
<tr><td colspan="2">15. 冷链物流辅助服务功能</td><td colspan="3">可为委托方优化冷链业务流程，制定冷链物流综合解决方案，提供增值服务</td><td colspan="2">—</td></tr>
</table>

注1：标注*的指标为企业必备指标，其他为参考指标。

注2：冷库包括冷藏库、冷冻库和气调冷藏库等低温仓库。

5.3.3 综合型冷链服务

综合型冷链服务要求与能力评估指标见表3。

表 3　　综合型冷链服务要求与能力评估指标

<table>
<tr><td colspan="3">评估指标</td><td colspan="5">级　别</td></tr>
<tr><td>项目</td><td colspan="2">类别</td><td>五星</td><td>四星</td><td>三星</td><td>二星</td><td>一星</td></tr>
<tr><td rowspan="9">设施设备</td><td colspan="2" rowspan="2">1. 自有/租用冷库标准及容积/立方米*</td><td colspan="5">冷库建设应按 GB 50072 执行</td></tr>
<tr><td>≥300000</td><td>≥150000</td><td>≥50000</td><td>≥20000</td><td>≥10000</td></tr>
<tr><td colspan="2">2. 自有/租用冷藏（冻）车数量/台*（或总载重量/吨）*</td><td>≥400（≥2000）</td><td>≥200（≥1000）</td><td>≥80（≥400）</td><td>≥50（≥250）</td><td>≥20（≥100）</td></tr>
<tr><td colspan="2">3. 冷库功能区*</td><td colspan="4">建有满足物品时空温度要求的功能区，包括但不限于低温穿堂或封闭月台、预冷间或复冻间</td><td>—</td></tr>
<tr><td rowspan="3">4. 气密性*</td><td rowspan="2">冷库门</td><td colspan="3">作业时冷库门完全开启时间大于5 秒的，应设置冷风幕和耐低温透明门帘</td><td colspan="2">—</td></tr>
<tr><td colspan="3">配备有与运输车辆对接的密封装置</td><td colspan="2">—</td></tr>
<tr><td>冷藏（冻）车厢（箱）</td><td colspan="5">干净整洁，符合 QC/T 449 中对冷藏（冻）车厢（箱）的要求</td></tr>
<tr><td colspan="2">5. 装卸搬运设备/台*</td><td>≥12</td><td colspan="2">≥6</td><td colspan="2">≥2</td></tr>
<tr><td colspan="2">6. 数据采集终端*</td><td colspan="5">冷库、冷藏（冻）车（厢、箱）内外有必要的温度数据采集终端，并有定期检查校正记录</td></tr>
<tr><td rowspan="2">信息化</td><td colspan="2">7. 温度监测系统*</td><td colspan="3">冷库、冷藏（冻）车（厢、箱）内测温点分布均匀，温度实时监测并记录</td><td colspan="2">冷库、冷藏（冻）车（厢、箱）内测温点分布均匀，冷库内温度实时监测并记录，冷藏（冻）车（厢、箱）内温度定时监测、记录</td></tr>
<tr><td colspan="2">8. 温度数据*</td><td colspan="5">自物品交与委托方之日起应保存不低于 6 个月的温度数据，且数据应保存完整，可查询</td></tr>
</table>

续 表

评估指标			级别				
项目	类别		五星	四星	三星	二星	一星
信息化	9. 仓库管理系统（WMS）*	系统	冷链业务进销存实现信息化管理，对库内温度数据实时掌握			库内有温度测量装置，温度记录完善	
		库区监控	具备对库区主通道、货物交接区的监控能力，影像资料保存6个月				
	10. 运输管理系统（TMS）*	货物跟踪	有运输管理系统			—	
			自有涉冷车辆100%以上装有冷链运输跟踪设备				
管理与服务	11. 客户投诉率（或客户满意度）		≤0.05%（≥98%）	≤0.1%（≥95%）			≤0.5%（≥90%）
	12. 节能制度		有节能降耗措施及改进计划，有效运行				
	13. 管理制度*		有健全的物品交接制度、清洁卫生制度、冷链通用流程关键点控制操作规范制度，有效运行				
	14. 应急预案*		包括但不局限于：水灾、火灾、虫害、鼠害预案，断电应急预案，冷机故障预案，在途车辆故障预案；凡是用氨制冷的企业，建立液氨突发泄漏的应急预案				
	15. 冷链操作人员	人员结构*	60%以上具有中等以上学历或专业资格	50%以上具有中等以上学历或专业资格			40%以上具有中等以上学历或专业资格
		培训	全员经过上岗专业培训，有培训计划及定期培训记录				
		健康要求	农产品、食品的装卸、搬运等作业人员应持有相关部门发放的健康证明				
		执证上岗率*	制冷工、叉车工、电工、驾驶员等应执证上岗，执证上岗率为100%				
	16. 冷链物流辅助服务功能*		可为委托方优化冷链业务流程，制定冷链物流综合解决方案，提供增值服务				—

注1：标注*的指标为企业必备指标，其他为参考指标。

注2：冷库包括冷藏库、冷冻库和气调冷藏库等低温仓库。

参考文献

[1] GB 1589—2004　道路车辆外廓尺寸、轴荷及质量限值
[2] GB/T 9829—2008　水果和蔬菜 冷库中物流条件 定义和测量
[3] GB 14881—2013　食品安全国家标准 食品生产通用卫生规范
[4] GB 19578—2000　乘用车燃料消耗量限值
[5] GB/T 20799—2006　鲜、冻肉运输条件
[6] GB/T 24359—2009　第三方物流服务质量要求
[7] GB/T 28577—2012　冷链物流分类与基本要求
[8] GB/T 30335—2013　药品物流服务规范

水产品冷链物流服务规范
（GB/T 31080—2014）

（该标准于2014年12月22日发布，于2015年7月1日起正式实施）

1 范围

本标准规定了水产品冷链物流服务的基本要求，接收地作业、运输、仓储作业、加工与配送、装卸与搬运、货物交接、包装与标志、风险控制、投诉处理的要求和服务质量的主要评价指标。

本标准适用于水产品流通过程中的冷链物流服务。水产品生产过程中涉及的水产品冷链物流服务可参照执行。

2 规范性引用文件

下列文件对于本文件的应用是必不可少的。凡是注日期的引用文件，所注日期的版本适用于本文件。凡是不注日期的引用文件，其最新版本（包括所有的修改单）适用于本文件。

GB 2733　鲜、冻动物性水产品卫生标准

GB 2893—2008　安全色

GB 2894　安全标志及其使用导则

GB 7718　食品安全国家标准　预包装食品标签通则

GB 13495　消防安全标志

GB 28009　冷库安全规程

GB/T 19012　质量管理　顾客满意 组织处理投诉指南

GB/T 20941 水产食品加工企业良好操作规范

GB/T 23871　水产品加工企业卫生管理规范

GB/T 24616—2009　冷藏食品物流包装、标志、运输和储存

GB/T 24617—2009　冷冻食品物流包装、标志、运输和储存

GB/T 24861　水产品流通管理技术规范

GB/T 27304 食品安全管理体系　水产品加工企业要求

GB/T 27638—2011　活鱼运输技术规范

GB/T 28577　冷链物流分类与基本要求

GB/T 28843　食品冷链物流追溯管理要求

GB/T 29568—2013　农产品追溯要求　水产品

SC/T 6041　水产品保鲜储运设备安全技术要求

SC/T 9020　水产品冷藏设备和低温运输设备技术条件

3　术语和定义

GB/T 24861 和 GB/T 28577 界定的以及下列术语和定义适用于本文件。

3.1　水产品冷链物流（cold chain logistics for aquatic products）

水产品从供应地向接收地有低温控制的实体流动过程。

注：根据实际需要，可将运输、储存、装卸、搬运、包装、流通加工、配送、信息处理等基本功能实施有机结合。

4　基本要求

4.1　管理

4.1.1　应具备和具有与所从事的水产品冷链物流相适应的组织机构。

4.1.2　应有冷链物流服务质量和绩效评价体系。

4.1.3　应有与经营能力相适宜的水产品冷链物流服务流程管理和作业规程。

4.1.4　水产品冷链物流服务单位应符合 GB/T 23871 的规定，应有低温环境下的作业安全防护措施。

4.1.5　流通管理技术应符合 GB/T 24861 的规定。活鱼运输应符合 GB/T 27638 的规定。

4.1.6　应具有消防、防盗、交通和预防灾害性天气等安全管理制度。

4.2　人员

4.2.1　应具有与所从事的水产品冷链物流服务相适应的岗位人员。

4.2.2　水产品冷链物流人员应持职业培训合格证上岗服务。每年至少进行一次健康体检，持有卫生部门健康合格证。

4.3　设施设备

4.3.1　应具有与水产品冷链物流服务相适应的运输、仓储、配送、流通加工等设施设备。

4.3.2　应具有与水产品装卸运输相适宜的水产品堆栈空间、供用电系统和装卸实施能力。

4.3.3　冷库安全应符合 GB 28009 的规定，冷藏库宜 0℃ ~4℃，冷冻库应≤ -18℃，速冻库应≤ -28℃。

4.3.4　运输设备安全技术要求应符合 SC/T 6041 的规定，超低温水产品运输设备应符合 SC/T 9020 的规定。

4.3.5　水产品储存周围环境应清洁和卫生，并远离污染源。仓储作业区与办公生活区应分开或隔离，室外装卸、搬运、发运水产品时应有预防天气影响的措施。

4.3.6　应有消除自身运行而产生的热源、废气和其他污染或影响水产品质量的装置。应符合国家食品卫生规定，满足节能、环保的要求。

4.3.7　应定期根据不同材质、不同配置方式以及环境温度进行保温性能验证，并在验证结果支持的温度范围内运行。

4.3.8　应有自动监测、自动调控、自动记录及报警装置。计量器具应定期校验。温度自动监测布点应经过验证，符合水产品储存和运输要求。冷库温度记录间隔时间不应超过 30min/次，冷藏车的温度记录间隔时间不应超过 10min/次。

4.4　信息服务

4.4.1　单据信息审核

应对委托方提供的单据信息，审核其合法合规性、有效性及内容的准确、完整性，确认无误后执行。

4.4.2　单据信息传输与管理

4.4.2.1　根据委托方要求，应准确、完整地向委托方提供水产品冷链物流过程及交易等数据，并及时通报各种意外事件的相关信息。

4.4.2.2　单据应填写规范、完整、准确、清晰，按时汇总、存档，并保证单据、信息、资料的保密与安全。

4.4.3　信息追溯

4.4.3.1　水产品冷链物流服务过程中采集、处理、存储、交换的信息，应符合 GB/T 29568—2013 中 5.3 的规定，并应能满足监管要求。

4.4.3.2　水产品冷链物流单据和监控温（湿）度等各类记录应至少保留两年。

5　接收地作业

5.1　装卸条件

5.1.1　装卸水产品的设备应性能完好、清洁，每次作业后应清洗并消毒备用。

5.1.2　散装水产品应有专用保温库堆放箱，装卸场地应地面平整，不透水积水，内墙、室内柱子下部应有 1.5 米高的墙裙。

5.1.3　装卸中遇到有毒水产品时，应分拣，统一进行无毒害处理。水产品不应与有毒、有害、有异味或影响水产品质量的物品同处储存。

5.1.4　装载水产品前，冷藏车或冷藏（保温）箱应清洁、消毒并预冷至符合水产品储存运输温度。应在规定时间内完成装载。与冷藏（保温）箱配套的蓄能剂应满足保持水产品温度的要求。

5.1.5　应控制冰鲜品装卸货时间，冰鲜品中心温度应始终保持在 0℃～4℃。

5.1.6　小型冰鲜品，如冷藏虾体等应保证其处于不脱冰状态，冰鲜品中心温度应 ≤4℃。湿度应满足产品特性需要。

5.1.7　应严格控制装卸作业环境和时间。冷冻品装卸时升温厢（箱）体应≤－15℃，并在装卸后尽快降至≤－18℃。装卸过程中的水产品中心温度不应＞－12℃。

5.1.8　在环境无控温条件下，作业场地应在庇荫处或遮阳处，避免水产品较长时间暴露在高温环境下。

5.2　收货与发货

5.2.1　需要预冷的水产品应尽量缩短前处理作业时间，冷藏品、冷冻品应满足相应温度。

5.2.2　散装水产品装箱时，应避免高温及机械损伤。

5.2.3　卸载的水产品应及时进入冷藏库或冷藏车暂存，并按品种、等级、质量分拣堆放。

5.2.4　冷藏集装箱作业应保证各种冷媒、供电量和供应点位置，减少提货和装卸时间。

5.3　中转与转运

5.3.1　应及时掌握水产品中转或转运信息，做好配备准备工作。

5.3.2　在转运地交接水产品时，应核对相关单证、货物的温（湿）度、水产品质量检查并核对数量，做好记录明细。在转运过程中出现意外事故，应及时通知委托方。

5.3.3　应按照合同规定的时间将水产品运往卸货港或目的地。到达目的地后，应尽快通知委托方。

6　运输

6.1　活体品运输作业管理应符合 GB/T 24861—2010 中 4.1 的规定，其中活鱼运输中采用的充氧水运输、保湿无水运输和活水舱运输作业管理应符合 GB/T 27638—2011 中 5.2、6.3 和 7.2 的规定。

6.2　冷藏品运输作业应符合 GB/T 24616—2009 中 6.2 的规定，冷冻品和超低温品运输作业应符合 GB/T 24617—2009 中 6.2 的规定，冷藏品管理应符合 GB/T 24861—2010 中 4.2 的规定。冷冻品和超低温品运输管理应符合 GB/T 24861—2010 中 4.3 的规定。

6.3　冷冻品运输期间的厢（箱）体内温度应≤－18℃，运输过程中允许升温，但应≤－15℃。水产品中心温度为－18℃的送至目的地时，其产品中心温度应≤－12℃。

6.4　超低温水产品的运输温度要求和其他有特殊温度要求的水产品按合同要求执行。

7　仓储作业

7.1　收货验收

7.1.1　经检验合格并在质量保证有效期内的水产品才能入库储存。应依据进货信息和随货清单，对水产品逐批验收，做好记录。在 -15℃ ~ -18℃冷库储存的冷冻品，其储存期应≤9 个月。在 < -18℃贮存条件下，可根据贮存条件和产品特性适当延长储存期。

7.1.2　温控的水产品到货时，应对其运输方式及运输过程的温（湿）度记录、运输时间等质量控制状况进行重点检查和记录；不符合温（湿）度要求的应拒收。

7.2　在库储存与管理

7.2.1　堆垛码放

7.2.1.1　应按规定温度和质量保证有效期的时间段堆垛，同一品种的水产品宜以原料品、半成品、成品分开垛放，标识清晰。垫板应与地面距离 >10厘米，应与库墙距离 >30 厘米，离排管距离 >30 厘米，离风道距离 >30厘米，距离库体顶板距离 >20 厘米 ，堆放高度以纸箱受压不变形为宜。散装货物堆放高度不宜高于冷风机下端部位。

7.2.1.2　库内搬运、装卸水产品应轻取轻码，叉车等运输器具应按照操作规程作业，严格按照外包装图示标志的要求码放和采取防护措施。

7.2.1.3　水产品堆码应按照分区、分类、按生产批次和温度货位管理。温度高的水产品不应存放到温度低的水产品冷藏库内，应经速冻降到规定温度后才能入库存放。

7.2.1.4　在库水产品应按 GB 2893—2008 中第 4 章规定，对产品质量状态实施色标管理。待验品库（区）、退货品库（区）为黄色；合格品库（区）、待发品库（区）为绿色；不合格品库（区）为红色。

7.2.2　暂养与储存

7.2.2.1　活体品暂养应符合 GB/T 24861—2010 中 5.1 规定，暂养储存的温度应满足其要求。冷藏品作业应符合 GB/T 24616—2009 中 7.2 的规定，管理应符合 GB/T 24861—2010 中 5.2 的规定。

7.2.2.2　冷冻品和超低温品储存作业应符合 GB/T 24617—2009 中 7.2 的规定，管理应符合 GB/T 24861—2010 中 5.3 的规定。

7.2.2.3　需 6 个月以上储存期的超低温品应在≤－50℃库温储存。

7.2.3　温（湿）度控制

7.2.3.1　冷藏库温度波动幅度不应超过 ±2℃；在冰鲜品出入库时，库房温度升高不应超过 3℃。湿度应满足冰鲜品储存要求。

7.2.3.2　应控制水产品中心温度。冰鲜品应控制在 0℃ ~4℃，深海冰鲜品宜控制在－1℃ ~1℃。

7.2.4　对确认的温（湿）度不合格水产品，应移至不合格品库暂存，建立不合格品记录，同时报告委托方确认。

7.3　出库

7.3.1　需温控的水产品出库应按照 GB/T 24861 的温度要求执行，超低温水产品按合同规定温度要求执行。

7.3.2　水产品出库时应对实物进行复核，加盖水产品供应方的出库专用章、原印章的随货同行单（票）、质量管理专用章原印章的水产品检验检疫报告或复印件。

7.4　发货与记录

发货时应检查水产品、装载环境和运输设备温度并做好记录。

7.5　售后退回处理

7.5.1　需温控的水产品温度检测方法和退货处理应符合 GB/T 28843 的规定。

7.5.2　售后退回水产品应凭退货凭证核对实物，货单相符方可收货并放置于退货区。

7.5.3　验收人员应对售后退回水产品进行逐批逐项验收，并建立售后退回水产品收货验收记录。

8 加工与配送

8.1 加工

8.1.1 水产品加工应符合 GB/T 27304 的规定，操作规范应符合 GB/T 20941 的规定。

8.1.2 水产品流通加工时间和卫生管理应符合 GB/T 23871 的规定。

8.2 配送

8.2.1 配送过程中应采取温（湿）度控制措施，定期检查车（船、厢、箱）内温（湿）度并记录存档，以满足保持水产品的品质所适宜的温（湿）度。

8.2.2 配送冰鲜品、冷冻品分别符合 GB/T 24861—2010 中 4.2、4.3 的规定。

8.2.3 水产品应安全、准确、及时送达，货损、货差应控制在合同约定的允许范围之内。

8.2.4 配送水产品应做好不同品温的隔离和不同货物合理混装，减少运输工具开启门的次数。

9 装卸与搬运

9.1 应按水产品包装标志要求进行装卸与搬运作业，不应损坏其外包装。

9.2 应选择合理的装载、卸载的流程及加固措施，防止水产品污损。

10 货物交接

10.1 水产品的提货接收和发货放行应与单证交接同时进行。

10.2 应按合同约定进行交接。交接内容包括，但不限于：水产品进、出库时间、品种、数量、等级、质量、包装、温（湿）度、生产日期、质量保证期和检验检疫证明等。

10.3 检查委托方的单证是否注明对水产品的储存、防护和运输的特殊要求，做好单证交接和温（湿）度记录明细。

10.4　水产品到达收货方时，应在收货方指定地点卸货，双方当场清点确认，由收货方签证回单。如发生水产品破损、货差等纠纷，应当场与收货方分清责任，并在回单上批注清楚。

10.5　有温控要求的水产品应符合 GB/T 24861 和 GB/T 28577 的温度要求相关规定。水产品温度检测方法应符合 GB/T 28843 的规定。散装水产品还应符合 GB 2733 的规定。

10.6　应有防止温度变化影响水产品质量和避免水产品与其他物品混装形成污染的措施。

10.7　及时递交委托方签字确认的单证及相关记录。

11　包装与标志

11.1　冷藏品运输包装与标志应符合 GB/T 24616—2009 中第 4 章和第 5 章的规定。

11.2　冷冻品运输包装与标志应符合 GB/T 24617—2009 中第 4 章和第 5 章的规定。

11.3　储存库及货位标志应规范、清晰、准确、易辨，符合 GB 2894、GB 13495 的规定。

11.4　预包装水产品标志

预包装水产品应符合 GB 7718 的规定并有“QS”标识，还应满足以下规定：

a）标志上注明水产品种的常用名以及水产品形态。

b）标志上应注明水产品是养殖或野生的，以及水产品产地的说明。

c）水产混合品应符合水产加工品和水产食品的要求。

11.5　非零售包装的标志

应标明水产品名称、批号、制造或分装厂名、地址以及储存条件。

12　风险控制

12.1　存放水产品的每个容器应有明显标识，以识别确认加工或配送委托人或货物批次。用于流通最终消费或再加工的包装应标识生产批次。

12.2　应具有保障水产品储存、配送、运输各环节温（湿）度或通风控制的应急预案。

12.3　宜采取存货保险、财产保险、运输保险等有效控制风险的措施。

13　投诉处理

13.1　应主动联系委托方需求，在沟通方法、沟通内容、沟通频率、沟通态度和客户满意度测量方面提出要求。

13.2　投诉处理应符合 GB/T 19012 的规定。

14　服务质量的主要评价指标

14.1　水产品验收准确率

考核期内水产品准确验收批次数占水产品验收总批次数的比率。按式（1）计算：

$$\text{水产品验收准确率} = \frac{\text{水产品准确验收批次数}}{\text{验收水产品总批次数}} \times 100\% \qquad (1)$$

14.2　水产品发货差错率

考核期内水产品发货累计差错笔数占水产品发货总笔数的比率。按式（2）计算：

$$\text{水产品发货差错率} = \frac{\text{水产品发货累计差错笔数}}{\text{水产品发货总笔数}} \times 100\% \qquad (2)$$

14.3　水产品准时送达率

考核期内将水产品准时送达目的地的水产品订单数量占水产品订单总数量的比率。按式（3）计算：

$$\text{水产品准时送达率} = \frac{\text{水产品准时送达订单数}}{\text{水产品订单总数}} \times 100\% \qquad (3)$$

14.4　水产品残损率

考核期内水产品残损的金额（或件数）占期内水产品总金额（或件数）的比率。按式（4）计算：

$$\text{水产品残损率} = \frac{\text{水产品残损金额(或件数)}}{\text{水产品总金额(或件数)}} \times 100\% \quad (4)$$

14.5　水产品运输订单完成率

考核期内完成水产品运输订单数占水产品运输订单总数的比率。按式（5）计算：

$$\text{水产品运输订单完成率} = \frac{\text{水产品运输完成订单数}}{\text{水产品运输订单总数}} \times 100\% \quad (5)$$

附录三　2014 年冷链相关领域企业排名

2014 年中国冷链物流企业百强名单

1. 荣庆物流供应链有限公司
2. 漯河双汇物流投资有限公司
3. 河南鲜易供应链股份有限公司
4. 上海领鲜物流有限公司
5. 上海郑明现代物流有限公司
6. 许昌众荣冷链物流有限公司
7. 大昌行物流有限公司
8. 夏晖物流有限公司
9. 招商美冷（香港）控股有限公司
10. 中外运上海冷链物流有限公司
11. 成都银犁冷藏物流有限公司
12. 北京中冷物流有限公司
13. 上海广德物流有限公司
14. 安得物流股份有限公司
15. 上海源洪仓储物流有限公司
16. 上海都市生活企业发展有限公司
17. 河南大用运通物流有限公司
18. 万吨冷链物流有限公司
19. 佛山市粤泰冷库物业投资有限公司
20. 大连港毅都冷链有限公司
21. 镇江恒伟供应链管理股份有限公司
22. 上海锦江低温物流发展有限公司

23. 上海交荣冷链物流有限公司
24. 恒浦（大连）国际物流有限公司
25. 中外运普菲斯冷链物流有限公司
26. 北京海航华日飞天物流股份有限公司
27. 福建恒冰物流有限公司
28. 重庆雪峰冷藏物流有限公司
29. 山东中超物流供应链管理有限公司
30. 辉源（上海）供应链管理有限公司
31. 南京谷昌物流有限公司
32. 沈阳天顺路发冷藏物流有限公司
33. 上海波隆冷链物流有限公司
34. 浙江统冠物流发展有限公司
35. 厦门旺墩冷冻仓储有限公司
36. 辽渔集团冷冻厂
37. 山东盖世国际物流集团
38. 两湖绿谷物流股份有限公司
39. 深圳市小田物流有限公司
40. 宁夏领鲜物流有限公司
41. 太古冷藏仓库有限公司
42. 黑龙江农垦北大荒物流集团有限公司
43. 天津蓝玺冷链物流有限公司
44. 永贵冷链物流有限公司
45. 北京快行线冷链物流有限公司
46. 獐子岛冷链（中央冷藏．锦通．锦达）
47. 广州鑫赟冷链物流有限公司
48. 北京三元双日食品物流有限公司
49. 上海众萃物流有限公司
50. 北京市五环顺通物流中心
51. 德州飞马肉联集团有限责任公司
52. 北京市东方友谊食品配送公司
53. 新疆拓普农业股份有限公司

54. 北京三新冷藏储运有限公司
55. 深圳市东方佳源实业有限公司
56. 漳州大正冷冻食品有限公司
57. 淇县永达物流配送有限公司
58. 云通物流服务有限公司
59. 苏州点通冷藏物流有限公司
60. 成都市汇翔实业有限公司
61. 深圳市敏捷和冷链物流有限公司
62. 武汉山绿冷链物流有限公司
63. 中粮集团（深圳）有限公司
64. 武汉巨力鼎兴实业有限公司
65. 宁夏四季青冷链物流有限公司
66. 福建浩嘉冷链物流有限公司
67. 山东齐畅冷链物流股份有限公司
68. 苏州三沐冷链物流有限公司
69. 深圳市盛辉达冷链物流有限公司
70. 昆明银翔航空货运服务有限公司
71. 湖南惠农物流有限责任公司
72. 上海恒孚物流有限公司
73. 西安林志物流有限公司
74. 北京百富达物流有限责任公司
75. 深圳市德信昌实业有限公司
76. 武汉良中行供应链管理有限公司
77. 青岛福兴祥物流有限公司
78. 上海途靠物流有限公司
79. 河南华夏易通物流有限公司
80. 呼和浩特市盛乐经济园区磐达冷藏运输有限责任公司
81. 河南大象物流有限公司
82. 济南大鹏物流有限公司
83. 福州国运通冷藏运输有限公司
84. 天津鑫汇洋国际物流有限公司

85. 武汉仟吉冷链物流仓储管理有限公司
86. 太原万鑫冷链物流有限公司
87. 天津金琦低温物流有限公司
88. 内蒙古旺元运输有限责任公司
89. 卓尔宝沃勤武汉物流有限公司
90. 苏州加创物流有限公司
91. 上海东启物流有限公司
92. 吉林省中冷物流有限公司
93. 深圳市中柱物流有限公司
94. 北京家家送冷链物流有限公司
95. 大连四达冷链市场有限公司
96. 当阳市万里运输有限责任公司
97. 天津品优物流有限公司
98. 邢台邢业通物流有限公司
99. 北京傅瑞物流有限公司
100. 上海新颖物流有限公司

2014 年中国连锁便利店 50 强名单

1. 中石化易捷销售有限公司
2. 中国石油销售公司（昆仑好客便利店）
3. 美宜佳便利店
4. 广东天福连锁商业集团
5. 浙江供销超市有限公司
6. 广东上好便利店
7. 上海联华快客便利有限公司
8. 农工商超市集团有限公司
9. 成都红旗连锁股份有限公司
10. 浙江十足商贸有限公司
11. 苏果超市有限公司
12. 太远唐久超市
13. 全家便利店
14. 7 – 11 便利店
15. 河北国大连锁商业有限公司
16. 湖南佳宜企业管理有限公司
17. 山西金虎便利店
18. 中百控股集团中百超市
19. 成都舞东风超市连锁
20. 喜士多便利店
21. 罗森（中国）投资有限公司
22. 上海良友金伴便利连锁
23. 山东潍坊百货集团
24. 中山市及时便利店
25. 厦门见福连锁便利店
26. 北京物美商业集团

27. 青岛利客来集团
28. 西安每一天便利超市
29. 四川哦哦超市连锁
30. 天津市津工超市
31. 哈尔滨中央红集团
32. 惠州市快迪便利店
33. 江苏新合作常客隆连锁超市
34. 北京港佳好邻居连锁便利店
35. 呼和浩特利冠商贸
36. 云南健之佳健康连锁
37. 步步高集团
38. 惠南千惠商贸连锁
39. 山东统一银座商业
40. 乌鲁木齐好幸福超市
41. 苏州怡家乐超市
42. 青岛友客便利连锁
43. 郑州丹尼斯集团
44. 临汾乐客便利超市
45. 道里菜市场集团
46. 福建易太便利连锁
47. 徐州悦客企业管理集团
48. 山东家家悦
49. 雄风集团
50. 青岛利群便利连锁

2014 年中国餐饮企业百强名单

1. 百胜餐饮集团中国事业部
2. 河北千喜鹤饮食股份有限公司
3. 四川海底捞餐饮股份有限公司
4. 香港稻香集团
5. 内蒙古小尾羊餐饮连锁有限公司
6. 重庆刘一手餐饮管理有限公司
7. 浙江两岸食品连锁有限公司
8. 味千（中国）控股有限公司
9. 浙江凯旋门澳门豆捞控股集团有限公司
10. 真功夫餐饮管理有限公司
11. 北京黄记煌餐饮管理有限责任公司
12. 重庆德庄实业（集团）有限公司
13. 重庆朝天门餐饮控股集团有限公司
14. 重庆陶然居饮食文化（集团）股份有限公司
15. 北京李先生加州牛肉面大王有限公司
16. 小南国（集团）有限公司
17. 重庆顺水鱼饮食文化有限公司
18. 北京华天饮食集团公司
19. 呷哺呷哺餐饮管理有限公司
20. 重庆巴将军饮食文化发展有限公司
21. 重庆秦妈餐饮管理有限公司
22. 重庆骑龙饮食文化有限责任公司
23. 北京东来顺集团有限责任公司
24. 内蒙古草原牧歌餐饮连锁股份有限公司
25. 江苏品尚餐饮连锁管理有限公司
26. 中国全聚德（集团）股份有限公司

27. 北京合兴餐饮管理有限公司
28. 永和大王餐饮集团
29. 重庆市巴江水饮食文化有限公司
30. 山东蓝海酒店集团
31. 绍兴市咸亨酒店有限公司
32. 浙江外婆家餐饮有限公司
33. 乡村基（重庆）投资有限公司
34. 北京西贝餐饮管理有限公司
35. 迪欧餐饮管理有限公司
36. 上海丰收日餐饮发展有限公司
37. 宁波白金汉爵酒店投资有限公司
38. 重庆佳永小天鹅餐饮有限公司
39. 大连彤德莱餐饮管理集团有限公司
40. 福成肥牛餐饮管理有限公司
41. 山东凯瑞餐饮集团
42. 索迪斯大中国区
43. 北京市健坤餐饮有限责任公司
44. 北京首都机场餐饮发展有限公司
45. 眉州东坡餐饮管理（北京）有限公司
46. 大娘水饺餐饮集团有限公司
47. 刘一锅火锅店
48. 安徽包天下餐饮管理有限公司
49. 安徽同庆楼餐饮发展有限公司
50. 快客利（中国）控股集团有限公司
51. 北京健力源餐饮管理有限公司
52. 上海世好餐饮管理有限公司
53. 安徽蜀王餐饮投资控股集团有限公司
54. 重庆奇火哥快乐餐饮有限公司
55. 内蒙古三千浦餐饮连锁有限责任公司
56. 唐宫（中国）控股有限公司
57. 宁波市海曙旺顺基餐饮经营管理有限公司

58. 南京大惠企业发展有限公司
59. 宁波海曙新四方美食有限公司
60. 成都市源创巴国布衣餐饮股份有限公司
61. 北京金百万餐饮管理有限责任公司
62. 大连亚惠美食有限公司
63. 安徽老乡鸡餐饮有限公司
64. 深圳面点王饮食连锁有限公司
65. 重庆和之吉饮食文化有限公司
66. 武汉市小蓝鲸酒店管理有限公司
67. 重庆武陵山珍经济技术开发（集团）有限公司
68. 江西季季红餐饮管理有限公司
69. 厦门市舒友海鲜大酒楼有限公司
70. 苏州市七欣天餐饮管理连锁有限公司
71. 重庆家全居饮食文化有限公司
72. 河南百年老妈饮食管理有限公司
73. 温州云天楼实业有限公司
74. 宁波凯隆餐饮管理集团有限公司
75. 河北大胖人餐饮连锁管理有限责任公司
76. 厦门豪享来餐饮娱乐有限公司
77. 武汉华工后勤管理有限公司
78. 浙江向阳渔港集团控股有限公司
79. 九橙（中国）网络配餐服务控股有限公司
80. 北京比格餐饮管理有限责任公司
81. 济南骄龙豆捞餐饮有限公司
82. 四平李连贵饮食管理有限公司
83. 福州豪享世家餐饮管理有限公司
84. 上海老城隍庙餐饮（集团）有限公司
85. 上海苏浙汇投资管理咨询有限公司
86. 四川麻辣空间餐饮管理有限公司
87. 西安饮食股份有限公司
88. 浙江老娘舅餐饮有限公司

89. 广州市和兴隆食品科技有限公司
90. 常州丽华快餐集团有限公司
91. 沈阳老边食品有限公司
92. 武汉艳阳天商贸发展有限公司
93. 南京古南都投资发展集团有限公司
94. 哈尔滨东方众合餐饮有限责任公司
95. 上海一茶一坐餐饮有限公司
96. 北京金丰餐饮有限公司
97. 浙江五芳斋实业股份有限公司
98. 徐州海天管理有限公司
99. 旺顺阁（北京）投资管理有限公司
100. 乌鲁木齐市苏氏企业发展有限公司

2014 年中国火锅餐饮集团 30 强

1. 四川海底捞餐饮股份有限公司
2. 内蒙古小尾羊餐饮连锁有限公司
3. 北京黄记煌餐饮管理有限责任公司
4. 重庆德庄实业（集团）有限公司
5. 浙江凯旋门澳门豆捞控股集团有限公司
6. 重庆刘一手餐饮管理有限公司
7. 呷哺呷哺餐饮管理有限公司
8. 重庆朝天门餐饮控股集团有限公司
9. 内蒙古小肥羊餐饮连锁有限公司
10. 重庆奇火哥快乐餐饮有限公司
11. 刘一锅餐饮管理有限公司
12. 重庆秦妈餐饮管理有限公司
13. 陕西一尊餐饮管理有限公司
14. 重庆佳永小天鹅餐饮有限公司
15. 四川香天下餐饮管理有限公司
16. 北京东来顺集团有限责任公司
17. 重庆家福饮食文化有限公司
18. 北京新辣道餐饮管理有限公司
19. 河南百年老妈饮食管理有限公司
20. 巴奴毛肚火锅
21. 重庆鲁西肥牛餐饮文化发展有限公司
22. 内蒙古草原牧歌餐饮连锁股份有限公司
23. 江苏品尚餐饮连锁管理有限公司
24. 大连彤德莱餐饮管理有限公司
25. 成都市皇城老妈酒店管理有限公司
26. 河北大胖人餐饮连锁管理有限责任公司

27. 四川蜀九香企业管理有限公司
28. 济南骄龙豆捞餐饮有限公司
29. 四川麻辣空间餐饮管理有限公司
30. 深圳万味源餐饮管理有限公司

PERSONALIZED SERVICE

为您提供便捷、高效、人性化的服务

亚冷是为客户提供仓储、分拣 、包装及配送解决方案协助客户打通销售服务链条的物流外包服务公司。同时，通过整合内外物流资源，提供"一站式"综合物流服务，满足客户对物流配送的个性化需求。我们能为客户提供一整套物流解决方案，为客户设计个性化的物流及供应链解决方案，提高物流管理效率、降低供应链成本，赢得竞争优势。公司现以深度覆盖的国内运输和冷库网络平台为基础，提供快捷、准时、安全、优质的标准化冷链公路运输与仓储服务。亚冷的目标是协助客户提高物流效率，降低物流成本，提升核心竞争力，现已成为多家国际知名生鲜电商及大型生产型企业客户供应链管理的最佳战略合作伙伴。亚冷的愿景是通过储运高效的管理服务、使物流环节由企业的成本中心转化为利润中心和服务中心。

项目地理位置：北京市大兴区长子营开发区企融路1号

亚冷生鲜电商产业基地处于东南工业产业带核心位置，京沪高速及六环路交汇处，在北京亦庄经济技术开发区（BDA）控规内，北临联东U谷大型生产研发基地。距京津塘高速公路进出口及六环路5千米，不受北京市货车交通管制。距离夏辉、百胜、和路雪配送中心均不超过10千米，是建立生鲜配送中心的理想选址。

北京亚冷仓储有限公司

Asiacold Warehousing Management Co., Ltd

手机（Mobile）：（0086）13911860288
座机（Tel）：（0086）010-80270989
传真（Fax）：（0086）010-80277651
邮箱（Email）：bjyaleng2014@163.com
网址（Web）：www.asiacold.com
地址：北京市大兴区长子营开发区企融路1号.
Address: No 1, Qi Rong Rd, Development Area of Zhang Zi Ying, Da Xing District, Beijing.